STUDIES ON VOLTAIRE
AND THE
EIGHTEENTH CENTURY

179

General editor

HAYDN MASON

School of European Studies
University of East Anglia
Norwich, England

VOLTAIRE AND THE ENGLISH

THE VOLTAIRE FOUNDATION

AT THE

TAYLOR INSTITUTION, OXFORD

1979

ISSN 0435-2866
ISBN 0 7294 0120 0

Printed in England by Cheney & Sons Ltd,
Banbury, Oxfordshire

Contents

Illustrations

꧁꧂

Voltaire and the English

TRANSACTIONS OF THE
OXFORD COLLOQUIUM
HELD AT
THE TAYLOR INSTITUTION
FROM 26 TO 28 MAY 1978

Les *Lettres philosophiques*: le projet de Voltaire

RENÉ POMEAU

VOLTAIRE, simple libertin en France, serait-il devenu sur le sol anglais un philosophe? Il n'est plus possible d'accepter un schéma aussi commode. On sait aujourd'hui qu'avant même l'exil outre Manche il lisait Locke, annotait Malebranche, commençait à rédiger des remarques sur Pascal, c'est-à-dire contre Pascal. Ce qui est vrai en revanche, c'est qu'en Angleterre il devint l'auteur des *Lettres philosophiques*. Avant l'affaire Rohan il était déjà décidé à se rendre à Londres, étant depuis assez longtemps orienté vers ce pays par ses relations anglaises. Les coups de bâton du chevalier précipitèrent son départ. Mais on n'a aucun indice qu'avant ce voyage il ait prévu d'écrire un livre sur l'Angleterre. C'est bien son expérience anglaise qui lui donna cette idée. Encore n'a-t-il pas tout de suite arrêté sa conception de l'ouvrage sous sa forme définitive. Ce sont les phases successives par lesquelles passa son projet que je voudrais examiner ici: évolution qui permet de mieux comprendre ces *Lettres anglaises* ou *Lettres philosophiques* qui allaient devenir l'un des textes majeurs de la philosophie des lumières.

Le premier indice apparaît sous la plume de Voltaire après cinq mois de séjour à Londres dans une lettre à Thieriot du 26 octobre 1726 (Best. D303). Lui qui est fait pour passer outre à toutes les infortunes de sa vie, comme il le dit ici même, il émerge alors des pénibles épreuves du printemps et de l'été précédents, grâce en particulier à Everard Faulkner chez lequel il réside. Il commence à s'acclimater. Il a appris suffisamment d'anglais pour rédiger en cette langue sa lettre à son ami français. Il lui fait un portrait de cette nation, et il ajoute: 'One day I will acquaint you with the character of this strange people.'

Il serait exagéré de déceler dans ces expressions la promesse du futur livre. Voltaire semble annoncer une longue lettre plus ou moins ostensible, ou peut-être plusieurs, décrivant le peuple anglais. Néanmoins on discerne ici l'origine de la fiction épistolaire, selon laquelle les *Lettres philosophiques* sont censées s'adresser à un ami français.

Ce peuple 'étrange', dit Voltaire: lequel mérite donc bien la curiosité du voyageur. Le dessein s'esquisse d'une ou plusieurs 'lettres de voyage' faisant ressortir la distance entre la patrie du visiteur et le pays visité. De cette conception initiale il subsiste plus que des traces dans le texte définitif. Dès les premières lignes les quakers anglais sont désignés comme un peuple 'extraordinaire', attirant la curiosité d'un homme raisonnable. Le quaker des lettres I et II est un homme 'singulier'; Voltaire est 'surpris' quand il se rend à la chapelle de ces quakers proche du Monument. L'histoire de la secte est encore plus 'singulière' que leur doctrine.

Mais dès le commencement Voltaire se fait une certaine idée de l'originalité anglaise. Invitant Thieriot, ce 26 octobre, à le rejoindre à Londres, il lui écrit ceci: 'You will see a nation fond of their liberty, learned, witty, despising life and death, a nation of philosophers.'[1] 'A nation of philosophers': ne nous méprenons pas sur la signification de ce dernier mot. Très certainement Voltaire prend alors cette philosophie dans l'acception du français classique, qui n'est pas encore celle de la 'philosophie' au sens du XVIIIe siècle. Le terme désignait une force de l'esprit et de l'âme, plaçant l'homme au-dessus des contingences. C'est ainsi que La Rochefoucauld écrivait que 'la philosophie triomphe aisément des maux passés et des maux à venir, mais [que] les maux présents triomphent d'elle'.[2]

Telle apparaît d'abord à Voltaire la philosophie des Anglais. Il est frappé par la vigoureuse originalité des individus. Le Britannique est l'homme qui se campe dans un savoureux quant à soi. Sa manière de penser exclut tout conformisme; il se conduit en homme libre, avec intrépidité. Au cours de l'été 1726, l'attention de l'exilé français a été retenue par les suicides anglais. Dans la lettre à Thieriot, une expression est à remarquer: 'despising life and death'. Ces courageux insulaires ne sont même pas arrêtés par la peur de la mort, ni par le préjugé condamnant l'homme qui se tue lui-même.

---

[1] deux mois plus tôt il avait dit à peu près la même chose à ce même Thieriot dans une lettre en français. Best.D299, 12 août 1726: 'Je sais que c'est un pays ou les Arts sont tous honorés et récompensés, où il y a de la différence entre les conditions, mais point d'autres entre les hommes que celles du mérite. C'est un pays où on pense librement et noblement sans être retenu par aucune crainte servile. Si je suivais mon inclination, ce serait là que je me fixerais dans l'idée seulement d'apprendre à penser.'

[2] *Maximes* no.22.

Dans ses carnets,[3] à la date d'août 1726, Voltaire a consigné le suicide de Henry Mordaunt, un neveu de lord Peterborough: le désespéré avait tout ce qu'il fallait pour aimer la vie: jeunesse, beauté, naissance, richesse. Pourtant le dégoût lui prit de l'existence. Il disait que 'son âme était lasse de son corps', et 'que, quand on est mécontent de sa maison, il faut en sortir'. En conséquence, il se tira un coup de pistolet.

Il y a des chances pour que l'un des premiers 'avant-textes' des *Lettres philosophiques* ait été une lettre sur le suicide. J'ai retrouvé dans un volume de *Mélanges* de Voltaire, de 1739, confondu parmi les *Lettres philosophiques*, un essai intitulé 'Du suicide ou de l'homicide de soi-même'; le sous-titre porte 'écrit en 1729', mais comme le texte présente comme tout récent le suicide d'un nommé Smith, lequel est de 1726, il se pourrait que l'essai fût de cette même année 1726.[4]

Mon propos n'est pas de réexaminer la chronologie des avant-textes ni celle de la rédaction des divers textes des *Lettres philosophiques*. Cette question avait été traitée par Lanson, dans son édition critique; elle a été réétudiée par André-Michel Rousseau dans une substantielle note complémentaire de la réédition donnée en 1964. Je m'appuierai donc sur les résultats acquis pour retracer l'évolution du projet voltairien.

Après la lettre du 26 octobre 1726, le second repère sûr se situe en décembre 1727 et janvier 1728. A cette date, Voltaire donne à Londres une première édition immédiatement suivie d'une deuxième édition de ses deux *Essais* en anglais: *Essay upon the civil wars in France* et *Essay upon the epick poetry*.[5] En tête du volume il insère un 'Advertisement to the reader', important pour notre recherche. Il commence par s'excuser d'avoir écrit un livre dans une langue qu'il connaît encore mal. Il ajoute qu'il a étudié l'anglais non seulement pour son plaisir et sa culture, mais aussi pour remplir une sorte de devoir. Car, explique-t-il: 'I am ordered to give an account of my journey into England.' Et pour faire cette relation de son voyage en Angleterre, il lui faut connaître la langue du

[3] *Notebooks*, éd. Th. Besterman, *Œuvres complètes de Voltaire* 81-82 (Genève 1968) i.60. Voir la note 6 de Théodore Besterman: nous citons ici le texte du *Dictionnaire philosophique*, Moland xviii.92, qui reprend la même anecdote. C'est le même article du *Dictionnaire philosophique* qui rapporte le suicide de Richard Smith, en le datant de 1726.

[4] voir René Pomeau, 'En marge des *Lettres philosophiques*: un essai de Voltaire sur le suicide', *Revue des sciences humaines*, juillet-septembre 1954, pp.285-94.

[5] nous citons l'exemplaire de la B.N. Rés. Ye. 2386, présenté comme 'the second edition', 'London, printed for N. Prévost and Comp. [...] M.DCC.XXVIII'. La première édition avait paru en décembre 1727. L''Advertisement' dut être rédigé en dernier lieu. Voir A.-M. Rousseau, *L'Angleterre et Voltaire*, Studies on Voltaire 145-47 (1976), ii.510.

pays. Relevons que d'après cette phrase les *Lettres philosophiques* procéderaient d'une sorte de commande, ou du moins d'invitation qui serait venue relancer l'intention un peu vague exprimée, quatorze mois plus tôt, dans la lettre à Thieriot. Il dut bien en être ainsi, car Voltaire répète cette indication dans un texte dont je vais reparler: la *Lettre à M**** publiée par l'édition de Kehl, dont le début du moins est contemporain de l''Advertisement', et contient cette phrase adressée au destinataire: 'Vous voulez que je vous donne une idée générale du peuple avec lequel je vis.'[6]

Il ne semble pas que nous soyons dans ces deux textes sur le plan de la pure fiction épistolaire. Le correspondant pour lequel Voltaire va écrire sa relation, présente apparemment la consistance d'un personnage réel (sans qu'on puisse proposer un nom avec certitude). La preuve en est que pour le satisfaire Voltaire a sérieusement médité son projet. Il écarte deux sortes de relations: la relation satirique (avec une allusion possible aux *Lettres persanes* de Montesquieu), et celle que nous dirions touristique: 'I will leave to others the care of describing with accuracy Paul's Church, the Monument, Westminster, Stonehenge, etc. . .'. Il ne fera donc pas un livre comme ceux de Béat de Muralt, de La Mottraye, ou comme ces *Mémoires et observations d'un voyageur en Angleterre*, parus à Amsterdam en 1698, où sont décrits effectivement, avec image à l'appui, Westminster, le Monument, et autres curiosités. Son dessein est d'être utile à son pays: il veut proposer à ses compatriotes des modèles anglais dont ils puissent tirer profit. Un voyageur qui comprend ainsi sa tâche est, écrit-il, comme un marchand de la plus noble espèce, qui importe en son pays natal 'the Arts and Virtues of other Nations'.

Pour cette raison, sa relation va porter sur deux points: 'the useful things and the extraordinary Persons'. En conséquence, il prie qu'on lui fasse parvenir des informations sur les grands hommes de l'Angleterre, et sur les inventions anglaises: 'new inventions or undertakings, which have obtained or deserved success'.

Un tel programme, comparé à l'œuvre définitive, suggère quelques observations.

Avec l'esprit pratique qui est le sien, ce que Voltaire voudrait transférer en France, ce sont des techniques, techniques de fabrication ou techniques commerciales. Il se propose en somme de faire ce que nous appelons de l'espionnage industriel, mais ouvertement et non sans naï-

---

[6] dans l'edition Lanson des *Lettres philosophiques*, nouveau tirage (Paris 1964), ii.257.

veté: il ne paraît pas se douter qu'en tout temps les pays inventeurs se sont efforcés de préserver jalousement leurs secrets. Dans l''Advertisement' il ne semble pas songer aux découvertes scientifiques de l'Angleterre: en 1727 et 1728 sa culture reste toute littéraire: il n'a pas encore acquis les connaissances qui feront de lui le plus efficace vulgarisateur de la physique de Newton en France.

Sans doute, il cite Newton parmi les grands hommes anglais, mais dans une énumération assez mêlée. L'Angleterre est pour lui: 'The land which has produced a Newton, a Locke, a Tillotson, a Milton, a Boyle, and many great men either dead or alive, whose glory in war, in state-affairs, or in letters will not be confined to the bound of this Island.'

Visiblement il n'a pas encore opéré parmi les grands hommes anglais la sélection philosophique qui mettra en pleine lumière Newton et Locke, à l'exclusion de plusieurs de ceux ici nommés. Le texte des *Lettres philosophiques* ne nommera ni l'éloquent archevêque de Canterbury Tillotson, ni Robert Boyle (qu'en 1728 Voltaire connaît peut-être plutôt comme propagandiste anglican que comme physicien et chimiste). Quant à Milton, il n'apparaîtra que par la mention de sa fille, secourue par la reine Caroline. Il sera supplanté par Shakespeare non nommé ici, bien que Voltaire le connût depuis la première année de son séjour. Sans doute, dans l''Advertisement' entend-il s'occuper seulement de l'Angleterre contemporaine.[7] Et à cette date, parmi les grands hommes anglais, il compte expressément les chefs militaires et les hommes politiques. Ce sont les grands noms en général et non seulement les grands philosophes de l'Angleterre dont il va parler. L'évolution ultérieure de son projet devient tout à fait évidente, si l'on rapproche de la phrase de l''Advertisement' un texte très comparable que Voltaire écrira dans la XIIe lettre:

Puis donc que vous exigez que je vous parle des hommes célèbres qu'a portés l'Angleterre, je commencerai par les Bacon, les Locke, les Newton, etc... Les généraux et les ministres viendront à leur tour.[8]

En réalité dans les *Lettres philosophiques,* le tour des généraux et des ministres ne viendra jamais. La liste des grands hommes se limitera aux philosophes, aux savants et aux écrivains. Comme l'écrit le préambule de cette même lettre XII, le véritable grand homme est 'celui qui domine

---

[7] dans laquelle il comprend Milton: comme l'a remarqué Théodore Besterman, il lui échappe que Milton était mort depuis plus d'un demi-siècle, et que ceux qui l'avaient connu devaient être en 1728 peu nombreux et fort âgés.

[8] *Lettres philosophiques*, édition Lanson, i.152-53.

sur les esprits par la force de la vérité, non [. . .] ceux qui font des esclaves par la violence. C'est à celui qui connaît l'Univers, non à ceux qui le défigurent, que nous devons nos respects' (p.152).

Mais au début de 1728, Voltaire n'avait pas encore conçu clairement une orientation aussi 'philosophique' de son livre.

Une dernière remarque sur l''Advertisement'. Si Voltaire refuse le pittoresque touristique, il annonce néanmoins son futur ouvrage comme une relation de voyage, 'an account of my journey into England'. C'est effectivement dans cette perspective que se situe l'une des premières rédactions qui nous soient parvenues. Ce fragment était resté inédit dans les papiers de Voltaire: il fut publié dans l'édition des *Œuvres complètes* qui parut après sa mort, celle de Kehl. Les éditeurs l'intitulèrent *Lettre à M****, et lui donnèrent comme date 1727. Il se peut que la *Lettre* soit constituée de plusieurs rédactions faites à des dates différentes[9] et cousues ensemble par l'éditeur ou réunies par Voltaire lui-même. Comme nous n'en connaissons pas le manuscrit, il est difficile de se prononcer avec certitude. En tout cas, ce texte, par la ressemblance de son début avec l''Advertisement', par l'évocation de la promenade de George II sur la Tamise, par la référence à Woolston, se place chronologiquement entre la fin de 1727 et le milieu de 1728. Il se présente bien comme la relation de voyage dont parlait Voltaire. Après un préambule sur les voyageurs qui ne connaissent pas le pays dont ils parlent, le narrateur raconte son arrivée: 'Lorsque je débarquai auprès de Londres, c'était dans le milieu du printemps; le ciel était sans nuages' etc . . . Scène recomposée, non autobiographique, puisque Voltaire arriva à Londres en mai 1726, et que le défilé royal sur la Tamise qui va suivre est de juillet 1727. Son texte met en scène un 'je' transposé: un voyageur rapportant à la première personne sa découverte d'un pays étrange, l'Angleterre. Il est frappé d'abord par le spectacle de la flotte du roi descendant la Tamise, sous un ciel radieux. Puis il voit, sur une grande pelouse, de beaux garçons et de belles filles faisant du sport, course à cheval et course à pied. Quelques négociants, qui le reconnaissent, lui font fête. Mais dès le soir notre voyageur déchante. Les dames qu'il rencontre dans un salon 'étaient guindées, froides, prenaient du thé, faisaient un grand bruit avec leurs éventails, ne disaient mot, ou criaient toutes à la fois pour médire de leur prochain'. Le lendemain, c'est encore pire. Il entre 'dans un café malpropre, mal meublé, mal servi, et mal éclairé'; les

---

[9] voir A.-M. Rousseau, 'notes complémentaires' à l'édition Lanson des *Lettres philosophiques*, ii.310-11.

buveurs sont sinistres, ils commentent lugubrement le suicide d'une belle jeune fille qui vient de se couper la gorge. La cause de tout cela? Le vent d'est. On explique que lorsque ce vent souffle en novembre et en mars, une 'mélancolie noire' se répand sur la nation. Les Anglais alors se pendent 'par douzaine'.

Voilà comment le voyageur français était censé découvrir les contradictions d'un peuple bizarre. Le mot clé de ce texte est fourni par la question que pose le témoin: 'je demandai ce que tout cela voulait dire'. Si Voltaire avait persévéré dans cette voie, l'étonnement de son visiteur nous promettait des lettres variées, vivantes, ayant déjà le charme d'un conte voltairien. Il n'eût pas été si éloigné de cette relation pittoresque qu'écarte l''Advertisement'. Quant aux grands hommes et aux inventions nouvelles que n'annoncent pas encore les récits de la *Lettre à M****, sans doute aurait-il réussi à en parler par la suite, d'une manière ou d'une autre. Mais ces sujets n'auraient pas été mis suffisamment en valeur. Après l''Advertisement' de 1727-1728, Voltaire va resserrer son projet, accentuant son orientation philosophique. A cette fin il va retrancher tout l'agrément de la *Lettre à M****, en effaçant presque complètement la fiction des 'lettres d'un voyageur'.

Quand cette ultime mise au point de son projet est-elle intervenue? Il est certain que Voltaire entre janvier 1728 et octobre ou novembre de la même année, date de son retour en France, a rédigé un certain nombre de textes des *Lettres philosophiques*. Des mentions comme 'l'an passé 1727' dans la lettre xiv le prouvent, ainsi que le jeu des 'ici'. Gustave Lanson et André-Michel Rousseau ont montré que d'après le contexte les 'ici' des *Lettres philosophiques* voulaient dire tantôt 'en Angleterre', tantôt 'en France'.[10] Mais de la présence d'un 'ici' anglais il serait téméraire de conclure que la lettre fut rédigée dès 1728 telle que nous la lisons aujourd'hui. Par exemple pour la lettre vii, commençant par 'il y a ici une petite secte composée d'ecclésiastiques et de quelques séculiers très savants' . . . , datant donc de la période anglaise, nous voyons que Voltaire y travaille encore quatre ans plus tard, puisque le 9 juillet 1732 (Best.D502) il demande à Thieriot un ouvrage sur le docteur Clarke, présenté dans la lettre vii comme 'le patron de la doctrine arienne'.

En l'absence des brouillons et des manuscrits, il est impossible de préciser dans quelle mesure les rédactions de 1728 se conformaient déjà

---

[10] édition Lanson des *Lettres philosophiques*, tome i, p.xxxvi, tome ii, p.cccix.

au projet définitif. Mon hypothèse est que Voltaire dégagea complètement l'idée de l'œuvre, telle qu'il la réalisa, en 1732 seulement, lorsqu'il mit au point et organisa les ébauches antérieures.

Lorsqu'il débarqua en France en octobre ou novembre 1728, il avait dans ses dossiers l'esquisse de plusieurs ouvrages: outre les *Lettres philosophiques*, son *Histoire de Charles XII* et une tragédie, *Brutus*, dont il avait rédigé le premier acte en prose et en anglais. Mais pour faire sa rentrée littéraire, il préfère les deux dernières œuvres, d'un meilleur rendement auprès du public. *Brutus* est joué le 11 décembre 1730, l'*Histoire de Charles XII* paraît en 1731. Il ne renonce pas pour autant aux *Lettres philosophiques*. On sait notamment qu'en novembre 1730 il avait écrit une 'explication de la philosophie de Newton', et qu'il avait pensé la publier en annexe de son édition de la *Henriade* de 1730.[11] Rédaction encore provisoire, car c'est seulement en octobre-novembre 1732 que les leçons de Maupertuis le convertissent à Newton.

Or pendant ces années 1729-1731, alors que les *Lettres philosophiques* demeurent en sommeil, il s'opère dans la pensée de Voltaire une montée idéologique qui trouvera son expression très forte dans les *Lettres philosophiques* en 1733 et 1734.

Interrogeons en effet les œuvres publiées dans cet intervalle. La tragédie de *Brutus* s'inscrit en marge de la lettre XVIII, d'abord parce que le *Discours* qui l'accompagne traite, avec plus de développement que la lettre philosophique, les problèmes du théâtre en France; ensuite parce que pour la première fois Voltaire tente ici une transfusion de l'énergie shakespearienne dans la tragédie française. Le résultat ne manque pas d'intérêt. Le *Brutus* voltairien nous transporte aux temps héroïques de la république romaine: c'est l'histoire du consul qui condamna à mort et fit exécuter son fils, coupable d'avoir conspiré contre la république. La tragédie développe une antithèse conforme à l'esprit des *Lettres philosophiques*. Rome, où la république vient d'être proclamée, est en guerre avec la monarchie voisine de Porsenna. Voltaire marque avec force le contraste entre d'un côté l'esprit courtisan, représenté par l'intrigant Arons, ambassadeur du roi étrusque; de l'autre l'esprit républicain, fier, indépendant, à l'anglaise. L'œuvre respire l'admiration pour la hardiesse de caractère propre aux Anglais; elle comporte une critique de l'''honnête homme' français façonné par la discipline monarchique, aimable, adroit, mais banal, sans vigueur, sans étoffe.

---

[11] Best.D380 (lettre de Formont à Cideville).

Les *Lettres philosophiques*

Il y aurait quelque chose à dire par rapport aux *Lettres philosophiques* des deux tragédies qui succèdent à *Brutus* en 1732: *Eriphyle* qui prétend transposer le sujet de *Hamlet* dans la Grèce classique et sur la scène française; *Zaïre* surtout, qui triomphe le 13 août 1732. Cette dernière pièce manifeste un intérêt pour le comparatisme des civilisations. Le monde chrétien des Croisades y est confronté au monde musulman. Voltaire s'y montre un philosophe de l'histoire soucieux de définir par la méthode comparative l'esprit des peuples. Cette même orientation le conduit dans les *Lettres philosophiques* au parallèle entre l'esprit anglais et l'esprit français.

Mais c'est surtout l'*Histoire de Charles XII* qui fournit matière à la philosophie voltairienne de l'histoire. C'était là un beau sujet offert à l'homme de lettres: le roi de Suède, demi-fou, demi-génial, avait bien un autre relief que les héros français de tragédies et de romans, toujours gracieux et bien-disants. L'*Histoire de Charles XII* participe de la recherche de la force et de l'originalité qui se révèle la préoccupation majeure de Voltaire à son retour d'exil. Mais son héros, littérairement séduisant, est du point de vue philosophique, condamné. L'historien rencontre sur son chemin le véritable grand homme: le rival de Charles XII, le tsar Pierre le Grand. Le conquérant suédois n'a laissé derrière lui que des ruines. Le souverain russe a fondé un Etat moderne; il a civilisé son peuple. L'*Histoire de Charles XII* conduit à une philosophie du développement qui est au cœur des *Lettres philosophiques*. On aboutit ainsi à une vision de l'histoire où se détachent les 'grands siècles'. C'est en fonction de cette mise en place que Voltaire conçoit l'idée de son *Siècle de Louis XIV*, dont la première mention apparaît, associée au projet des *Lettres philosophiques*, dans une lettre à Thieriot du 13 mai 1732. Dans nos *Lettres philosophiques*, la distinction entre les grands siècles et les autres conduit au parallèle entre l'Angleterre moderne et la Rome antique, au début de la lettre VIII. C'est encore la philosophie voltairienne de l'histoire, telle qu'elle résulte de l'*Histoire de Charles XII*, telle qu'elle inspire le *Siècle de Louis XIV*, que nous rencontrons dans la lettre XII, 'sur le chancelier Bacon'. Question 'usée et frivole' que de chercher quel est le plus grand homme de 'César, Alexandre, Tamerlan, Cromwell' – ajoutons Charles XII, et quelques autres. La réponse est à côté de la question: le vrai grand homme, c'est un Newton. Les *Lettres philosophiques* affirment la primauté des valeurs intellectuelles: une telle philosophie se fortifie chez Voltaire dans l'intervalle de 1729-1731. Elle aide à préciser définitivement une conception de l'œuvre excluant les militaires et les politiques que l''Advertisement' de 1728 mentionnait encore, à côté des Newton et des Locke.

Mais l'évolution de sa pensée fut précipitée par un événement dramatique, qui fonctionna comme un déclic. Dans la biographie intellectuelle de Voltaire les 'petits faits' dont sa philosophie historique exagère l'importance, ces 'petits faits' jouent un rôle adapté à sa psychologie.

Voltaire avait retrouvé à Paris la grande actrice Adrienne Lecouvreur. Celle-ci continuait de jouer les rôles principaux de ses pièces. Le 15 mars 1730, elle interprétait Jocaste dans sa tragédie d'*Œdipe*. Cinq jours plus tard elle était morte. Le bruit courut qu'elle avait été empoisonnée par la duchesse de Bouillon, jalouse de l'actrice. Voltaire était à son chevet quand elle expira: 'Elle mourut entre mes bras', dira-t-il.[12] Mais que cette jeune femme qu'il avait aimée disparaisse aussi brutalement dans la pleine force de son talent – ce ne fut là encore que la moindre de ses afflictions.

La mort subite d'un acteur dans la France d'ancien régime provoquait habituellement un drame où l'odieux l'emportait sur le ridicule. Sous l'influence du rigorisme janséniste, le clergé considérait comme excommuniés tous les comédiens, du fait seul qu'ils exerçaient leur profession. A l'article de la mort, ils devaient signer une renonciation solennelle au théâtre: alors ils recevaient les sacrements et obtenaient une sépulture. On se souviendra que dans la France du XVIIIe siècle, les obsèques civiles n'existant pas, la seule sépulture était celle du cimetière catholique. En cas de refus du clergé, le corps était jeté à la voirie par des soldats du guet.

Ce fut ce qui arriva à Adrienne Lecouvreur. La mort l'avait emportée si rapidement qu'elle n'avait pas eu le temps de se mettre en règle avec l'Eglise. Le commissaire de police fit donc transporter le corps dans un terrain vague, en bordure de la rue de Grenelle, où il fut enfoui sans plus de cérémonie que s'il s'était agi du cadavre d'un chien ou d'un chat.

Procédé révoltant. Voltaire a cette sorte de sensibilité qui ne tolère pas les infamies dont tant d'autres s'accommodent, par habitude ou par conformisme. C'est cette généreuse faculté d'indignation qui l'engagera trente-deux ans plus tard dans l'affaire Calas. C'est elle qui lui dicte, en 1730, l'éloquente protestation, combien justifiée, du poème sur *La Mort de mademoiselle Lecouvreur*. Sous la noblesse un peu conventionnelle du style, il y a dans ces vers une grande sincérité, une

---

[12] cité par Desnoiresterres, *Voltaire et la société au 18e siècle* (Paris 1867-1876), i.430.

véritable force de pensée. Faiblesse, contradiction, soumission à des idées superstitieuses, ces défauts de ses compatriotes s'imposent à nouveau à lui; ils lui deviennent encore plus insupportables par comparaison avec ses souvenirs anglais:

> Ah! verrai-je toujours ma faible nation,
> Incertaine en ses vœux, flétrir ce quelle admire;
> Nos mœurs avec nos lois toujours se contredire;
> Et le Français volage endormi sous l'empire
>   De la superstition?
>   Quoi! n'est-ce donc qu'en Angleterre
>   Que les mortels osent penser?
> O rivale d'Athène, ô Londre! heureuse terre!
> Ainsi que les tyrans vous avez su chasser
> Les préjugés honteux qui vous livraient la guerre.
> C'est là qu'on sait tout dire, et tout récompenser;
> Nul art n'est méprisé, tout succès a sa gloire.
> Le vainqueur de Tallard, le fils de la Victoire,
> Le sublime Dryden, et le sage Addison,
> Et la charmante Ophils, et l'immortel Newton,
>   Ont part au temple de mémoire:
> Et Lecouvreur à Londre aurait eu des tombeaux
> Parmi les beaux esprits, les rois, et les héros.
> Quiconque a des talents à Londre est un grand homme.
>   L'abondance et la liberté
> Ont, après deux mille ans, chez vous ressuscité
>   L'esprit de la Grèce et de Rome.[13]

La mort d'Adrienne Lecouvreur renoue ainsi le cours de ses pensées de 1728. Entre l'Angleterre, pays de l'abondance et de la liberté, heureuse terre où les hommes 'osent penser' – expression remarquable – et d'autre part la France, le contraste est saisissant. Le scandale soulevait, comme jadis la bastonnade du chevalier de Rohan, la question de la dignité de l'artiste. Un comédien, un écrivain, n'est-il qu'un amuseur? N'a-t-il droit qu'au mépris après qu'il s'est acquitté de sa fonction de divertir le public? Les *Lettres philosophiques* vont inaugurer le long combat de Voltaire tendant à imposer à l'opinion le respect des choses de l'esprit. Le sort révoltant d'Adrienne Lecouvreur lui fait éprouver l'urgence d'adresser aux Français la leçon anglaise. Son indignation, entre autres motifs, l'incitait, peut-on supposer, à reprendre dans son portefeuille les brouillons de 1728.

[13] *Œuvres complètes*, édition Moland, ix.370.

La définition du projet des *Lettres philosophiques* s'est accompagnée d'une élaborâtion de la forme littéraire. Voltaire est bien persuadé que tout sujet comporte un certain style. Il le dit en des formules parfaitement nettes dans un texte de peu postérieur aux *Lettres philosophiques*: la seconde épître dédicatoire de *Zaïre*, en 1736: 'Le style, y déclare-t-il, doit être conforme au sujet.'[14] Le grand principe, ajoute-t-il, est de 'ne dire que ce qu'il faut, de la manière dont il le faut'. Que la réflexion sur le fond soit allée de pair avec une recherche de la forme appropriée, de cela nous avons la preuve: elle se trouve dans la succession des avant-textes, et de quelques hors-textes jalonnant la genèse des *Lettres philosophiques*.

Jusqu'à son séjour en Angleterre Voltaire s'était considéré avant tout comme un poète; il ne s'était guère essayé à la composition en prose. Mais sous l'effet des épreuves de l'année 1726, il devient aussi un prosateur. Il s'efforce de mettre au point une forme d'écriture originale: le court essai en prose, ou si l'on veut le propos, au sens que le philosophe Alain a donné à ce terme, pour désigner une réflexion libre, dégagée de la rhétorique, stimulant le lecteur par de l'imprévu et du piquant. La première tentative en ce sens est sans doute représentée par l'essai 'Du suicide ou de l'homicide de soi-même'. Tentative encore timide. Après avoir relaté des suicides anglais, l'auteur se demandait si les suicides sont vraiment plus nombreux en Angleterre qu'en France; puis il s'interrogeait sur ceux de l'antiquité, Caton d'Utique et autres; il concluait que la fréquence des suicides s'explique non par la différence des religions, mais par la différence des mœurs. C'était donc une dissertation, méthodiquement conduite, beaucoup plus qu'un 'propos'. Voltaire va bientôt se montrer bien autrement libre et ingénieux. Parmi les textes qui accompagnent les *Lettres philosophiques* en gestation, il faut compter le petit essai *Sottise des deux parts*. Gustave Lanson l'a rapproché de la lettre xii, et André-Michel Rousseau a proposé de le dater de 1728, comme le suggère l'un des premiers biographes de Voltaire, parfois bien informé, l'abbé Duvernet.[15] C'est déjà du très bon Voltaire. Il fait défiler en son propos une mascarade de sectes philosophico-théologiques, aux noms cocasses: les orebites, les osmites, les insdorfiens, les oints, les pâtissiers, les cornaciens, les iscariotistes, et autres du même

14 *Œuvres complètes*, édition Moland, ii.551, 553.
15 édition Lanson des *Lettres philosophiques*, tome i, p.xxxvii, ii.311. Duvernet, *La Vie de Voltaire* (Genève 1786), p.67, date *Sottise des deux parts* du retour de Voltaire en France.

acabit. Il met en œuvre une documentation curieuse, par exemple l'histoire de ce pauvre homme qui 'poursuivi par sa femme au parlement de Paris pour cause d'impuissance et par une fille au parlement de Rennes pour lui avoir fait un enfant', perdit ses deux procès à la fois.[16] Et le texte se conclut comme se termineront la plupart des *Lettres anglaises* par un trait elliptique, qui surprend. Ce 'petit écrit philosophique', ce fut, dit l'abbé Duvernet, 'un éclair soudain, rapide, mais brillant'.[17] J'ajouterais: d'un genre peut-être trop flamboyant. Dans les *Lettres philosophiques* Voltaire va 'égayer la matière'.[18] Mais il supprimera tout ce qui peut faire écran entre le lecteur et son sujet. Il évitera cette alacrité un peu gratuite de *Sottise des deux parts*, qui lance des fusées dans toutes les directions. Il retranchera tout ce qui est fiction littéraire: celle de la relation de voyage, avec l'arrivée du voyageur racontée par la *Lettre à M****, et ce qui aurait dû suivre, les épisodes du séjour, puis le retour en France. L'histoire du voyage est totalement supprimée des *Lettres philosophiques*. Même la fiction épistolaire est très atténuée: ce 'je' qui se met en scène dans les premières lettres sur les quakers devient ensuite très abstrait. Voltaire tire pleinement parti des prérogatives de la première personne. Dans une fiction le 'il' de la troisième personne demande à être présenté. Au contraire le 'je' est présent, tout simplement. Il ne requiert aucune sorte d'explication. C'est ainsi que le 'je' des *Lettres philosophiques* parle de la première ligne de la première lettre ('j'ai cru que la doctrine et l'histoire d'un peuple si extraordinaire' etc...) jusqu'à la dernière lettre, sur les *Pensées* de Pascal ('je vous envoie les remarques critiques que j'ai faites', etc...). Ce 'je' se suffit, sans que Voltaire ait à nous donner sur lui la moindre information.

Autant qu'on puisse le savoir, l'évolution vers la forme la plus dépouillée a coïncidé avec l'affirmation d'un projet resserrant le sujet. Voltaire n'écrit pas les *Lettres philosophiques* pour le plaisir d'écrire, encore que ce plaisir de l'écriture, toujours si vif chez lui, n'ait sans doute pas été ici totalement éliminé. Mais son intention primordiale fut d'écrire ses *Lettres* pour montrer l'esprit anglais, la pensée anglaise à ses lecteurs français. Selon la visée utilitaire de l''Advertisement' il voudrait par ce modèle les transformer. La portée de ce manifeste des lumières dépassera en fait l'audience du public français. Cependant à l'origine c'est ce public que Voltaire veut atteindre d'abord, afin de

---

[16] *Œuvres complètes*, édition Moland, xxii.67.
[17] *Vie de Voltaire*, p.67.
[18] Best.D542, à Formont.

l'orienter vers le mieux. En quoi il se montre, une fois de plus, un patriote méconnu.

J'oserais dire que lui aussi, longtemps avant un illustre auteur, s'est fait 'une certaine idée de la France'. Une idée non pas tant dégagée de l'histoire que projetée vers l'avenir. Une idée qui passait par 'une certaine idée' de l'Angleterre.

Naissance d'un livre et d'un texte:
les *Letters concerning the English nation*

A.-M. ROUSSEAU

'ONE day j will acquaint you with the character of this strange people', écrivait Voltaire à Thieriot dès le 26 octobre 1726 (Best.D303). Le 8 août 1733, la plupart des journaux londoniens annonçaient la mise en vente des *Letters concerning the English nation*. Entre ces deux dates se situent la genèse, la rédaction et la fabrication de l'un des textes les plus singuliers de toute la littérature française. Singulier au sens propre, car c'est le seul cas d'un grand écrivain rédigeant d'abord en langue étrangère un ouvrage capital, et pour lui-même, et pour son siècle. Non moins singulière, après cinq années d'existence en volume, sa mise en pièces dans d'hétéroclites mélanges et sa résurrection d'entre les lambeaux, à quelques insignifiantes exceptions près, 170 ans plus tard, d'abord sous forme d'édition savante confidentielle, et enfin seulement depuis une dizaine d'années en volume accessible au grand public, mais dans sa version française seulement.

A l'histoire de ce texte, deux noms sont liés: Gustave Lanson, qui ne sort pas indemne des critiques récentes, mais qui eut le mérite de redonner forme lisible à ces *disjecta membra*; Harcourt Brown, qui découvrit et démontra irréfutablement, en 1967, que la prétendue traduction anglaise était en réalité, pour deux tiers au moins, l'original conçu et rédigé par Voltaire pendant son séjour outre-Manche.[1] Il suffisait, au moins pour la date, de croire – pourquoi pas? – à sa bonne foi, quand il écrivait à mme Du Deffand:' J'étais à Londres quand j'écrivis tout cela, et les Anglois qui voioient mon manuscript me trouvaient bien modéré' (Best.D745).

Tout étant apparemment dit, nous viendrions trop tard s'il ne restait

---

[1] Harcourt Brown, 'The composition of the *Letters concerning the English nation*', in *The Age of Enlightenment: studies presented to Theodore Besterman*, ed. W. H. Barber, J. H. Brumfitt, etc. (Edinburgh, London 1967), pp.15-34.

un document nouveau à exploiter. Grâce aux registres de Bowyer, l'imprimeur des deux éditions londoniennes, document sans doute unique dans les annales de la librairie,[2] on peut aujourd'hui non seulement suivre presque au jour le jour la production des deux volumes, le texte anglais et le français, mais répondre à certaines questions, positivement ou négativement, sans compter un coup d'œil passionnant sur la vie quotidienne d'un atelier d'imprimerie dans le Londres du dix-huitième siècle.

Retraçons maintenant l'histoire complète de ce texte anglo-français avec l'arrière-pensée de choisir la solution, ou les solutions les meilleures en vue d'une édition critique de ce qu'il est convenu d'appeler les *Lettres philosophiques*, mais que nous continuerons à qualifier d' 'anglaises', ne serait-ce que pour nous conformer à l'usage constant de Voltaire lui-même lorsqu'il s'agit des deux versions primitives.

De 1726, date de son départ de France, à 1732, Voltaire apprit, parfois à ses dépens, combien la publication d'œuvres libres et novatrices présentait d'embûches. Sa politique à l'égard de ses *Lettres anglaises* fut le fruit de trois expériences.

Pour *La Henriade*, ce chef-d'œuvre du siècle, il ne pouvait se contenter des méchantes éditions plus ou moins clandestines de *La Ligue*. Une tentative avortée du côté hollandais, bien qu'elle fût allée jusqu'aux bulletins de souscription, puis, malgré un appel direct à George 1er, à l'automne de 1725, l'hésitation entre Londres, Amsterdam ou Genève (Best.D259), aboutit, par la grâce d'une bastonnade providentielle, aux éditions londoniennes du début de 1728. Voltaire venait d'apprendre qu'on pouvait faire imprimer à Londres un texte en français d'une excellente qualité technique susceptible d'être diffusé dans toute l'Europe.

Par ailleurs, alliant le calcul à l'ardeur du néophyte, il s'était lancé dans une carrière d'écrivain anglais avec son *Essay upon the epick poetry of the European nations*, première grande synthèse comparatiste sur un genre européen. Si la pensée en est neuve, l'expression, souvent raide et gauche, voire incorrecte, bizarrement hérissée de gallicismes, rend

---

[2] le *Paper stock ledger* est Bodleian MS don.b.4. Les livres de paie appartiennent au Grolier Club de New York et sont en dépôt à la Bodleian Library. Je remercie ces deux institutions qui m'ont permis la consultation de ces documents. Un bref aperçu sur l'intérêt présenté par ces registres a paru sous la plume de Giles Barber, 'Some early English Editions of Voltaire', *The British Library Journal* (1978) iv.102.

déjà un son typiquement voltairien par sa hardiesse et ses formules, en dépit d'un truchement étranger, ou peut-être grâce à lui. N'oublions pas qu'il s'agit de sa première œuvre étendue en prose, bien avant les *Lettres sur Œdipe*, et de son premier discours critique. Mais en même temps, l'auteur touchait du doigt les difficultés de la communication. Il voulait être prophète en son pays. Malgré ses dénégations, c'est bien lui qui, à défaut du nonchalant Thieriot, avait confié à l'abbé Desfontaines la tâche de le traduire. N'attribuons pas son dépit, quand il lut le résultat, à quelques bourdes sans conséquence, mais au choc éprouvé à la lecture, comme d'une œuvre d'un tiers, de ce qui avait été conçu dans un autre cadre pour un autre public. Aussi, dès juin 1728 (Best.D336), parle-t-il de son 'true essay on poetry', et de sa nouvelle version 'calculée pour le méridien de Paris', en fait une adaptation parfois très libre, qui se révéla plus difficile qu'il ne se l'imaginait à publier en France. Bien qu'il eût, à tout hasard, pris un privilège à la fin de 1729, il conserva le texte de Desfontaines en tête de *La Henriade* de 1730 et ne livra sa version remaniée qu'en 1733. Ainsi avait-il pu mesurer les pièges esthétiques, culturels, commerciaux et techniques accompagnant une double publication en anglais et en français. Or, c'est un manuscrit en anglais des *Lettres anglaises* qu'il avait rapporté de Londres, au moins 14, et sans doute 17 lettres.

On s'explique mieux son peu de hâte à publier ce texte incomplet et incommode, sans parler du scandale de son contenu. Le 'Swedish manuscript', prêt à paraître, passa donc le premier. A peine de retour, Voltaire négociait avec un libraire, tout en parachevant sa documentation (Best.D350). On connaît la suite et la saisie de la première partie de l'*Histoire de Charles XII* en janvier 1731.

C'est alors que Voltaire se jeta dans la clandestinité (Best.D397), en s'installant sous le toit de Jore, à Rouen, déguisé en milord anglais, pendant les deux mois de la composition typographique du texte au printemps de 1731, seul moyen de prévenir tout regard indiscret pendant la correction des épreuves et d'empêcher les fuites (Best.D476). Pourquoi ce subterfuge efficace ne fut-il pas renouvelé pour les *Lettres anglaises*, pourtant autrement plus dangereuses? Voltaire craignait, nous dit-il, de ne pouvoir berner deux fois la police dans un même lieu (Best.D571). Il n'avait pas envie, non plus, de s'éloigner de la divine Emilie aux charmes de laquelle il venait de succomber.

Ce fut avec cette *Histoire de Charles XII* que Voltaire fit ses premières armes dans le marché international de la librairie. Dans une lettre à

Thieriot du 1er juin 1731, il proteste bien haut qu'on 'a commencé sans [sa] participation deux éditions de Charles XII en Angleterre et en France' (Best.D414). Pour la seconde, nous savons ce qu'en valait l'aune. Pourquoi n'en serait-il pas de même pour la première, d'autant que Jore déclare bien que Voltaire 'fit faire deux différentes éditions tout à la fois' (Best.D.app.39, Voltaire 87, p.494). Une chose reste sûre:[3] des deux premières éditions en français portant l'adresse de Basle et la date de 1731, l'une, qui comporte des *press-figures*, a été faite à Londres (mais avant les *Errata*) d'après les feuilles déjà imprimées de l'autre, issue des presses de Jore (Bengesco, no.1257), et non d'après un manuscrit. Nous connaissons bien maintenant l'âpre rivalité entre imprimeurs londoniens, français et hollandais dans la conquête du marché des livres prohibés. Jore accuse assez clairement Voltaire de l'avoir 'doublé' en permettant à un concurrent anglais de produire l'ouvrage en même temps que lui, manœuvre qui préfigure étrangement la publication des *Lettres anglaises*.

Ainsi donc, au début de 1731, Voltaire pouvait faire le bilan des ressources disponibles pour l'impression et la diffusion, simultanément, des deux versions, l'anglaise et la française, d'un texte exposé à la censure. De fait, et aussi parce qu'il avait vidé sa giberne et n'avait pas encore appris à tenir longtemps la lumière sous le boisseau, il se remet à parler des lettres anglaises dans sa correspondance, tout en amorçant de grands projets, comme le *Siècle de Louis XIV*. Avant cette date, sauf l'idée plausible, quoiqu'inattendue, rapportée par un tiers, d'ajouter à *La Henriade* 'l'explication de la philosophie de Newton qu'on dit qui est fort bien' (Best.D380), il n'en avait pas été une seule fois question.

En septembre 1731, donc, les lettres anglaises sont 'à finir' (Best. D439). Le départ de Thieriot pour Londres, au printemps suivant, ne dut pas être étranger à ce regain d'intérêt. Thieriot n'était pas envoyé en mission par Voltaire; il se laissait mener par les appâts de mlle Sallé, la danseuse; mais sa présence à Londres se révélait bien commode. En lui promettant les bénéfices financiers de l'opération, Voltaire s'en faisait un agent commercial efficace, du moins le croyait-il.

Malheureusement, le manuscrit était loin d'être prêt. Tout porte même à croire qu'il était resté strictement à l'état de 1728. Pour tenir Thieriot en haleine, tout au long de l'année 1732, Voltaire annonce à

---

[3] Keith Maslen, 'Some early editions of Voltaire printed in London', *The Library* (1959), v.288-90.

son ami, à intervalles réguliers, qu'il y travaille, qu'il va l'envoyer incessamment, peut-être tout-à-l'heure, en tout cas dans quelques mois (Best.D488, D502, D526), car, entre temps, *Zaïre* s'est mis à la traverse, et le théâtre n'attend jamais.

La correspondance ne permet pas de distinguer entre la version anglaise primitive et le texte français, mais il est probable que les 'lettres anglaises' en question correspondent plutôt au travail d'adaptation en français, du moins jusqu'à ce que les lettres échangées avec Maupertuis, entre octobre et décembre 1732, révèlent la rédaction des lettres 14 à 17 sur Newton.[4] Mais, en décembre, le dispositif stratégique se précise. C'est Jore qui imprimera les *Lettres* en France (Best.D542, D548), pour le dédommager de la publication de *Zaïre*, moins lucrative que prévu, tandis que Thieriot s'occupera de l'édition, ou plutôt des éditions, de Londres.

De fait, si, à la mi-décembre, le paquet n'est pas encore parti (Best. D545), Voltaire annonce à Formont, le 27 janvier 1733 (Best.D563) qu'il 'les a envoyées à Tiriot qui compte en tirer à Londres beaucoup d'utilité', mais il balance encore fortement sur l'opportunité d'une édition en France. D'un côté, en effet, le voilà tout-à-coup, après un entretien avec l'abbé de Rothelin, qui caresse la chimère d'une permission tacite (Best.D559, D570), et, de l'autre, hésitant à franchir le Rubicon (Best.D563).

La lettre à Thieriot du 24 février 1733 (Best.D570), qui fait suite à un long silence, fourmille d'indications précieuses: le manuscrit a déjà été suivi de l'envoi de corrections; persuadé maintenant qu'il obtiendra sa permission tacite, Voltaire presse Thieriot de faire vite, et de conclure: 'Tâchez de vous assurer de Londres et d'Amsterdam, et abandonnez Paris', détail capital, confirmé par Best.D593, qui démontre, s'il le fallait encore, une tactique de publication à l'échelle européenne, celle-là même qui sera reprise et pour le *Siècle de Louis XIV*, et pour *Candide*.

Le déroulement d'un projet aussi ambitieux n'allait pas sans risques pour un demi-novice qui tirait les ficelles à distance sans avoir la maîtrise de tous les exécutants. A Londres, les libraires n'acceptaient le marché qu'à condition de diffuser la version anglaise avant toute version française qui les aurait privés du bénéfice de la surprise, d'autant plus

---

[4] on a pu douter de la date de rédaction de la lettre 14, mais Best.D545 (*c*.15 décembre 1732) parle clairement de '4 lettres' (cf. encore Best.D570). Une allusion à Locke en passant, dans la même lettre, suggère, pour qui sait entendre, la même période pour la rédaction de la lettre 13.

que leur clientèle lisait souvent le français. A Rouen, Jore, flairant la bonne affaire et craignant des fuites à partir du manuscrit, voulait imprimer tambour battant (Best.D580), alors que Voltaire entendait manifestement le faire précéder par Bowyer, autorisé à mettre le livre en chantier vers le début d'avril au moment où Voltaire lui faisait parvenir la lettre 24 et – à cette date – dernière (Best.D584). Il s'agissait de garantir la recette à Thieriot, qui avait même dû verser une caution (Best.D593) et, par la même occasion, de tâter sans grand risque les réactions officielles françaises avant qu'il ne soit trop tard.

Quelques semaines plus tard – Voltaire avait reçu de Jore les premières épreuves vers la mi-mai (Best.D.app.39; Voltaire 87, p.496) – les deux imprimeurs progressent de conserve, quoiqu'à un rythme différent (Best.D593, D602, D613). Mais il est temps maintenant de passer du côté de chez Fawkener et d'ouvrir les registres de Bowyer.

Nous disposons de deux types de documents: le registre où Bowyer consignait les livraisons de papier d'une part (spécifiant la somme versée au fournisseur et la quantité), le nombre d'exemplaires livrés d'autre part (avec mention du destinataire, généralement un libraire, et de la date); et du livre de paie des ouvriers, jour par jour, ou, plus exactement, semaine par semaine. Diverses colonnes permettent de distinguer les opérations: titre des ouvrages en chantier (trois ou quatre à la fois, dont la fabrication s'imbrique), nature du travail (composition, corrections, tirage, en spécifiant suivant le cas, le nombre d'exemplaires, le nom des ouvriers, le nombre de feuilles exécutées, à la composition, à la correction ou au tirage) et le montant du salaire (à titre de curiosité, 16s. 6d. pour la composition de trois feuilles, soit deux semaines de travail). Faut-il souligner que ces documents offrent une mine pour l'histoire économique et que nous ne les exploitons ici qu'obliquement.

Pour les mois de 1733 et de 1734 qui nous intéressent, le registre est continu, quoiqu'avec quelques lacunes, heureusement peu nombreuses; certaines feuilles ne sont pas signalées, le nom des ouvriers manque assez souvent pour les corrections, alors qu'ils figurent toujours pour la composition et le tirage. Malgré ces silences, les documents sont d'une extraordinaire et fascinante précision et nous restituent, comme si nous y étions, la fabrication de nos deux ouvrages.

Pour la petite histoire – est-elle si petite? – toute la composition fut assurée, en anglais, par Charles Micklewright; en français, jusqu'au 24 août par Richard Holmes, relayé par un certain Gaillard, que l'on peut deviner d'origine huguenote, jusqu'au 20 octobre, repris alors par Micklewright, qui possédait la double compétence. C'est encore Micklewright qui corrigea l'anglais, parfois remplacé par Holmes et par un certain James. L'impression se faisait par équipe de deux, l'un manœuvrant la presse, l'autre manipulant le papier. Pour suivre la production tantôt d'un prote, tantot de deux, il fallait une, deux ou même trois presses fonctionnant simultanément selon l'urgence du travail. Pour des raisons non précisées, maladie ou remplacement à un autre poste, on trouve parfois une solution mixte: une presse opérée par un seul homme à côté d'une équipe normale, ou bien deux presses manœuvrées chacune par un seul, avec un ouvrier volant partagé entre les deux. La composition des équipes varie, mais avec des constantes. Nous en connaissons quatre: Henry Duff et John Mazmore, John Brooker et Thomas Clarke, R. Phillips et Edmund Vicaris, William Diggle et Arthur Palmer, avec des permutations occasionnelles et, de temps à autre, un coup de main donné par Whalley ou Thomas Box. Pendant la semaine du 7 juillet entre même en jeu une cinquième presse, servie par Whalley et Clarke, manifestement mobilisés pour en finir une bonne fois avec l'édition anglaise. Une analyse horizontale portant sur le personnel complet de l'atelier ferait apparaître l'ingéniosité du patron qui devait mener de front plusieurs ouvrages à divers stades de leur fabrication avec les moyens du bord.

Pour en revenir au calendrier, le registre distingue très clairement entre l'édition en anglais et l'édition en français. La composition des feuilles B, C et D anglaises, commencée le 16 avril, est achevée le 24, A, comme il est normal, étant composée à la fin. Ensuite, le rythme se maintient, avec des variations, mais sans désemparer, jusqu'à S et à l'index, terminés le 7 juillet. Pour le texte français, la composition, entamée le 19 mai, avance comme suit: B et C sont achevées dès le 26 mai, D le 9 juin, E et F le 14 juillet, H le 28, ce qui correspond aux lettres 1 à 15 au milieu, soit 72 jours pour 7 feuilles, dont les trois premières seulement étaient corrigées à la fin de juillet, tandis que la composition du texte anglais, titre, préface et corrections compris, n'avait pas pris plus de 89 jours. Après l'index, on corrigea la feuille de titre anglaise et, finalement, le 28 juillet, '4 cancelled leaves English text', dont nous reparlerons.

Nous connaissons le tirage: 2000 exemplaires pour l'anglais (et non 3000, comme se l'imaginait Voltaire, toujours prompt à magnifier l'Angleterre; cf. Best.D602; Jore tirait à 2500); 1500 pour le français, ce que confirme le registre des stocks de papier (f.26*v*: *18 1/2 sheets demy*, *cancel leaf*, reçues et payées le 26 avril; f.26*v* pour le français, *16 sheets crown*, reçues et payées le 19 mai).

Voyons un peu le tirage: la feuille D anglaise était tirée le 5 mai; F, G et H la semaine du 19 mai. La semaine du 26 mai, Bowyer attaquait le tirage de la feuille A française, B la semaine suivante, mais attendit le 7 juillet pour commencer le tirage de C. Cette même semaine, il est question de 'cancelled leaves' qui ne peuvent être que françaises, car les cartons anglais ne seront composés que dans la dernière semaine de juillet et tirés avant le 4 août, alors que plus de la moitié du tirage avait déjà été livrée au libraire (exactement 100 exemplaires le 21 juillet, 450 le 27 et 750 le 2 août, soit 1300 exemplaires; le reste suivra le 14 août pour 150 exemplaires, le 15 pour 400 et le 22 pour 7). En tout cas, au moment où tout le texte anglais quitte l'atelier, on est en train de tirer la feuille E française (ff.65-80). Si l'on se rappelle que l'édition française comprend 246 pages, on voit qu'elle n'était guère avancée au moment où l'édition anglaise était mise en vente. Les Anglais s'étaient bel et bien arrangés pour faire passer leurs intérêts les premiers.

Revenons au début de juin quand la fabrication semble avoir trouvé sa vitesse de croisière de part et d'autre de la Manche. D'une part, Voltaire commence à se méfier terriblement de Jore dont la hâte à distribuer les volumes paraît suspecte, et conjure Cideville de le ligoter par divers engagements écrits, aussi compliqués qu'illusoires (Best.D620, D625). D'autre part surgit l'idée de la vingt-cinquième lettre, un formidable brûlot. Techniquement, celle-ci ne complique rien. Le 'très diligent, mais très fautif' Jore en bâcle la composition en quelques jours. Le 3 juillet, Voltaire en relit les épreuves, après avoir réexpédié à Rouen la totalité des épreuves précédentes (Best.D627). Le 13, ce qui montre la rapidité et la sûreté des liaisons avec Londres, il sait que Bowyer a achevé son travail (Best.D630). Le même jour, il écrit à Thieriot (Best.D631) en lui annonçant d'un moment à l'autre, dès qu'elles seront corrigées, les bonnes feuilles de la lettre 25 (et non pas le manuscrit, désormais dépassé), indication précieuse parce qu'elle montre qu'il s'agit de la version française, Voltaire sachant parfaitement qu'il est trop tard pour compléter l'édition anglaise. Mais, quand il avait demandé à Thieriot, un peu avant le 3 juillet (Best.D627), de 'suspendre la publication jusqu'à nouvel ordre', pour avoir le temps de tenir compte des corrections à la préface enfin reçue, il ne peut s'agir, au contraire, que de la version anglaise. Les dites corrections arriveront d'ailleurs à Londres de justesse, comme en témoigne le carton A 4 composé et tiré, nous l'avons vu, *in extremis*. 'Nous avons pour le moins, ajoutait Voltaire avec optimisme, un bon mois devant nous.' Il restait en réalité une quinzaine de jours.

Le lettre du 24 juillet à Thieriot (Best.D635) montre que Voltaire croyait de bonne foi que le texte français suivait de près le texte anglais. D'où son insistance à retarder une diffusion jugée prématurée. Le registre de Bowyer montre combien il était loin de compte et s'affolait bien à tort. Le début de Best.D635 se rapporte donc au texte français. Quant au texte anglais, 'à la bonne heure qu'elles [les *Lettres*] soient imprimées en anglais, il n'en viendra pas d'exemplaire à Paris[5] et nous aurons le temps de recueillir les sentiments du public anglais avant d'avoir fait paraître l'ouvrage en français' (Best.D635). C'est dans la même lettre que Voltaire dicte à Thieriot les grandes lignes, et presque le texte, de ce qui deviendra la préface de l'édition française (réduite de 6 à 2 pages), mais publiée en fait huit mois plus tard!

Dès le 27 juillet, Voltaire enjoint à Thieriot de retarder la publication du texte français jusqu'à l'hiver, au moment où il rentrera de Londres dans l'éternel sillage de mlle Sallé. Les ventes, affirme-t-il, seront meilleures, d'autant qu'il aura été possible de joindre la lettre sur Pascal (Best.D638, D640). En fait, rentré à Paris dès septembre, Thieriot ne repartira plus pour Londres. Il aura même négligé de rapporter les journaux et un exemplaire pour l'auteur, qui ne l'aura entre les mains, premier et unique (Best.D672), que par les soins d'Henry Fox exécutant une commission de lord Hervey (Best.D652).

Nous avons étudié ailleurs[6] l'accueil fait aux *Lettres anglaises* en Angleterre et ce qu'il est convenu d'appeler l'affaire des *Lettres philosophiques* ne nous concerne pas ici. Disons seulement que le texte français de Londres (Basle) fut livré les 26 et 28 mars 1734 (200 et 900 exemplaires, respectivement. Le 30, un exemplaire isolé pour Lockman, détail qui confirme le peu de part qu'il eut à la traduction anglaise). Si l'on adopte les mêmes délais qu'en 1733, la vente en librairie daterait de la mi-avril, exactement en même temps – mais est-ce une simple coïncidence? – que l'édition de Josse se répandait dans Paris, car c'est le 15 avril que l'abbé Le Blanc commente pour le président Bouhier une édition prétendûment d'Amsterdam qu'il vient de se procurer (Best.

---

[5] en novembre, quand le marquis de Caumont qui, ô surprise, sait l'anglais, lui en demandera un exemplaire, Voltaire le refusera poliment (Best.D672).

[6] *L'Angleterre et Voltaire (1718-1789)*, Studies on Voltaire 145-47 (1976).

D718). En quelques semaines, les Parisiens auront le choix entre cinq éditions du texte français: une fois Basle (Londres) et quatre fois Amsterdam (en fait Rouen, Paris (François et René Josse, puis René Josse seul), Amsterdam, chez Ledet). Pour se disculper devant Fleury, Voltaire ira jusqu'à accuser Thieriot d'avoir fait débiter l'édition qu'il avait surveillée à Londres (Best.D722) et prétendit avoir tout fait lui-même pour supprimer la lettre 25, même à Londres (Best.D728), double mensonge qui ne trompera personne.

Ajoutons enfin que les *Letters concerning the English nation* feront dans le Royaume-Uni une belle carrière commerciale (A.-M. Rousseau, *L'Angleterre et Voltaire*, iii.1010, n° 214-28). L'édition de Basle (Londres) avec son titre de *Lettres écrites de Londres sur les Anglais* sera reproduite à Francfort en 1735, une édition dont les exemplaires abondent dans les bibliothèques allemandes. Mais ni le texte de l'édition française de Londres, ni, *a fortiori*, la version anglaise n'ont plus jamais été reproduites depuis le dix-huitième siècle. Il convient maintenant de les réhabiliter.

Si la géométrie est l'art de raisonner juste sur des figures fausses, Lanson offre un bon exemple de l'art de raisonner faux sur des données justes. Comme nous, il eut sous les yeux le texte anglais, l'édition de Basle (Londres) et celle de Jore.[7] On lui pardonne aisément d'avoir cru à une traduction, mais ses erreurs proviennent de raisons morales autant que techniques.

La première erreur est d'avoir traité un texte imprimé au dix-huitième siècle dans des circonstances matérielles bien précises comme un manuscrit ancien dont l'original serait perdu. Aujourd'hui, nous raisonnons sur un objet autant que sur un sens. Lanson ignore, ou affecte d'ignorer, les conditions techniques de la fabrication du texte. Il en parle rarement, et du bout des lèvres. L'intendance est encore méprisée.

Mais il fut aussi victime de préjugés moins conscients. S'agissant d'un texte français appartenant à la littérature française, il adopte d'emblée pour base l'édition faite en France, celle qui sera, non moins patriotiquement que Jeanne d'Arc, brûlée à Rouen. S'il estime 'meilleur' le texte de Jore, c'est aussi parce qu'il a été revu et corrigé par Voltaire. Ensuite, 'l'intérêt et l'importance des *Lettres philosophiques* viennent de leur rôle dans l'histoire des idées: elles furent une œuvre de combat.

---

[7] que nous désignerons ci-après par *33*, *Basle* et *Rouen*.

Il faut donc les prendre dans le texte qui choqua le pouvoir, qui fut condamné, c'est-à-dire dans l'édition de Jore et ses contrefaçons' (Lanson, i.xi). Enfin, une édition dépourvue de la lettre 25 est contraire à la volonté de l'auteur. Comme on l'a vu, la volonté de l'auteur a varié sur ce dernier point. L'avant-dernier argument est affaire de choix idéologique, et des plus contestables, en tout cas sans valeur scientifique. Reste à réfuter les deux premiers.

Le nationalisme culturel de Lanson peut être estimable. Il n'a aucun fondement historique. Bien au contraire, Voltaire entendait bien s'adresser à toute l'Europe lettrée, anglophone et francophone. La fausse adresse de Basle, commune à Bowyer et à Jore, traduit à sa façon l'absence de frontière. Quant à la qualité typographique du texte, Voltaire s'est deux fois vigoureusement plaint du 'très fautif' et du 'très incorrect Jore'. Sans paradoxe, car le cas est classique, le texte composé à Londres par Richard Holmes peut être considéré comme meilleur. Il n'estropie aucun nom propre, pas plus français qu'anglais, alors que Jore massacre les noms anglais. Il ne contient qu'un nombre infime de fautes d'orthographe (*util*, par exemple) et, sauf la particularité de *deuzième* (comme *douzième*) ne trahit en rien son origine étrangère. A tout prendre, la 'négligence' de Thieriot s'est révélée beaucoup plus efficace que le zèle conjugué de Voltaire à Paris, de Cideville et de Formont à Rouen. Nous inclinons même à penser que Thieriot, sauf deux ou trois corrections dont nous reparlerons, s'est gardé d'intervenir, donc d'altérer le texte. La partie du texte français composée après son départ de Londres ne marque aucune baisse de qualité. Les professionnels londoniens connaissaient leur métier.

Lanson fait encore intervenir les notions, floues et controversées, de vulgate et de tradition. Si vulgate il y a – il le démontre amplement lui-même – elle est dans le texte de Basle, car l'édition de Rouen, mis à part les contrefaçons de 1734 et l'édition de Kehl (pour les *Lettres philosophiques* dépourvue du moindre intérêt), resta pratiquement sans postérité. Ce que tout le dix-huitième siècle européen a lu, c'est bien le texte français de Londres. Quant à la tradition, déformé par la méthode des éditeurs de textes gréco-latins et obnubilé par le faux problème de la transmission du texte, Lanson regarde obstinément en aval, alors que nous devons vivement remonter vers l'amont, vers la source jaillissante encore pure, et non descendre vers les eaux dormantes et boueuses de Kehl.

Rappelons brièvement les grandes lignes de la rédaction. En 1728, rédaction directe en anglais de 17 lettres; en 1732, ré-écriture (nous préférons ce terme à 'adaptation') en français, avec addition des lettres 9 ('Sur le gouvernement'), 11 ('Sur l'insertion de la petite vérole'), 13 ('Sur Mr Locke'), 14 à 17 (sur Newton) et 25 ('Sur les pensées de M. Pascal'). Au début de 1733, Voltaire envoie à Londres un manuscrit anglais et un manuscrit français *auxquels il ne touche plus* et qui seront manifestement reproduits *verbatim*. Ce que Jore imprime, c'est une *autre copie*, peut-être déjà remaniée selon une habitude chère à Voltaire, en tout cas corrigée en cours d'impression. Les trois versions sont authentiques. Laquelle est la 'vraie', c'est-à-dire: laquelle reproduit le mieux le dessein original? Telle est la question. Pour y répondre, il faut faire intervenir des données techniques empruntées aux conditions de fabrication du texte imprimé, et des données 'poétiques', liées à l'appréciation de ses qualités proprement littéraires.

Rien qu'à lire les émendations proposées par Lanson lui-même, un lecteur attentif et de bonne foi, soupçonne l'inversion des valeurs. Le texte de *Basle* n'est jamais bizarre ou incorrect, sauf une fois ou deux dont nous reparlerons. *Rouen* l'est plusieurs dizaines de fois, et ne peut être redressé qu'avec l'aide de *Basle*, au besoin confirmé par *33*. En laissant de côté de simples coquilles typographiques ou des variantes non significatives qui sont légion (articles, possessifs, démonstratifs, singulier/pluriel), voici quelques exemples éloquents, où, à chaque fois, Lanson est revenu à *Basle*:

33	*Basle*	*Rouen*
So that they are in this time reduc'd (in the obscurity of their respective parishes) to the melancholy occupation	ils sont réduits dans l'obscurité de leur paroisse au triste emploi	ils se sont réduits dans l'obscurité de leur paroisse au triste emploi
had he wore a cassock instead of a short cloak	une soutane au lieu d'un manteau court	un manteau court au lieu d'une soutane

(Même type d'erreur dans Lanson, ii.18 avec l'inversion d'*aphélie et de périhélie*).

But then it did not prevent his gaining 200 000 livres	elle n'empêche pas au moins que sa traduction d'Homère lui ait valu 200 000 francs	elle n'empêche pas moins que sa traduction d'Homère lui ait valu 200 000 francs

to improve and enlighten his understanding	pas assez pour l'éclairer	pas assez pour l'éclaircir

Lanson tient si fort au texte de *Rouen* qu'il lui arrive de la maintenir tout en reconnaissant que la correction d'après *Basle* serait nécessaire ou souhaitable. Par exemple:

33	Basle	Rouen
unless the Patient be infirm or would have died had not the experiment been made upon him. Besides no one is disfigur'd	s'il n'est infirme et condamné à mort; d'ailleurs personne n'est marqué	s'il n'est infirme et condamné à mort d'ailleurs; personne n'est marqué
it being an hundred and fifty years since they were first drawn	ont acquis au bout de 150 ans	au bout de deux cents ans

Il est clair que l'accord de *33* et de *Basle*, qui nous confirme le bon texte, n'apporte qu'une faible preuve aux yeux de Lanson. Si *Rouen* est considéré comme autorité, *Basle* devient archaïque, quoiqu'utile à consulter de temps en temps; *33*, simple traduction, n'apporte rien. Nous partons au contraire de l'hypothèse que *Basle* est le meilleur texte, *33* son image anglaise, et *Rouen* déjà une variante qui s'éloigne de l'original. La notion d'économie doit nous confirmer dans cette décision. Si une hypothèse, celle de Lanson en l'occurence, crée beaucoup plus de difficultés qu'elle n'en résoud et ne peut être tenue qu'à l'aide de l'hypothèse contraire, il ne faut point s'entêter, mais consentir à inverser les hypothèses Dès que l'on prend *Basle* comme texte de base, la quasi-totalité des problèmes textuels s'évanouit.

Certes, quelques cas insolites subsistent, une demi-douzaine tout au plus, où *33* et *Rouen* sont d'accord contre *Basle*, accord déroutant qui s'explique à chaque fois, croyons-nous, par une faute du copiste français qui a préparé le manuscrit destiné à Thieriot. Le texte anglais est bon, car il représente l'original voulu par Voltaire, que l'on retrouve dans le manuscrit de base resté à Rouen. En voici quatre cas, le quatrième omis par Lanson:

33	Basle	Rouen
which are received by magistrates of the most severe characters	des pièces reçues par les magistrats les plus sincères	des pièces reçues par les magistrats les plus sévères

Il faut donc 'sévères', 'sincères' étant une faute de lecture.

| the most singular and
the best of all his pieces
is that which, at this
time, is the most use-
less and the least read | le moins lu et le
plus util [*sic*] | le moins lu et le plus
inutile |

Il faut donc 'inutile'.

| as Father Mabillon
confesses | selon l'avis du
Père Mabillon | selon l'aveu du Père
Mabillon |

Encore une faute de lecture du copiste de *Basle*.

| the golden age of the
liberal arts | l'âge des beaux-arts | l'âge d'or des beaux-
arts |

Simple omission, cette fois.

Restent deux points techniques importants de *33*: les cartons et l'*Errata*. Le registre de Bowyer signale quatre cartons. Nous avons déjà parlé de A 4 dans la préface. Parmi les exemplaires que nous avons examinés, on trouve un carton en G 3 (26 lignes à la page au lieu de 27, comme dans A 4). Nous n'avons pas encore trouvé de cartons supplémentaires, non plus que d'exemplaires mal cartonnés révélant le texte primitif, mais ils doivent statistiquement exister. L'espoir demeure, mais on peu aussi évoquer la possibilité que les deux autres cartons appartiennent à la même feuille – on en connaît des exemples – auquel cas, à moins de détruire complètement la reliure du volume, leur présence est indécelable.[8]

Quant à l'*Errata*, la majorité des 10 corrections proposées concerne

---

[8] signalons un curieux cas. Voici les trois versions:

33 (p.85) His [Bacon's] Enemies were in the *British* Court and his Admirers were Foreigners

Basle (p.82) ses enemis étoient à la Cour de Londres, ses admirateurs étoient les étrangers

Rouen (p.107) ses ennemis étoient à la Cour de Londres, ses admirateurs étoient dans toute l'Europe

Voltaire (Best.D627 du 3 juillet 1733) croit se rappeler à cet endroit une faute de Jore qui aurait imprimé: 'ses ennemis étoient à Londres ses admirateurs', et demande à Cideville sur place de restituer le texte de *Rouen* par le moyen d'un carton. Lanson prit Voltaire au mot, et parle de ce carton, qui, en réalité, n'existe pas. Le texte imprimé est parfaitement correct. Mais comme *33* et *Basle* sont ici d'accord contre *Rouen*, gageons que Voltaire s'est souvenu d'avoir corrigé quelque chose dans cette phrase et confondu ses souvenirs.

de banales coquilles.[9] Deux fois, Thieriot n'a pas eu la main heureuse en croyant bien faire.[10] Un cas unique de contradiction entre les trois versions est trop long pour être commenté ici (*33*, p.97, l.14). Deux autres méritent notre attention. Harcourt Brown et Mattauch[11] ont traité le premier. L'original anglais (*33*, p.39) définit un abbé français comme *that sable mix'd kind of mortal (not to be defin'd)*, simplifié en français par Voltaire en *cet être indéfinissable*. Déconcerté, Thieriot simplifie l'anglais à son tour en *that mix'd being*, beaucoup plus faible. La correction suivante est typique. *33* donne: *However I need not say which is more useful to a nation, a lord* [. . .] *or a merchant*, rédaction originale anglaise, dont l'équivalent serait quelque chose comme *Il est inutile de préciser*, formule atténuée par Voltaire en un sceptique et ironique *je ne sçais pourtant lequel est le plus utile*. Thieriot s'en aperçoit et demande *I cannot say*.

Mais l'exégèse ne doit pas se limiter à la restitution, certaine ou probable, des passages altérés ou suspects par d'ingénieuses comparaisons triangulaires. Elle doit aller au fond des choses et juger de la qualité respective des trois versions avant de trancher. De la brillante démonstration d'Harcourt Brown sur le thème 'traduction ou ré-écriture', retenons, que le décalage important, tant quantitatif que qualitatif, entre l'anglais et le français, ne peut avoir pour origine que la main d'un auteur, non d'un traducteur, ce qui nous oblige maintenant à analyser la création littéraire chez Voltaire.

Par quelle étrange perversion, dira-t-on, Voltaire a-t-il été faire ce laborieux détour par une langue étrangère? Passe encore pour la correspondance familière, exercice de style ou précaution contre les indiscrétions, et même pour l'*Essay upon epick poetry*, publicité destinée à séduire des souscripteurs anglais. Mais un ouvrage sérieux et novateur comme les *Lettres anglaises*? Les *Carnets* fournissent la réponse. On y trouve des extraits poétiques traduits, selon la méthode appliquée aux textes latins de collège, mais aussi de nombreuses réflexions visiblement saisies au vol et sur le vif au cours de conversations, car, si l'on parlait

---

[9] l'une, cependant, est amusante. 'Gloom', traduisant 'nuit' dans 'les éclairs de Shakespeare dans une longue nuit', avait été imprimé comme 'gleam'!

[10] 'At a time of life' (*33*, p.39) traduisait correctement 'et dans un âge où les hommes n'ont d'autres passions . . .'. Thieriot demande de lire 'in an age'. Là où *Basle* (comme *Rouen*) avait 'ces belles et convaincantes paroles', et *33* (p.47) 'this handsome and convincing reason', Thieriot demande la suppression de 'handsome'.

[11] Hans Mattauch, 'A translator's hand in Voltaire's fifth *Letter concerning the English nation*?', *Studies on Voltaire* (1973) cvi.81-84.

français à la cour de Saint James, il est douteux que les cercles aristo-
cratiques, même si le français leur était familier, aient changé leurs
habitudes pour faire plaisir au seul Voltaire, sans parler des milieux
d'affaires où le français était peu pratiqué. Au reste, dans la préface
de *Brutus*, Voltaire déclare tout net: 'Je vous avoue, mylord [= *Bolingbroke*], qu'à mon retour d'Angleterre [. . .], où j'avais passé près de
deux ans dans une étude continuelle de votre langue, je me trouvai
embarrassé lorsque je voulus composer une tragédie française [. . .].
Je m'étais presque accoutumé à penser en anglais; je sentais que les
termes de ma langue ne venaient plus se présenter à mon imagination
avec la même abondance qu'auparavant' (M.ii.131). Mais on peut
invoquer deux raisons plus profondes. L'une, avouée: l'anglais est la
langue de la liberté; en la pratiquant, non seulement on rend hommage à
des hôtes bienveillants et compréhensifs, mais on délie les censures, au
sens historique et au sens psychologique actuel, qui brident l'expression
d'un Français. Tout se passe comme si Voltaire ne pouvait pas exprimer
autrement qu'en anglais les vérités sans fard, les réflexions vigoureuses
et hardies, les critiques directes, voulant 'rendre à [sa] langue cette force
et cette énergie qu'impose la noble liberté de penser, car les sentiments
vigoureux de l'âme passent toujours dans le langage et qui pense fortement parle de même' (M.ii.311). Dans le cas présent, qui parle
vigoureusement pense de même. Apprenons donc à penser en écrivant
en anglais. La seconde raison touche à la création littéraire elle-même.
En anglais, Voltaire faisait l'apprentissage d'un style nouveau, plus
charnu et plus rustique, mais aussi plus ironique et plus personnel. Au
français, trop gracieux et trop cérébral, se substituait un grain de folie et
de génie refusé à un Parisien poli par un siècle d'urbanité. 'Si vous aviez
été deux ans comme moi en Angleterre, je suis sûr que vous auriez
été si touché de l'énergie de cette langue, que vous auriez composé
quelque chose en anglais', écrit-il à Brossette en novembre 1733 (Best.
D681). 'Energie' est bien le maître-mot. Le style de Voltaire, tel Antée,
a repris vigueur sur le sol d'Albion. Et quelle volupté pour un philo-
logue, au sens propre, de brasser des mots et des tours inconnus,
presque exotiques!, qui en viennent parfois à penser à votre place.

Il ne reste pas une ligne manuscrite des *Lettres anglaises*, mais nous
avons mieux. Une minutieuse comparaison de la version anglaise (pour
les lettres d'abord rédigées en cette langue, s'entend) et de leur ré-
écriture en français se montre plus révélatrice qu'un brouillon. On
dirait d'un musicien composant le même morceau pour deux instruments

différents, image soufflée par Voltaire lui-même qui a déclaré de Pope qu'il avait 'réduit les sifflements aigres de la trompette anglaise aux sons doux de la flûte' (lettre 22). Ecoutons donc Voltaire dans son numéro de trompette et dans son numéro de flûte. 'La poésie est une espèce de musique', écrit-il encore dans cette même lettre. 'Il faut l'entendre pour en juger. Quand je vous traduis quelques morceaux de ces poésies étrangères, je vous note imparfaitement leur musique; mais je ne puis exprimer le goût de leur chant.'

33	*Basle*
and to lop and dress it in the same manner as the trees of the garden of Marli	et le tailler en arbre des jardins de Marli
a hale ruddy complexion'd old man	un vieillard frais
those damn'd whigs don't value a straw	les maudits whigs se soucient très peu
our giggling rural vicar Rabelais	notre curé de Meudon
all your junior academical Sophs	tous les grimauds qui s'érigent en critiques
on several skulls they throw up their spades [*souvenir évident d'une représentation*]	les têtes de mort qu'ils rencontrent
may strut about and cry: such a man as I	peut dire: un homme comme moi
Marius and Scylla [. . .] did not draw their swords and set the world in a blaze merely to determine whether the Flamen	Marius et Scylla ne se battaient point pour décider
the emperor was doing to order his attendants to throw the bishop out of the window	l'empereur allait faire jeter l'évêque par les fenêtres [encore édulcoré dans *Rouen*: l'empereur allait se fâcher contre l'évêque]
the general opinion is that [Vanbrugh] is as sprightly in his writings as he is heavy in his buildings[12]	on prétend qu'il écrivait avec autant de délicatesse et d'élégance qu'il bâtissait grossièrement [cf. *Rouen*: on prétend qu'il écrivait comme il bâtissait, un peu grossièrement]

[12] la formule est encore proche de l'épitaphe fameuse rédigée par Abel Evans: 'Lie

and when after victory is gained, the whole city of London is illuminated [. . .] we groan in silence and are deeply affected with sadness of spirit and brokenness of heart, for the sad havock which is the occasion of these public rejoycings	et lorsqu'après des batailles gagnées tout Londres brille d'illuminations [. . .], nous gémissons en silence sur ces meurtres qui causent la publique allégresse

Pour être honnête, disons aussi que la métamorphose d'anglais en français n'engendre pas que des pertes. A côté du pittoresque et de la verve, le texte anglais abonde en phrases laborieuses et contournées. Voltaire cherche sa pensée à grand renfort d'articulations plus qu'il ne l'exprime directement. L'anglais va donc lui servir en quelque sorte de canevas car, en bon classique il fait sienne cette maxime de La Bruyère: 'Entre toutes les expressions qui peuvent rendre une seule de nos pensées, il n'y en a qu'une qui soit la bonne' (*Des ouvrages de l'esprit*, XVII). Cette 'bonne' expression, au-delà de laquelle tout dégénère, c'est en anglais qu'il la cherche, ou, pour changer de registre métaphorique, en taillant son 'diamant brut' (comme il dit de Shakespeare), il espère gagner en brillant ce qu'il perd en poids. 'Poli' et 'politesse' retrouvent ici tout leur sens. L'originalité de Voltaire consiste à prendre comme matière première son propre texte rédigé dans une autre langue. Il faudra attendre Mallarmé pour retrouver en français une telle alchimie verbale, et encore s'agira-t-il de la traduction d'Edgar Poe.

L'analyse des transformations de l'anglais à *Basle*, et de *Basle* à *Rouen* est complexe, car l'auteur cède à des sollicitations diverses, voire divergentes ou même contradictoires, qui affectent tantôt le fond et tantôt la forme. Certaines variations relèvent des bienséances (nous citons à chaque fois les textes dans le même ordre):

33   we thee and thou a king with the same freedom as we do a beggar

Basle   les rois et les charbonniers

Rouen   les rois et les savetiers

Ici, Voltaire renonce à un adjectif qui a pris malgré lui un tour ironique en français:

before the glorious war that broke out in 1701

heavy on him, Earth, for he Laid many a heavy load on thee.' En français, l'allusion a disparu en même temps que la pointe.

avant la belle guerre de 1701

avant la guerre de 1701

Ailleurs, il rajoute un détail qui donne rythme et sarcasme à une expression primitivement neutre:

when a man is perpetually obliged to employ the titles of Highness and Excellency

dans un pays où il faut toujours les termes d'Altesse et d'Excellence

dans un pays où il faut toujours avoir à la bouche les termes d'Altesse et d'Excellence

Une perte d'information sera compensée par un gain d'éloquence et de pathétique:

but [W. Penn] never saw [Pennsylvania] again, he dying in Ruscomb in Berkshire *anno* 1718.

il ne les revit plus, il mourut à Londres en 1718.

il vécut depuis à Londres jusquà une extrême vieillesse, considéré comme le chef d'un peuple et d'une religion. Il n'est mort qu'en 1718.

Certaines suppressions rendent le texte obscur:

then opening one of the friend's books, as he [the Quaker] call'd it, he read the following words in an emphatic tone: God forbid ...

alors ouvrant un livre de sa secte, il lut avec emphase ces mots: A Dieu ne plaise ...

nous nous en trouvons bien. A Dieu ne plaise ...

D'autres renchérissent au contraire sur le ton déjà 'voltairien':

I pitied very much the sincerity of my worthy Quaker and was absolutely for forcing him to get himself christened

la bonne foi de mon Quaker me faisait compassion et je voulais à toute force qu'il se fît baptiser

hélas! dis-je, comme vous seriez brûlé en païs d'Inquisition, pauvre homme ... Eh! pour l'amour de Dieu, que je vous baptise et que je vous fasse chrétien

Il est très rare que les corrections enrichissent à ce point le texte. Le plus souvent, Voltaire simplifie, élague, allège et, d'une phrase qui se cherchait encore, tire une formule compacte:

but how is it possible that some persons can presume to compare so little a work with the history of our illustrious Thuanus?

mais comment se peut-il faire que quelques personnes osent comparer un si petit ouvrage avec l'histoire de notre illustre m. de Thou?

mais je serais fort trompé si elle pouvait être comparée à l'ouvrage de notre illustre de Thou

ou encore, mais, cette fois, la tournure définitive est trouvée dès *Basle*:

whoever sets up for a commentator of smart sayings and repartees is himself a blockhead

tout commentateur de bons mots est un sot

Malheureusement, à côté de ces quelques améliorations, apparaît un défaut qui va devenir un vice. Plus Voltaire se relit, plus les réflexions jaillissent. Au lieu de se reprendre, il annote, commente, renchérit par un trait ou une anecdote. La glose le guette. Homme de *marginalia* et de fiches, guidé, à chaque révision par les besoins de l'actualité ou par quelque compte à régler, ce sont ses propres marges qu'il encombre d'ajouts, allant d'un mot à un paragraphe. L'analyse de ces ornements nous éloignerait trop de la version anglaise primitive, mais ce processus d'empâtement et de surcharge commence avec *Rouen*. On voit déjà s'esquisser la technique des œuvres alphabétiques.

De toute cette histoire, nous pouvons tirer deux leçons et une conclusion pratique. Avant d'être le charme de l'ouïe et les délices de l'intelligence, comme l'eût formulé Zadig, un texte est fait d'abord de papier et d'encre, de caractères typographiques, de livres de comptes et de transports de ballots, ou, pour parler comme au vingtième siècle, est un acte de communication par le moyen d'un support matériel soumis aux exigences de la technique et aux lois de l'économie. Plus que dans son style et dans sa pensée, le premier mérite de Voltaire est d'avoir compris, accepté, maîtrisé et exploité ces contraintes Pour évangéliser son siècle, il avait bien disposé dès le début d'une église, le théâtre; d'une chaire, la scène, et d'apôtres zélés, les acteurs, mais l'impact, pour immédiat qu'il fût, conservait un caractère oral, archaïque et limité. Au temps de Louis xv, on pouvait user de *media* plus modernes. Hélas, au moment où, à Londres, Voltaire découvrait le pouvoir d'une librairie libre, le gouvernement de Versailles renforçait les réglements et la surveillance, contraignant pratiquement les auteurs à la clandestinité. D'où ruses et subterfuges, où passèrent promptement maîtres les imprimeurs de Londres. Ce qui nous frappe dans ces *Letters concerning the English nation* et les *Lettres écrites de Londres sur les Anglois*, leur jumeau français, c'est le projet d'une diffusion européenne en deux langues. Que son exécution se soit faite en désordre et dans le drame est une autre histoire. Les Lumières ne rayonnent pas dans le vide. Elles cheminent par la feuille imprimée avec ses servitudes et ses grandeurs. L'auteur et l'imprimeur œuvrent ensemble, couple qui ne deviendre idéal qu'avec Cramer, mais, dès 1733, Voltaire a déjà assimilé la leçon. Quand nous aurions épuisé les sources et la matière des *Lettres philosophiques*, nous serions encore passé à côté de l'essentiel. La révolution contenue dans ce livre n'est pas ce que ce livre contient, mais la façon dont l'auteur atteint le lecteur.

Sachant donc à qui il s'adressait, Voltaire devait inventer un nouveau moyen d'expression. Un vieux cliché veut qu'il partit pour Londres poète et en revint philosophe. Philosophe, au sens français du terme, c'est-à-dire héritier du scepticisme antique et du libertinage moderne, il l'était déjà amplement. Au sens anglais des *Philosophical transactions*, certes non, et son séjour en Angleterre ne l'a guère instruit sur ce point. Est-ce un hasard si les lettres rédigées en français en France sont précisément les plus 'philosophiques', celles qu'on aurait attendues quatre ans plus tôt: tolérance, médecine (avec l'inoculation), métaphysique (avec Locke), science (avec Newton)? tandis que la religion, la politique, la condition sociale de l'écrivain et la littérature ont été traitées outre-Manche. Ce n'est pas le newtonianisme que Voltaire a découvert là-bas, et il n'a rien connu, ou presque de la Société royale. Son chemin de Damas passe par Newton, en effet, mais lors des funérailles à Westminster en avril 1727. Il ne sait pas encore grand chose de la doctrine, mais il comprend l'hommage rendu par les grands et par le peuple au génie intellectuel. *Aux grands hommes, la Patrie reconnaissante.* A Westminster, Voltaire posait la première pierre de sa niche au Panthéon.

En publiant en anglais à Londres son *Essay upon epick poetry*, François Arouet, parisien, commençait aussi à édifier le tombeau de m. de Voltaire, Londoner. Mais ce tombeau était incomplet si le penseur ne se faisait pas reconnaître de ses maîtres à penser. Avec les *Letters concerning the English nation*, Voltaire entrait dans le cercle de l'*Augustan age* qui l'avait d'abord accueilli comme simple visiteur. La langue anglaise fournissait le passeport pour la philosophie et pour la liberté.

Jusqu'alors, Voltaire n'avait guère produit que des vers, tragiques, épiques ou satiriques, par milliers sans doute, mais médiocrement originaux, même s'ils avaient eu du succès. Le prosateur n'avait pas encore trouvé sa voie et sa voix. C'est pourquoi l'*Essay upon epick poetry* et les *Letters concerning the English nation* méritent notre étude la plus attentive. Un grand écrivain naît sous nos yeux dans ces quelques centaines de pages en anglais. Grâce à la résistance et au dépaysement d'un idiome autre, la pensée se cristallise, ruse avec le matériau et trouve sa forme. L'étape suivante, une seconde naissance presque plus douloureuse que la première, car moins spontanée: le retour, laborieux et déroutant, au parler maternel, après l'initiation par le parler paternel que fut l'anglais. *Humour / wit*, humeur / esprit, tels seront les deux pôles de la création voltairienne dans ces étonnants textes amphibies. On concluera donc sans paradoxe que, parti philosophe, il est revenu 'poète'.

La conclusion pratique sera brève. Au lecteur du vingtième siècle, on doit la vérité: une édition bilingue. A main gauche, comme sur un clavier, l'anglais de Voltaire; à main droite, le français de Voltaire, non le texte imprimé par Jore, déjà légèrement, mais nettement marqué par la sénescence, mais la rédaction verte, drue, candide, de l'édition de Londres. En somme, les vraies *Lettres anglaises* – et parfois *philosophiques* – en un seul concert visuel.

Voltaire and Samuel Clarke

W. H. BARBER

FROM the modern standpoint, dr Samuel Clarke is a figure who emerges into the light of eighteenth-century intellectual history in one of two connections. The first of these is as the representative and spokesman of sir Isaac Newton in an exchange of letters with Leibniz in 1715 and 1716, a controversy which has come to be seen as of major philosophical importance as an account of the Leibnizian position on several fundamental problems in metaphysics: in particular, the nature of space and time, the relationship between God and the material universe, and the operation in these spheres of Leibniz's two fundamental principles, the principle of contradiction and the principle of sufficient reason. The second connection is that with Voltaire.

French readers with serious theological or philosophical interests may have been aware that Clarke's major work, the *Discourse concerning the being and attributes of God*, of 1706, had been translated by Ricotier in 1717, and that the Leibniz–Clarke correspondence had appeared in French in Desmaizeaux's *Recueil* of 1720 – both of which translations were to run to several editions – but the French general reader is likely to have met Clarke's name for the first time in 1734 in the last of the group of *Lettres philosophiques* which Voltaire devotes to English religious life: letter seven, 'Les Sociniens, ou Ariens, ou Antitrinitaires', in which Clarke figures prominently. And on many subsequent occasions, whenever Voltaire has occasion to mention the masters of English thought, the name of Samuel Clarke appears beside those of Locke and Newton, and seemingly on equal terms with them.

This, to modern eyes at least, is something of a puzzle. What can account for the exalted position which Voltaire apparently allots to Clarke? Clarke was a man of considerable standing in the Anglican intellectual world of his day, and was involved in a major theological controversy which generated much heat: but for all his learning and his intellectual acumen, none but Voltaire, it seems, thought of ranking him among the founding fathers of English philosophy and science. If one is to find an explanation of this over-enthusiasm on Voltaire's part, one may do well, I want to suggest, to consider Voltaire and his intellectual needs at the time of his encounter with Clarke, rather than attempt any radical reassessment of Clarke himself: but some brief consideration of the latter's career and attitudes may help us to characterize the nature of his impact on Voltaire.[1]

Samuel Clarke was born in Norwich in 1675, the son of a cloth merchant and sometime alderman of that city, and went from the local grammar school to Cambridge (to Gonville and Caius, the Norfolk college), where he soon acquired a considerable reputation in all three major branches of learning which he pursued there: classics, philosophy (including physics and mathematics), and divinity, this at a period which must surely count as one of the golden ages of Cambridge intellectual life. He never ceased to be a literary scholar, bringing out a much-praised edition of Caesar's *Commentaries* in 1712, and subsequently working for many years on an edition of Homer, part of which was published just before his death in 1729. His main work, however, was as a philosopher (in the contemporary sense) and a theologian. It is not clear whether Clarke came to know Newton personally as early as his undergraduate days in Cambridge, but he adopted Newtonian views at that stage, and soon after graduating in 1695 he was invited to prepare what might be called a subversive new translation into Latin of the physics textbook then in general use in the university, Rohault's Cartesian *Traité de physique*. In his translator's preface, Clarke justifies his enterprise on two grounds: the usefulness of the book, and 'prioris Versionis ineptia'. And he proceeds to quote two passages of Rohault's French and the Latin rendering of the earlier translator, Bonet, to illustrate its inaccuracy. As to the book's usefulness, it was clearly felt in Cambridge at the turn of the century that Rohault's was still the only available convenient textbook for undergraduate use, in spite of its Cartesian assumptions; but Clarke added a substantial series of footnotes expounding the Newtonian views and discoveries on all the major points where Newton had called Descartes into question. The largest of these footnotes, indeed, is a fourteen-page

---

[1] two recent works by J. P. Ferguson have shed light on Clarke's life and thought, and I am indebted to them for factual information in what follows here. They are: *The Philosophy of dr Samuel Clarke and its critics* (New York 1974); and *An Eighteenth-century heretic. Dr Samuel Clarke* (Kineton 1976).

essay on Newton's gravitational dynamics. One wonders how the struggling student of the day coped with this clash of mighty intellects. What is of particular interest, however, is that Clarke by the age of twenty clearly had a very thorough command of French, which one would imagine to be a rare accomplishment in the Cambridge academic world of the 1690s. How he acquired it we do not know – there may conceivably have been family connections with the Huguenot community in Norwich – but his knowledge of French undoubtedly continued to open doors for him in later life: in his relationship with Caroline of Ansbach, princess of Wales and later queen, who spoke no English, and eventually in his contacts with Voltaire. A further small clue concerning the role of French in Clarke's life is that in later years his eldest son acquired the reputation of being something of a child prodigy, and one of the boy's reported achievements was to have read the whole of *Télémaque* in the original by the age of ten.[2]

Clarke seemed destined for great things in the world of learning and the Church. At twenty-three, through the friendship of William Whiston, who later followed Newton in the Lucasian chair of mathematics at Cambridge, Clarke became chaplain to the bishop of Norwich, John Moore, who was subsequently very active in promoting Clarke's career. In 1704, at the age of twenty-nine, he was invited by the archbishop of Canterbury to give the Boyle lectures, in St Paul's Cathedral, which he did so successfully that he was asked to give a second series the following year. These lectures, published together in 1706 as the *Discourse concerning the being and attributes of God*, and translated into French in 1717, are one of the most characteristic and influential works of rationalist theology of the period, and were extensively drawn upon by Voltaire in the *Traité de métaphysique* and elsewhere, as we shall see.

The year 1706 also saw the publication of Clarke's Latin translation of Newton's *Optics*, which had first appeared in English two years earlier. Newton seems to have been in close touch with Clarke over this, and took the opportunity to add some new material, expanding the 'Queries', or speculative points, which conclude the *Optics* from sixteen to twenty-three. The last of these new 'Queries' raises the question of the nature of empty space, and forms the starting point

---

[2] M. de La Roche, *Mémoires litteraires de la Grande-Bretagne* (1723), xii.412. I am indebted for this reference to miss M. D. Thomas ('The Life and works of Michel de La Roche': unpublished Ph.D. thesis, University of London 1978, p.114).

of the broader exposition of Newton's metaphysical views which appeared as the celebrated 'Scholium generale' in the concluding pages of the second edition of the *Principia* in 1713. If Clarke, as has been suggested, was influential in encouraging Newton to explore the philosophical implications of some of his discoveries, the process may well have begun at this stage. Closer contacts between them were certainly possible from this point onwards: the bishop of Norwich, anxious to further the career of his brilliant protégé, found Clarke a London living in the City in 1706, and presented him at court, where he was appointed a royal chaplain, and in 1709 he became rector of St James, Piccadilly. Newton, master of the Mint since the turn of the century and much concerned with the affairs of the Royal Society, lived within walking distance of Clarke's rectory.

The parish of St James was not only a very fashionable one, embracing many aristocratic town houses and, indeed, the royal residence itself; it had enjoyed since its foundation in 1685 a series of highly distinguished incumbents. Of Clarke's four predecessors, two, Tenison and Wake, became archbishops of Canterbury, and the vacancy he obtained in 1709 was occasioned by the appointment of Charles Trimnell as bishop of Norwich. That Clarke himself, with equal gifts, did not tread further along this golden road was due to the conclusions he had reached on a matter which inevitably provoked much discussion among the rationalist theologians of his day: the doctrine of the Trinity. Newton, we know, had earlier, and privately, come to reject the Athanasian formula, which was the orthodoxy of the Church of England, in favour of the Arian position. Whether Newton influenced Clarke in this direction is not clear: his friend William Whiston inclined to the view that Clarke arrived independently at similar conclusions from his own study of the Bible and the history of the early Church.[3] Whiston himself was the most intransigent and outspoken Arian of them all: he was dismissed from his Cambridge chair in 1710 because of his heretical views, which he defiantly devoted the rest of his life to propagating, finally abandoning his Anglican orders in favour of dissent.

Clarke did not go so far, but his *Scripture-doctrine of the Trinity*, published in 1712, which assembles all the references to God in the New Testament and argues, essentially, that the Athanasian doctrine of the Trinity cannot validly be derived from them, narrowly escaped formal

[3] W. Whiston, *Historical memoirs of the life of dr Samuel Clarke* (London 1730), pp.12-13.

condemnation by the Convocation of Canterbury in 1714. His preferment in the Church, from this point onwards, was hindered, not only by those in authority who regarded his views as inadmissible, but, even more, by his own reluctance to compromise himself by accepting any appointment which would involve him in formal acts of support of the nominally 'orthodox' doctrine he rejected as unscriptural.

However, if ecclesiastical distinctions were not to be his, court favour and intellectual celebrity offered some compensations. The princess of Wales, Caroline of Ansbach, was a woman of considerable intellectual gifts, with a particular interest in philosophy and theology; she had been in close touch with Leibniz in Hanover, and it seems that one of her early projects, on taking up residence in England after her father-in-law's accession, was to further Leibniz's interests in this country and act as mediator in his dispute with Newton over the calculus which was then at its height. She had the idea of promoting an English translation of Leibniz's *Essais de théodicée*, which she admired; and Clarke was proposed to her as the only man well qualified to undertake it. This came to nothing, since Clarke was so closely linked with Newton, but Caroline clearly enjoyed philosophical discussions with Clarke, and she acted as intermediary in the correspondence between Leibniz and Clarke, who defended Newton's views, which took place in 1715 and 1716, and which we have already mentioned. In these exchanges, Leibniz wrote in French, Clarke in English; but the edition published in 1717 – *A collection of papers which passed between the late learned mr Leibniz, and dr Clarke, in the years 1715 and 1716, relating to the principles of natural philosophy and religion* – gives all the documents in both languages, on facing pages, the English version of Leibniz's French being apparently by Clarke, while Clarke's English was translated by a well-known London Huguenot journalist of the time, Michel de la Roche.

Voltaire's contacts with the princess of Wales go back to before his arrival in England, and it is clear, as A.-M. Rousseau has shown in detail,[4] that he was welcomed into her circle in London. It is to her that the great London edition of *La Henriade* is dedicated, and numerous members of her court figure in its subscription list, and among Voltaire's correspondents. Given her enduring passion for theological and philosophical debate, and her continuing admiration for Clarke – she is

---

[4] A.-M. Rousseau, *L'Angleterre et Voltaire*, Studies on Voltaire 145-147 (1976), i.90-106.

known to have said that he deserved to be archbishop of Canterbury – it is highly probable that she introduced Voltaire to him at an early stage. Another frequent visitor with a good command of French was dean (not yet bishop) Berkeley, whom Voltaire also met. One can imagine lively discussions, in the princess's presence, of the themes of the Leibniz-Clarke correspondence, of the philosophical proofs of the existence of God, of the problems of perception; amid regret, no doubt, that the great sir Isaac himself was now too ill to participate as he had formerly.

Through Clarke, Voltaire will have met other members of Newton's circle: his niece and her husband John Conduit who was to succeed on Newton's death to the mastership of the Mint, and Henry Pemberton, whose *View of sir Isaac Newton's philosophy*, to be published in 1728, he tried to persuade his friend Thieriot to translate into French.[5] And Voltaire's respect for Clarke's integrity may well have been enhanced in 1727 by the knowledge that Clarke in that year declined the flattering and lucrative proposal that he should succeed Newton at the Mint, on the grounds that such a secular appointment was not suitable for a clergyman, and also refused the offer of the vacant see of Bangor, because he felt it would be incompatible with his convictions to accept the duty of administering the thirty-nine articles to ordinands.

How far Voltaire acquainted himself with Clarke's writings at this date is far from clear. It is tempting to imagine that he may have used the bilingual edition of the Leibniz-Clarke correspondence, and the availability of a French translation of Clarke's *Discourse on the being and attributes of God*, as occasions for improving his knowledge of English; but his reference to the Boyle lectures in the seventh of the *Lettres philosophiques* is so general, and brief, that it might rest on no more than hearsay, and the description, in the same letter, of Clarke's *Scripture-doctrine of the Trinity* is positively misleading: Clarke, he says 'ne s'est point engagé dans de belles disputes scolastiques que notre ami [Rabelais] appelle de vénérables billevesées; il s'est contenté de faire imprimer un livre qui contient tous les témoignages des premiers siècles pour et contre les Unitaires, et a laissé au lecteur le soin de compter les voix et de juger'. Voltaire himself was an adept at insinuating dangerous thoughts by such oblique methods; but Clarke is quite explicit in his demonstration that, in his view, the Athanasian doctrine of the Trinity lacks all scriptural authority.

[5] Best.D315.

Voltaire's references to his personal dealings with Clarke are more specific, but suffer from the disadvantage of being rather far removed in time from the experiences described. The character sketch Voltaire gives in the seventh *Lettre philosophique* clearly reflects his personal impressions of six years before: 'le plus ferme patron de la doctrine arienne est l'illustre docteur Clarke. Cet homme est d'une vertu rigide et d'un caractère doux, plus amateur de ses opinions que passionné pour faire des prosélytes, uniquement occupé de calculs et de démonstrations, une vraie machine à raisonnements.' In the 'avant-propos', addressed to mme Du Châtelet, to the 1741 edition of the *Eléments de la philosophie de Newton* of 1740, Voltaire says of Newton's philosophical opinions: 'je dirai fidèlement, soit ce que je recueillis en Angleterre de la bouche de ses Disciples, et particulièrement du Philosophe Clarke, soit ce que j'ai puisé dans les écrits mêmes de Newton, et dans la fameuse dispute de Clarke et de Leibniz.' And the first chapter of Voltaire's text, 'De Dieu', includes a celebrated anecdote. After describing Newton's strong belief in a God who was not only an eternal supreme being and creator, but also 'un Maître qui a mis une relation entre lui et ses créatures', Voltaire continues: 'Je me souviens que dans plusieurs conférences que j'eus en 1726 avec le Docteur Clarke, jamais ce Philosophe ne prononçait le nom de Dieu qu'avec un air de recueillement et de respect très remarquable. Je lui avouai l'impression que cela se faisait sur moi, et il me dit que c'était de Newton qu'il avait pris insensiblement cette coutume, laquelle doit être en effet celle de tous les hommes.'

An earlier and briefer echo of these conversations, but a franker one as far as Voltaire's attitudes are concerned, is to be found in a letter to Frederick of Prussia of April 1737. On the question of the possibility of actual proof of the existence of God, he writes (Best.D1320):

Je ne crois pas qu'il y ait de démonstration proprement dite, de l'existence de cet être indépendant de la matière. Je me souviens que je ne laissais pas en Angleterre d'embarasser un peu le fameux docteur Clarke, quand je lui disais, on ne peut appeler démonstration un enchaînement d'idées qui laisse toujours des difficultés. Dire que le carré construit sur le grand côté d'un triangle est égal aux carrés des deux côtés, c'est une démonstration qui tout compliquée qu'elle est ne laisse aucune difficulté. Mais l'existence d'un être créateur laisse encore des difficultés insurmontables à l'esprit humain, donc cette vérité ne peut être mise au rang des démonstrations proprement dites. Je la crois cette vérité, mais je la crois comme ce qui est le plus vraisemblable. C'est une lumière qui me frappe à travers mille ténèbres.

Such, indeed, were the conclusions of the *Traité de métaphysique* of the preceding few years. A later anecdote, however, suggests that there had been occasions when Clarke's skill in metaphysical argument, the boldness of his speculation in cosmology, swept Voltaire away on a wave of enthusiasm which temporarily submerged his more usual scepticism. He writes in 1744, in the *Courte réponse aux longs discours d'un docteur allemand:*

Le fameux curé de St. James, Samuel Clarke [. . .] daigna me donner quelques instructions sur cette partie de la philosophie qui veut s'élever au-dessus du calcul et des sens. Je ne trouvai pas, à la vérité [. . .] cette timidité savante qui arrêtait Locke sur le bord des abîmes. Clarke sautait dans l'abîme, et j'osai le suivre. Un jour, plein de ses grandes recherches qui charment l'esprit par leur immensité, je dis à un membre très éclairé de la société: 'M. Clarke est un bien plus grand métaphysicien que M. Newton' – 'Cela peut être, me répondit-il froidement, c'est comme si vous disiez que l'un joue mieux au ballon que l'autre'. Cette réponse me fit rentrer en moi-même. J'ai depuis osé percer quelques-uns de ces ballons de la métaphysique, et j'ai vu qu'il n'en est sorti que du vent.

It appears from this confession that even the passage of seventeen years had not effaced the memory of a rare moment of intellectual exhilaration, a flight into the metaphysical empyrean, which contrasts strongly with Voltaire's more usual scorn for such activities.

These conversations, indeed, may have made an intellectual impact upon Voltaire of a kind in some ways quite novel and even crucial. Before he came to England, Voltaire was already a determined deist in the sense that he had abandoned everything in the Christian theology of the Church in which he was brought up, except the belief in God itself. The *Epître à Uranie* systematically rejects the Christian accretions around simple belief in God. It does not, however, go beyond a simple affirmation of deist belief, the grounds for which are not discussed.

M. Pomeau has suggested that a certain rationalist strain is to be found in Jesuit theological attitudes at the turn of the century:[6] one of Voltaire's teachers at Louis-le-Grand, Tournemine, the first editor of the *Mémoires de Trévoux*, was certainly a Christian philosopher of some intellectual distinction. There is little evidence, however, to show what were the intellectual foundations of Voltaire's early deism. He was

[6] R. Pomeau, *La Religion de Voltaire*, 2nd ed. (Paris 1969), pp.68-71.

presumably aware of some of the classical philosophical arguments for the existence of God, as developed for instance by Descartes, or by Fénelon in his *Démonstration de l'existence de Dieu* (which Voltaire later owned in an edition of 1746, with a commentary by Tournemine); but such proofs are not likely to have preoccupied the young poet to any serious extent. His deism, rather, at this stage seems to have had primarily social and affective origins: the congenial circle of easy-going hedonists, the 'société du Temple', in which he moved, the need for a warmer-hearted and more indulgent father-figure than was provided either by the Jansenist God of wrath or by Arouet *père*. The essence of the *Epitre à Uranie* is contained in the lines:

> Je veux aimer ce Dieu, je cherche en lui mon père:
> On me montre un tyran que nous devons haïr

and in the well-known climax to the poem:

> Entends, Dieu que j'implore, entends du haut des cieux
> Une voix plaintive et sincère.
> Mon incrédulité ne doit pas te déplaire,
> Mon cœur est ouvert à tes yeux;
> L'insensé te blasphème, et moi je te révère:
> Je ne suis pas chrétien, mais c'est pour t'aimer mieux.

The unsettling experiences of imprisonment and exile, the practical misfortunes that beset his early months in England in 1726, the unexpected death of his much-loved sister in August of that year, all come together, as m. Pomeau has shown, to produce a crisis of depression in the autumn, which was dissipated only by Voltaire's emergence from the seclusion of Wandsworth to an active life in London towards the end of 1726 and into the early months of the following year.

The conversations with Samuel Clarke which so impressed Voltaire came, then, at a crucial moment. Reacting from a period of despondency, beginning to make his way in a new world in London court and literary circles, making progress with the project for an ambitious London edition of *La Henriade*, favourably disposed already, through Bolingbroke's encouragement, towards English intellectual achievements, he now came into close and continuous personal contact, for the first time perhaps since he had been taught by Tournemine at Louis-le-Grand, with a distinguished mind professionally trained in the handling of philosophical and theological argument. Clarke, moreover, had the attractions of a genial disposition, unorthodox theological views which had brought official disapproval, an aura of intellectual authority as the direct disciple and confidant of the great but absent Newton, and a sound knowledge of French. It is not surprising, in these circumstances, that Voltaire found metaphysical discussions with Clarke exhilarating, nor that he should have been impressed with those of Clarke's arguments which offered a positive intellectual foundation for attitudes at which he had already arrived for more personal reasons. The precise range of their debates one cannot, of course, determine; but from the contexts of Voltaire's later references to Clarke in his works, it would seem highly probable that they included the proofs of the existence of God, the problem of free will, and the controversy over the nature of space and time which had been a central theme of the Leibniz-Clarke correspondence. It may well be also true that it was from Clarke that Voltaire received his first awareness of the significance of Newton's scientific discoveries, and his criticisms of Descartes's theories in physics. If so, this would go some way to explain the otherwise somewhat odd pattern of Voltaire's initiation into Newtonian science. It is the philosophical and methodological aspects of Newton which appear first to have caught his interest; only in later years, when he was actively preparing the Newtonian material of the *Lettres philosophiques* and the subsequent *Eléments de la philosophie de Newton*, did he come to grips with the mathematical and observational detail of Newton's work. But it was precisely Clarke, it seems, who drew out the philosophical implications of the Newtonian discoveries, and encouraged Newton to venture into the speculations raised in the 'Queries' at the end of the *Optics* and the famous 'Scholium generale' which appears in the second and later editions of the *Principia*.

Early references to either Newton or Clarke in Voltaire's writings are rare. The two surviving notebooks which probably belong to the London years do not contain Clarke's name, and the few mentions of Newton record some praise of his scientific achievements, some factual details about them and a statement indicating that Voltaire is not yet absolutely convinced of the truth of Newtonian theories in physics. His first published allusion to Newtonianism appears in the 1730 edition of *La Henriade*, where a passage of cosmic description in the seventh canto, on Cartesian lines in earlier versions, is revised to eliminate the reference to 'tourbillons' and replace it by the terminology of gravitational attraction; but even so, a footnote takes a noncommittal view of Newton's theory. We must wait until 1733 and 1734 for a more partisan account in the *Lettres philosophiques*. Of Clarke the earliest recorded mentions are in letters to Thieriot and Formont in 1732 and 1733, closely related to the preparation of the *Lettres philosophiques*: Voltaire asks Thieriot, for example, in July 1732 (Best.D502) to send him a copy of a brochure on Clarke, which is clearly William Whiston's brief *Historical memoirs of the life of dr Samuel Clarke*, published in 1730, the year after Clarke's death. This memoir is the source, as Lanson showed, of some of Voltaire's statements about Clarke in the *Lettres philosophiques*. The letter to Formont of August 1733 (Best. D646), declares that Voltaire has re-read Clarke, with Malebranche and Locke, and among matters bearing upon the thirteenth *Lettre philosophique* discusses a point in the second chapter of Clarke's *Discourse concerning the being and attributes of God* – an argument against atheist materialism which Voltaire does not find convincing.

This precise reference is interesting, since the proof of God's existence is not a problem that is touched upon in the *Lettres philosophiques*. We have textual evidence that Voltaire was actively concerned with the question during his years in England in two entries in the Cambridge notebook which, although Clarke is not mentioned, may well stem from his first reading of Clarke's *Discourse* and their personal discussions. The first, in English, under the heading 'Guesses', includes the comment 'God cannot be proved, nor denied, by the mere force of our reason'. The second, more detailed, reads: 'Je ne sçaurois comprendre ce que c'est que la matière, encore moins ce que c'est qu' esprit. S'il y a un dieu, s'il n'y en a point, si le monde est fini ou infini, créé ou éternel, arrangé par intelligence ou par loix phisiques, encor moins par hazard.'[7] This, no doubt, is the pyrrhonistic standpoint from which Voltaire argued with Clarke, and which he refers to in 1737 in his letter to Frederick about their discussions, which we have already quoted.

If the effect of his first encounter with Clarke had been to administer to Voltaire an exciting intellectual stimulus which confronted him with the problem of whether a satisfactory rational basis for his deism could be found, without apparently convincing him that Clarke's arguments were philosophically valid, this second reading of Clarke in the summer of 1733 seems to have led Voltaire to a rather more positive view. The public condemnation of the *Lettres philosophiques* in 1734 was partly caused, Voltaire believed, by insinuations from his enemies that he

[7] *Notebooks*, ed. Th. Besterman, *The Complete works of Voltaire* 81-82 (Geneva 1968), i.88, 95.

was an atheist. The *Traité de métaphysique* started life later that year, I think it is clear, largely as a reaction to such charges; but there are some grounds for suspecting, as I hope to show in a forthcoming edition of the *Traité*, that chapter II 'S'il y a un Dieu' may even be a little earlier, an attempt on Voltaire's part to clarify his views on the subject in the light of the re-reading of Clarke reported to Formont in the summer of 1733, and not necessarily intended to form part of a broader discussion as it does in the *Traité*.

In this chapter, the arguments Voltaire advances in favour of God's existence are essentially Clarke's and the text shows frequent close parallels with Clarke's *Discours*, or more precisely, with Ricotier's French translation. Like Clarke, Voltaire passes quickly over the argument from design in order to expound a variant of the cosmological argument, the necessary existence of an eternal, autonomous being as the ground of all contingent, dependent, reality. In his exposition of objections to these arguments, Voltaire also for the most part follows Clarke, but he accords the objections far more weight, and his conclusion in favour of a deist position is based only upon a balance of probability: 'Dans l'opinion qu'il y a un Dieu il se trouve des difficultés; mais dans l'opinion contraire il y a des absurdités.' God's existence is 'la chose la plus vraisemblable que les hommes puissent penser'. A further consideration of Clarke's arguments for the existence of God seems then, by 1733 or so, to have led Voltaire from doubt concerning the possibility of any strict philosophical proof of his deist belief, especially of any proof on *a priori* lines, to the admission that such arguments raise fewer intellectual difficulties than the arguments for materialist atheism, and are therefore on balance more plausible. In later years, with his growing preoccupation with Newtonian science, it is the argument from design, envisaged as an empirical, *a posteriori* proof, which is his chief assurance. He writes in the first chapter of *La Métaphysique de Newton* in 1740 'je ne sais s'il y a aucune preuve métaphysique plus frappante, et qui parle plus fortement à l'homme que cet ordre admirable qui règne dans le monde; et si jamais il y a eu un plus bel argument que ce verset: *Coeli enarrant gloriam Dei*. Aussi vous voyez que Newton n'en apporte point d'autres à la fin de son *Optique* et de ses *Principes*.'

Clarke's presence is also apparent in another chapter of the *Traité de métaphysique*, no. VII, 'Si l'homme est libre'. The problem of free will had been discussed by Clarke, in opposition to the determinism, as he sees it, of Hobbes and Spinoza, in the *Discourse*; he had engaged in an extended controversy on the subject with the determinist free-thinker Anthony Collins; and the problem had also arisen, in the context of the motivation of divine action in creating the universe, in Clarke's correspondence with Leibniz. Voltaire here accepts Clarke's premise, that 'la liberté est uniquement le pouvoir d'agir', and confidently follows him through his successive lines of argument against determinist objections. It was not until a few years later that Voltaire, under pressure from Frederick, came to see greater force in the views of Anthony Collins. In 1740, however, in the chapter 'de la liberté de l'homme' in *La Métaphysique de Newton*, Voltaire advances a more complex point of view on the problem, arguing, with Clarke, for the possibility of a liberty of indifference – that is, for the possibility of unmotivated free choice – in certain circumstances for man, as also for God – but also arguing that in most practical situations our choices are predetermined by causal factors outside our control. And Voltaire here actually reproaches Clarke for his harsh treatment of Collins on this issue.

One other topic must be mentioned here. In *La Métaphysique de Newton*, Voltaire is concerned to oppose Newtonian philosophical views to those of Leibniz; the Clarke-Leibniz correspondence of 1715-1716, in which Clarke was generally assumed to be acting as Newton's mouthpiece, is consequently a text of considerable relevance, and in particular Voltaire makes direct use of it in his second chapter, 'De l'espace et de la durée comme propriétés de Dieu', summarizing the points made by Clarke and Leibniz, and clearly supporting the Newtonian view, which Voltaire traces back to Gassendi and the Epicureans, that space and time are both infinite and absolute, and to be regarded as in some sense attributes or properties of God himself.

After 1741 and the publication of the second, enlarged edition of the *Eléments de la philosophie de Newton*, Voltaire's thoughts turned away from any active concern with science, and his distrust of metaphysical speculation strengthened. It is consequently not surprising that Clarke's name does not occur in Voltaire's correspondence between 1741 and 1761, when there is one reference, and after that not at all. In his published works, there is the reminiscence of his conversations with Clarke in London which we have already quoted from the *Courte réponse* of 1744 – a squib which is of course a riposte to a Leibnizian attack on the *Eléments*; but we then have to wait for the revival of Voltaire's interest in philosophical problems in the 1760s for any further substantial references to Clarke, and even these amount to little more than the repetition of earlier praise, and earlier criticism. In a letter to the duc de la Vallière of April 1761, on the somewhat unlikely subject of pulpit eloquence, Voltaire remembers that Clarke's Boyle lectures, the *Discourse concerning the being and attributes of God*, were in fact delivered as sermons, and so offer a useful contrast with the banal rhetoric of French preachers (Best.D9754):

Les prédicateurs en Angleterre, ont pris un autre tour qui ne nous conviendrait guères; le livre de la métaphisique la plus profonde, est le recueil des sermons de Clarke; on dirait qu'il n'a prêché que pour des philosophes; encore ces philosophes auraient pu lui demander à chaque période un long éclaircissement [. . .]. Son recueil a fait un excellent livre, que peu de gens sont capables d'entendre.

In 1765, in a piece included in the *Nouveaux mélanges* and entitled 'Questions sur Platon', Voltaire repeats the praise, but also voices doubts. England, he says, has recently produced philosophers as superior to Plato as he was to the non-philosophers of his own day: 'Parmi ces philosophes, Clarke est peut-être le plus profond ensemble et le plus clair, le plus méthodique et le plus fort, de tous ceux qui ont parlé de l'Etre suprême.' But Clarke allowed himself to be involved in controversy concerning the exact nature of God's relationship to-space and infinity, and in Voltaire's view Clarke's arguments are unconvincing (M.xx.229-30):

Comment, étant aussi bornés que nous le sommes, pouvons-nous connaître ces profondeurs? Ne nous suffit-il pas qu'il nous soit prouvé qu'il existe un maître suprême? Il ne nous est pas donné de savoir ce qu'il est, ni comment il est.

Il semble que Locke et Clarke aient eu les clefs du monde intelligible. Locke a ouvert tous les appartements où l'on peut entrer; mais Clarke n'a-t-il pas voulu pénétrer un peu trop au delà de l'édifice?

And less detailed references in works published in 1767, *Le Philosophe ignorant, Homélies prononcées à Londres, Lettres à s. a. mgr. le prince de*****, repeat the praise of Clarke for proving God's existence, and the criticism of Clarke's alleged acrimony in his dispute with Collins on the subject of free will.

The praise, then, survives, and indeed seems to reach a strange crescendo in 1765, with the elevation of Clarke to a dizzy peak far above Plato, and his being entrusted, jointly with Locke, with the Petrine keys to the ultimate attainable truth. We return, then, to the problem with which we began. Can one account for this strange adulation? Three factors, I think, are relevant.

In the first place, Clarke's personality, his lively intelligence, his modesty, his active life of simple practical benevolence as a parish clergyman, clearly made a deep impression on Voltaire; and the fact that Clarke's ecclesiastical career had apparently been blighted by the dogmatic intolerance of the Church authorities made Clarke a worthy member of Voltaire's personal army of noble philosophical martyrs, virtuous men persecuted by prejudice, alongside Galileo, Descartes, Spinoza, Bayle.

Secondly, whatever his initial doubts, Voltaire seems to have derived some genuine reassurance, as time passed, from Clarke's intellectual proofs of God's existence, abstract and *a priori* though they were. But this, I think, is of less importance than a third factor, Clarke's role as the intellectual mentor who initiated Voltaire into the whole realm of Newtonian thought. It is significant here that, in spite of his thorough grasp of the strictly scientific aspect of Newton's work, Clarke was primarily concerned with exploring its philosophical and theological implications. Voltaire came to Newton by way of Clarke's metaphysics. The initial exhilaration may well have provided the stimulus without which Voltaire might never, in subsequent years, have set himself to master the details of Newton's contributions to physics; but once he had embarked upon that study, the ordered majesty of the Newtonian cosmos, Newton's own reluctance to speculate beyond the reach of the observable, impressed him more deeply than Clarke's *a priori* reasoning. If Voltaire came to England consciously or unconsciously in search of some kind of intellectual foundation for his deism, he found it, through Clarke, less in Clarke's own arguments than in Newtonian physics. Whatever other views Voltaire subsequently developed about King David, he never lost faith in the psalmist's pronouncement: 'The heavens declare the glory of the Lord.'

Briarée en miniature:
Voltaire et Newton

PAOLO CASINI

La formation intellectuelle de Voltaire, ses relations avec mme Du Châtelet, l'identification des sources de sa pensée, ont fourni tour à tour aux chercheurs des perspectives d'ensemble concernant le 'newtonianisme' du philosophe. Mon propos est de considérer l'authenticité de l'image de Newton que Voltaire contribua à divulguer, et sa manière de traiter cette image.

De nombreux passages de la correspondance des années 1732-1738 nous permettent de surprendre Voltaire au travail autour de la synthèse newtonienne. Au fur et à mesure qu'il compose ses *Eléments de la philosophie de Newton*, l'admiration qu'il éprouve pour son personnage augmente: 'Mon cher amy', écrit-il à d'Olivet en octobre 1736, 'Neuton est le plus grand homme qui ait jamais été, mais le plus grand, de façon que les géants de l'antiquité sont auprès de lui des enfants qui jouent à la fossette' (Best.D1174). Ce motif revient souvent sous sa plume. Quelques mois après il est à Leyde, pour 'consulter le docteur Borave sur [sa] santé, et Gravesande sur la philosophie de Neuton' (Best.D1262). Il écrit à son ami Thieriot (Best.D1279): 'mon occupation sérieuse [est] d'étudier Neuton, et de tâcher de réduire ce géant là à la mesure des nains mes confrères. Je mets Briarée en mignature. La grande affaire est que les traits soient ressemblants.'

En fait, on éprouve je ne sais quelle gêne à comparer les traits de la miniature avec la figure transcendante du géant. L'habileté du peintre est hors de doute; cependant le portrait conventionnel du savant de Cambridge qui circulait dès le début du XVIIIe siècle a considérablement changé de nos jours. L'étude de ses papiers manuscrits, la parution de plusieurs ébauches et textes inédits, les analyses pénétrantes des biographes récents ont contribué à nous révéler le vrai visage du génie: l'étendue inimaginable de ses lectures, des curiosités qui échappèrent à ses contemporains, ses névroses cachées. A nos yeux, sir Isaac Newton n'est plus seulement l'auteur des *Principia* et de l'*Opticks* que célébra l'historiographie positiviste. On vient de redécouvrir dans les manuscrits ses arrière-pensées de théosophe, ses conjectures de cabaliste, et même – d'après quelques chercheurs – sa croyance au grand œuvre des alchimistes et son initiation à la tradition hermétique.[1] On devine, à partir des fragments, le dessin d'ensemble qui lie ses différentes recherches; on y perçoit l'effort d'établir un parallélisme entre les lois de l'univers physique et le cours de l'histoire humaine.

La gêne des interprètes dépend tout d'abord de la personnalité insaisissable du génie, de la nature hétéroclite de sa pensée, où la physique phénoméniste (optique, dynamique, astronomie) déjà 'moderne' surgit d'un substrat archaïque. La stature de Briarée s'est donc accrue. On se rend compte que la légende dorée de Newton et de ses découvertes – la pomme, le prisme, le calcul, l'attraction – n'utilisait qu'une image stéréotypée du savant, qu'il avait en quelque sorte autorisée. La faute n'est pas à Voltaire, elle est à Newton lui-même: sa réserve, sa pudeur, la crainte de révéler aux profanes ses propres hésitations, sont à l'origine des exposés un peu simplistes de ses opinions philosophiques. Bentley, Whiston, Clarke et les autres prêcheurs des *Boyle lectures* exploitent la preuve de l'existence de Dieu fondée sur la régularité du système planétaire dans une forme presque populaire, au profit du courant *low-church* de l'Eglise anglicane.[2] De leur coté les mathématiciens Roger Cotes, Henry Pemberton, David Gregory, John Keill, Jean-Théophile Desaguliers, et après eux les physiciens hollandais, diffusent une version positive et assez plate de la synthèse newtonienne.[3] Dans cette vulgate, des choix conceptuels extrêmement problématiques à leur origine figuraient comme de simples 'faits'; des axiomes purement

---

[1] voir surtout les travaux de F. E. Manuel, *Isaac Newton, historian* (Cambridge, Mass. 1963); *A Portrait of Isaac Newton* (Cambridge, Mass. 1968); *The Religion of Isaac Newton* (Oxford 1974). Sur l'alchimie: R. Westfall, 'The role of alchemy in Newton's career', dans *Reason, experiment and mysticism in the scientific revolution*, ed. M. L. Righini Bonelli and W. R. Shea (New York 1975); J. T. Dobbs, *The Foundations of Newton's alchemy, or the hunting of the Greene Lyon* (Cambridge, London 1975).

[2] voir sur ces écrivains: P. Casini, *L'Universo-macchina: origini della filosofia newtoniana* (Bari 1969); M. C. Jacob, *The Newtonians and the English revolution, 1689-1710* (Hassocks 1976).

[3] P. Brunet, *Les Physiciens hollandais et la méthode expérimentale en France au XVIIIe siècle* (Paris 1926); l'étude très détaillée de G. B. Gori, *La Fondazione dell'esperienza in 's Gravesande* (Firenze 1972).

formels y passaient pour des lois primitives de la nature; on y appelait l'attraction une force inhérente à la matière.

Voltaire consulta l'*Optique* et les *Principes*, mais puisa surtout à ces sources secondaires.[4] Il sut estimer la taille véritable du géant, malgré qu'elle fût rapetissée par ses adeptes. Il entrevit la profondeur de l'*abîme* ou la complexité du 'labyrinthe' où Newton avait creusé. Il suggéra une idée de l'entreprise de Newton qui dépassait par certains traits les idées reçues.

L'initiation de Voltaire à la physique newtonienne ne fut pas l'affaire d'un jour. Il 'hésita plusieurs années sur le bord de l'abîme',[5] que Clarke lui avait montré à Londres en 1728. Quatre ans plus tôt, un autre ami anglais, moins savant et moins dévot que Clarke, l'avait mis au courant des erreurs du cartésianisme dominant sur le continent: 'on a decouvert [. . .] que Des Cartes dans la physique et Mallebranche dans la Métaphysique ont étéz plutost Poètes que Philosophes', lui écrit Bolingbroke, en ajoutant que les erreurs de ces philosophes 'ont suscité des Huygens et des Newtons qui ont demontré [. . .] que la Nature n'agit point comme [Descartes] l'a fait agir, que presque toutes les loix du mouvement qu'il établit, sont fausses; et que ces fameux tourbillons sont des chimères.'[6]

Voltaire avait été mis sur la bonne voie très tôt. Vers 1724 il eut sans doute des entretiens sur Newton avec Bolingbroke et Lévesque de Pouilly à La Source, près d'Orléans. Il put suivre la controverse sur l'attraction et les hypothèses, pour et contre le vide et les qualités occultes qui eut lieu dans l'*'Europe savante'* entre Brook Taylor et Rémond de Monmort, à l'époque où l'abbé Conti colporta à Paris l'*Abrégé de chronologie*.[7] Cependant, Voltaire était méfiant: 'Je ne prends party pour Neuton que par Bénéfice d'inventaire', remarque-t-il dans le cahier de Cambridge, '[. . .] En fait d'esprit il y a des Newtons et des Fontenelles,

---

[4] sur le problème des sources des *Eléments de la philosophie de Newton* je regrette de n'avoir pu consulter la thèse de R. Walters, *Voltaire and the Newtonian universe*, (unpublished dissertation, Princeton 1954).

[5] R. Pomeau, *La Religion de Voltaire* (Paris 1956), p.188.

[6] Best.D190. L'attitude d'amateur aristocratique de Bolingbroke face à la physique newtonienne résulte d'un passage de ses œuvres: 'I rely on the authority of my cook when I eat my soup; on the authority of my apothecary when I take a dose of rhubarb; on that of Graham, when I buy my watch; and on that of Sir Isaac Newton, when I believe in the doctrine of gravitation, because I am neither cook, apothecary, watchmaker, nor mathematician', *Works* (London 1809), vi.272.

[7] voir D. J. Fletcher, 'Bolingbroke and Newtonianism in France', *Studies on Voltaire* (1967), liii.29-46.

comme en fait de corps il y a des Hercules et des Milons.'[8] Une autre
remarque témoigne de sa parfaite naïveté en ce qui concerne l'impact du
newtonisme sur les sciences exactes (*Notebooks*, i.86): 'Quand même
l'attraction serait vraye, il n'en résulteroit pas le moindre avantage, pas le
moindre secours dans les méchaniques. Cependant Neuton a passé sa
vie à rechercher cette découverte, et des miliers d'hommes à l'aprendre.'

L'exorde astronomique cartésien du VIIe chant de la *Henriade*, que
Voltaire remplaça en 1730 par une variante newtonienne, et surtout les
lettres qu'il écrivit à Maupertuis en 1732 lorsqu'il rédigeait ses *Lettres
philosophiques* XIVe, XVe et XVIe, donnent donc raison à ceux qui ont
parlé d'un tournant, d'une conversion fulgurante de Voltaire à la
physique et à la métaphysique de Newton. En fait, les connaissances
scientifiques et philosophiques du poète de la *Henriade* étaient bien
minces. Sa rencontre avec la physique newtonienne eut lieu sur un
terrain presque vierge. Ses réserves ne dépendaient pas d'un système
dogmatique – comme dans le cas des savants cartésiens de l'Académie
des sciences – mais du bon sens. Le langage de ses lettres à Maupertuis
annonce l'ardeur du néophyte (Best.D533): 'J'attends votre réponse
pour savoir si je dois croire ou non à l'attraction', disait-il à Maupertuis
à la fin d'octobre 1732, 'Ma foy dépendra de vous'. Et quelques jours
après (Best.D534): 'Je ne vous avois demandé qu'une démonstration
[. . .] et vous m'en donnez deux [. . .] Vous avez éclairci mes doutes avec
la netteté la plus lumineuse. Me voicy neutonien de votre façon. Je
suis votre prosélite et fais ma profession de foy entre vos mains.' Mais
Voltaire éprouva aussi les angoisses du néophyte, sans cesse tenté par
le malin génie (Best.D535): 'Ah! il me vient un scrupule affreux,
et toutte ma foy est ébranlée. Si vous n'avez pitié de moy, la grâce
va m'abandonner.' Cette lettre sans date, écrite probablement le
5 novembre, est suivie d'un acte de résignation totale (Best.D537):
'Pardon monsieur, Mes tentations sont allées au diable d'où elles
venoient. Votre première lettre m'a batisé dans la relligion neutonienne,
votre seconde m'a donné la confirmation [. . .] Brûlez je vous prie mes
ridicules objections, elles sont d'un infidèle.'

S'agit-il d'une véritable conversion à la *foi* newtonienne?[9] Plus
exactement, Voltaire fut-il orienté dans son choix par les preuves

---

[8] *Notebooks*, éd. Th. Besterman, *Les Œuvres complètes de Voltaire* 81-82 (Geneva
1968), i.76.

[9] c'est l'interprétation de R. L. Walters, 'Chemistry at Cirey', *Studies on Voltaire*
(1967), lviii.1807-27.

physico-théologiques développées par les Bentley et les Clarke? Se tourna-t-il vers la *physique* newtonienne surtout en quête d'une méta-physique, destinée à combler le vide intérieur d'une autre foi perdue? De ce point de vue, les lettres philosophiques consacrées à Newton seraient un témoignage de foi implicite – *credo quia absurdum*, comme le dit Voltaire lui-même à propos du père Noël Regnault, auteur d'un système anti-newtonien[10] – ce qui n'exclut pas, par la suite, la *fides quaerens intellectum* des *Eléments de la philosophie de Newton*.

Mais à propos de la métaphysique de Newton (et de Voltaire) quelques précisions s'imposent. On a mainte fois analysé, chez le jeune Voltaire, une étrange combinaison de scepticisme et de déisme. Dans son étude thématique et chronologique, m. Pomeau a montré que l'évolution des idées de Voltaire fut très rapide entre la première ébauche du *Traité de métaphysique* (1734), où il s'interroge sérieusement sur les preuves de l'existence de Dieu, et l'attitude désabusée de la *Métaphysique de Newton* (1740).[11] Ce dernier texte, rédigé après la volte-face leibnizien de mme Du Châtelet, n'est au fond qu'un compte rendu de la célèbre querelle épistolaire entre Clarke et Leibniz. Voltaire y attribue à 'Newton' des opinions concernant l'existence de Dieu, la liberté et la religion naturelle, que Newton n'a jamais énoncées. Elles viennent évidemment de Clarke, que Voltaire appelle 'son disciple en physique, et pour le moins son égal en métaphysique'.[12] La méprise saute aux yeux, dès qu'on connaît mieux la véritable pensée de Newton et ses rapports avec le docteur Clarke.[13] Car on équivoque d'une façon très curieuse lorsqu'on parle de la métaphysique de Newton comme d'un *corpus* systé-matique. Au contraire, Newton a plutôt écarté la métaphysique des prémisses mêmes de sa pensée mécanique et physique: je parle, bien entendu, de la *scientia prima* de la tradition, de ce prétendu savoir totalisant qui faisait du philosophe un interprète privilégié de la nature. Telle est encore la présomption de la métaphysique dans les systèmes de Descartes, de Spinoza, de Leibniz. Or, Newton fit table rase de cette

---

[10] *Notebooks*, i.324. [11] *La Religion de Voltaire*, pp.197 sv.
[12] *Eléments de la philosophie de Newton*, M.xxii.408.
[13] voir surtout les articles de A. Koyré et I. B. Cohen: 'The case of the missing *tam-quam:* Leibniz, Newton and Clarke', *Isis* (1961), lii.555-66; 'Newton and the Leibniz-Clarke correspondence', *Archives internationales d'histoire des sciences* (1962), xv.63-126. Faut-il rappeler que les textes de Clarke, quoique inspirés par Newton, ont été écrits à l'occasion d'une polémique acharnée contre Leibniz? Ils gardent la marque de leur origine.

présomption. En appliquant le rasoir d'Occam, il réduisit la métaphysique au minimum, au pur et simple verset de David *coeli enarrant gloriam Dei*. 'Aussi' dit Voltaire à ce propos, 'vous voyez que Newton n'apporte point d'autre [preuve] à la fin de son *Optique* et de ses *Principes*.'[14] Voltaire avait parfaitement raison cette fois; mais s'il avait pu lire quelques textes inédits du jeune Newton, comme l'essai *De gravitatione et aequipondio fluidorum*, il y aurait trouvé beaucoup plus. Il y aurait lu une critique très serrée du jargon métaphysique courant, des conceptions creuses de la substance et de ses attributs; une critique, en particulier, de la métaphysique cartésienne.[15]

Aussi, si Voltaire – comme ses contemporains – n'avait pas été pris au piège de la doctrine bien élaborée de Clarke, s'il avait eu accès aux textes inédits de Newton, il se serait mieux rendu compte jusqu'à quel point 'Newton savait douter'.[16] Dans un fragment manuscrit de Cambridge on lit ces mots: 'Even arguments for a Deity if not taken from phaenomena are slippery and serve only for ostentation [. . .] Metaphysical arguments are intricate and understood by few.'[17] Newton, en bon disciple de Gassendi, se méfiait de la métaphysique. Mais Voltaire n'était pas au courant de cette méfiance. Les sources qu'il utilisait l'obligeaient à se conformer à ce syncrétisme qui passait pour le newtonisme officiel. Curieux paradoxe, dont on saisit l'écho dans une lettre de 1744: 'Vanitas vanitatum et metaphysica vanitas. C'est ce que j'ai toujours pensé, Monsieur; et toute métaphysique ressemble asez à la coquecigrue de Rabelais bombillant ou bobinant dans le vide. Je n'ai parlé de ces sublimes billevesées que pour faire savoir les opinions de Newton.'[18]

Les distinguos qui précèdent ne s'appliquent qu'à la métaphysique en tant que pseudo-science, que le vrai Newton et Voltaire rejettent en principe. La question de la théosophie de Newton se pose sur un autre plan. Le Dieu du *Scholium generale* n'est pas seulement un Dieu

[14] *Eléments de la philosophie de Newton*, M.xxii.405.
[15] l'essai inachevé *De gravitatione et aequipondio fluidorum* [1668?] a été publié par A. R. Hall et M. Boas Hall dans *Unpublished scientific papers of Isaac Newton* (Cambridge 1962), pp.88-121. Sur l'interprétation qu'on propose ici, voir: P. Casini, 'Newton, les lois de la nature et le grand océan de la vérité', communication présentée au XIVe Congrès international d'histoire des sciences, Edinburgh, 14-21 août 1977, *Proceedings* (Edinburgh 1978), sect. v.
[16] *Eléments de la philosophie de Newton*, M.xxii.427, 421.
[17] Cambridge University Library, Add. ms 3970.9, f.619.
[18] lettre à d'Argenson du 15 avril 1744, Best.D2956.

mécanicien et géomètre. Il est aussi la divinité toute-puissante de l'Ancien Testament, le 'pantokrator' des pères de l'Eglise, l'étendue sans bornes de l'espace et du temps typique du mysticisme juif. Or, il est superflu de souligner l'écart qui existe entre la piété biblique de Newton et le déisme – même 'grave, obstiné'[19] – de Voltaire; entre l'austère conscience protestante du célibataire de Cambridge et la perpétuelle crise de valeurs où se débattait l'ancien élève des jésuites.

Je voudrais toucher un autre aspect de la même question, moins évident mais qui n'est pas sans importance: le revers prométhéen de la légende de Newton, auquel Voltaire fut aussi très sensible. A la Westminster Abbey, après avoir assisté aux funérailles de Newton, Voltaire traduisit dans sa prose l'épitaphe latin gravé sur son tombeau:

> Ci-gît
> Isaac Newton, chevalier [. . .]
> Qui d'une force d'esprit presque divine,
> Guidé par les mathématiques,
> Démontra le premier [etc.[. . .]
> Il a fait connaître la majesté de dieu par sa philosophie,
> et la simplicité de l'Evangile par ses mœurs.
> Que les mortels se félicitent
> D'avoir en lui
> La gloire du genre humain.[20]

On peut rapprocher ces mots du célébre couplet d'Alexander Pope, ou de l'image rapide de l'*Essay on man* ('Superior beings, when of late they saw / A mortal man unfold all Nature's laws'). On exprimait de la sorte une admiration pieuse. D'autres vers latins usités pour célébrer Newton dépassent cette attitude d'esprit: il s'agit de l'*explicit* de l'ode de Halley ('Nec fas est propius mortali attingere divos') et d'une citation de Lucrèce ('Qui genus humanum ingenio superavit').[21] Voilà deux signes d'un culte de la personnalité poussé jusqu'à la limite de la divinisation.

---

[19] c'est la définition de G. Lanson, *Voltaire*, nouvelle édition (Paris 1946), p.177, reprise par R. Pomeau, p.218. [20] *Notebooks*, ii.509-10.

[21] l'ode de Halley précède le texte de la première édition des *Principia mathematica* (London 1687); le vers de Lucrèce est gravé sur le socle de la statue de Newton par L. F. Roubiliac, qui se trouve dans la chapelle de Trinity College à Cambridge. Citons le context d'où il est tiré: 'Ipse Epicurus obit decurso lumine vitae/Qui genus humanum ingenio superavit et omnis/Restinxit, stellas exortus ut aerius sol', *De rerum natura*, III.1042-44. Il est curieux que Newton lui-même ait transcrit de longs passages de Lucrèce dans son manuscrit inédit, destiné à la deuxième édition des *Principia* et conservé à la Royal Society de Londres, Gregory volume 247, ff.6-14.

Ainsi, l'image du philosophe croyant, pénétré de piété socinienne, se dédouble-t-elle, chez ses adeptes peu croyants, en l'image d'un interlocuteur privilégié de la divinité, d'un demi-dieu. De plus en plus, la figure de Newton se charge au XVIIIe siècle des échos d'une tradition impie. On exaltait en lui le libérateur des ténèbres de l'ignorance, l'émancipateur de la crainte, le bienfaiteur de l'humanité. On répétait à son intention les vieux éloges que Lucrèce avait consacrés à Épicure.

Voltaire dit souvent 'le divin Newton'. Dans sa lettre à Maupertuis où il 'fait sa profession de foi', il cite deux passages de Lucrèce: 'Deus ille fuit, Deus, inclite Memmi', et 'Ergo vivida vis animi pervicit, et extra / Processit longe flammantia moenia mundi'.[22] Ailleurs, Voltaire cite l'*explicit* de l'ode de Halley.[23] Ce n'est pas du simple agrément littéraire. Si l'on songe au rôle que jouèrent Epicure et Lucrèce dans la symbologie des Lumières, on y perçoit une impiété latente, un esprit prométhéen qui contredit les leçons édifiantes du docteur Clarke. Voltaire se rapproche par-là des déistes et des mécréants britanniques, qui n'acceptaient pas l'utilisation 'métaphysique' des découvertes de Newton.[24]

Malgré tout, la profession de foi newtonienne a chez Voltaire un sens strictement laïque et scientiste. Sa volonté de croire découle d'un besoin de certitude dans le domaine des faits. D'ailleurs les questions qu'il posait à Maupertuis se bornent à un problème de dynamique: comment expliquer le fait que la force de projection de la lune dans son orbite balance si exactement la force de gravité qui l'attire vers la terre en raison directe de leurs masses et en raison inverse du carré de leurs distances? Les 'doutes affreux' de Voltaire sur la religion newtonienne furent dissipés par le calcul du géomètre.[25]

Ce procédé pose la question de la 'foi' d'un troisième point de vue. On s'est demandé si les approches de Voltaire à la physique de l'attraction dépendent d'un certain penchant irrationnel plutôt que de la raison sobre. Autrement dit, comment justifier le paradoxe – qu'on a parfois reproché à Voltaire – d'avoir accepté une explication *rationnelle* des

[22] Best.D534; *De rerum natura*, v.8 et 1.72-73. Ces deux passages se réfèrent à Epicure.

[23] *Eléments de la philosophie de Newton*, M.xxii.531; lettre à Maupertuis du 1er octobre 1738, Best.D1622.

[24] le cas du commentaire que fit Toland de la loi d'inertie dans sa cinquième lettre à Serena est le plus frappant: voir les ouvrages cités ci-dessus, note 2. Cfr. N. L. Torrey, *Voltaire and the English deists* (New Haven 1930).

[25] Best.D533-D537

phénomènes de la nature par un simple *acte de foi*? M. Rupert Hall a remarqué avec beaucoup de sagacité: 'Voltaire gives us no analysis of Newton's strength as a scientist; there is no definition of the rationality that Newton possessed[. . .] In short, Voltaire's adulation of Newton is completely circular: we must praise Newton because he was rational, and we know what rationality is by taking Newton as a standard.'[26] On revient ainsi à la situation de la foi implicite. Les philosophes français, à l'exception de d'Alembert, n'ont pas essayé d'étudier à fond la méthode scientifique et n'ont pas compris ses succès: 'to this extent', ajoute m. Hall, 'their praise of Newton is merely the result of prejudice, or to use a kinder word, intuition.'

Ce reproche est grave, surtout si l'on ajoute que Voltaire, ce faisant, viole les procédures, les règles et le style de la méthode expérimentale, dont la devise de la Royal Society, *Nullius in verba*, est l'abrégé. Même l'éclat incomparable du 'divin Newton' ne saurait justifier cet abus du nouveau principe d'autorité, si souvent répété dans les *Eléments*: 'Tous voudraient avoir la connaissance de leur bien, peu ont le temps ou la patience de calculer; Newton a compté pour eux.'[27] Et ailleurs Voltaire insiste: 'Adressez-vous enfin à Newton' (p.485); à propos de la théorie de la lune: 'M. Newton a calculé tous les cas où cette inégalité se trouve' (p.530); à propos du système planétaire: 'Ceux qui voudront se rendre une raison plus approfondie de ces calculs liront Newton lui-même';[28] à propos de la loi d'attraction: 'Ainsi donc ce qui se passe sur la terre et ce qui se passe à cent cinquante [. . .] millions de lieues de la terre, prouve également cette admirable propriété de la matière que Newton a découverte' (p.572).

Ces pérpétuels renvois à l'autorité de Newton donnent donc raison aux remarques de m. Hall. Mais Newton n'est pas Aristote, ni même Descartes. Son *ipse dixit* est soumis par définition au contrôle de tout le monde. Et Voltaire, contre les fausses évidences du système des tourbillons, contre les 'longues chaînes de raisons' de Descartes et de ses adeptes, énonce les critères d'une évidence nouveile, fondée sur les *faits*. Une lettre à Maupertuis d'octobre 1738 donne beaucoup de relief à ces critères:

[26] A. Rupert Hall, 'The eighteenth-century marble image', texte dactylographié d'une conférence, communiqué par courtoisie de l'auteur.

[27] *Eléments de la philosophie de Newton*, M.xxii.438.

[28] p.538. Le texte ajoute: 'ou Gregory, ou M. de S'Gravesande'.

Je vois les esprits dans une assez grande fermentation en France & les noms de Descartes & de Newton semblent être des mots de ralliement entre deux partis [...] Il ne s'agit point de combattre pour un Anglais contre un Français [...] Il n'appartient pas à ce siècle éclairé de suivre tel ou tel philosophe; il n'y a plus de fondateur de secte, l'unique fondateur est une démonstration.[29]

Ce que Voltaire appelle 'faits' et 'démonstrations' sont, bien entendu, les sept couleurs du spectre et les autres expériences du prisme, qu'il expose en détail et qu'il avait sans doute vérifiées dans son laboratoire de Cirey; ce sont aussi la réflexion de la lumière dans les gouttes d'eau de l'arc-en-ciel, la géométrie de la vision oculaire, l'action réciproque de la lumière sur les corps.[30] Mais hélas, Voltaire classe parmi les 'faits' même le vide, dont la possibilité n'est prouvée en physique newtonienne que de façon indirecte, par la machine pneumatique de Boyle et par la vitesse de la lumière solaire. Ses argumentations contre les tourbillons cartésiens ne s'appuient que sur des raisons.[31] Quant à la loi d'attraction, qui confirme les trois lois de Képler, sa démonstration ne saurait être que mathématique et astronomique.

A regarder de plus près, les 'faits' dont parle Voltaire ne sont qu'en partie des données immédiates de l'expérience: ils ne prouvent rien, sans l'acceptation préalable d'une structure logique et expérimentale très élaborée, sans la grille conceptuelle qui constitue précisément l'essence de la méthode newtonienne. Cette structure logique implique les *Regulae philosophandi*, le principe d'inertie, la géométrisation de l'espace, le rejet des hypothèses, les théorèmes de la dynamique rationnelle, etc. Voltaire se trouva en face d'un redoutable mélange de mathématique, de physique, d'expériences, produit net d'un siècle de révolution scientifique, dont la compréhension était difficile, et la cohérence loin d'être évidente. A l'intérieur de cet ensemble, le recours aux données immédiates des sens n'est que le terme moyen d'un processus d'analyse et de synthèse. Les 'faits' sont pour ainsi dire créés par les principes; ils sont les résultats d'un choix, d'une question posée à la nature, à laquelle la nature répond de façon constante: on appelle cela des *lois*, universelles et nécessaires. On ferait tort à l'intelligence de Voltaire si l'on supposait qu'il ait été si naïf de prendre pour des truismes ce que Newton appelle *phenomena* ou *leges*.

Les faits et l'évidence dont se réclame Voltaire sont, à mon avis,

[29] lettre ouverte à Maupertuis du 1er octobre 1738, Best.D1622.
[30] *Eléments de la philosophie de Newton*, seconde partie, ch. I sv.
[31] troisième partie, ch. II.

quelque chose de plus. C'est l'épaisseur et la solidité d'un nouveau sens commun qui les démontre, et ce sens commun est l'expression d'une communauté scientifique toute entière, dont l'hégémonie est assurée en Grande-Bretagne. Voltaire, homme de science amateur et modeste, fut très sensible à cette réalité sociologique et épistémologique. Il joua admirablement le rôle du philosophe ignorant qui s'incline à la force de la raison; le rôle de la *bona mens*, que joue par exemple l'interlocuteur Sagredo dans le *Dialogo dei due massimi sistemi* de Galilée; un rôle qui suit de près l'essor de la nouvelle science de la nature.[32] Et pour cause: il faut ne pas oublier que l'ancien sens commun affirmait la fixité de la terre au centre de l'univers, les orbes mobiles, la légèreté des corps célestes. Il faut rappeler que le système des tourbillons fut un expédient de l'imagination scientifique pour adapter l'honnête homme aux idées de l'héliocentrisme, de la pesanteur universelle, de la diffusion de la lumière dans l'espace. Après Newton, le problème difficile se posa de remplacer cette explication simpliste – ce 'roman physique', comme disait Huygens – par une doctrine qui répugnait d'une façon bien plus profonde au sens commun. Comment admettre que les masses des planètes s'attirent dans le vide selon une formule mathématique sans exceptions? Comment admettre l'action à distance?

Les formules newtoniennes étaient des énigmes. Il ne s'agissait pas de faire de la vulgarisation scientifique dans un cadre intellectuel plus ou moins accepté, comme le fit Fontenelle avec ses *Entretiens sur la pluralité des mondes*, ou comme le font les hommes de science d'aujourd'hui. Il s'agissait de détruire le soi-disant sens commun de la scolastique cartésienne, et d'en bâtir un nouveau. En cela consiste le chef-d'œuvre de Voltaire vulgarisateur de Newton.

Après la publication de l'édition 'correcte' des *Eléments*, Voltaire écrit à Thieriot: 'Je suis après tout le premier en France qui ay débrouillé ces matières et j'ose dire le premier en Europe car S'Gravesande n'a parlé qu'aux matématiciens et Pemberton a obscurcy souvent Neuton' (Best.D1531, 23 mai 1738). Cette affirmation n'est présomptueuse qu'en apparence. Voltaire n'ignorait pas qu'on discutait de Newton, en France aussi bien qu'en Europe, depuis quarante ans.[33] Il était au

---

[32] voir à ce propos A. Koyré, *Etudes galiléennes*, réimpression (Paris 1966), pp.190 sv.

[33] voir l'étude de P. Brunet, *L'Introduction des théories de Newton en France au XVIIIe siècle: avant 1738* (Paris 1931); la documentation fournie par Brunet a été enrichie par I. B. Cohen, 'Isaac Newton, Hans Sloane and the Académie royale des sciences', dans *L'Aventure de la science: mélanges Alexandre Koyré* (Paris 1964), i.61-116, et par A. Rupert Hall, 'Newton in France: a new view', *History of science* (1975), xiii.233-50.

courant des modifications que le père Malebranche avait apportées à sa *Recherche de la vérité* pour adapter sa théorie des petits tourbillons à la théorie newtonienne de la lumière. Il était bien renseigné sur les efforts qu'avaient faits, à des époques successives, Huygens, Perrault, Bulfinger, le père Castel, Privat de Molières, et beaucoup d'autres, pour combiner les trois lois de Kepler avec les tourbillons et avec la loi d'attraction. 'A la bonne heure', s'écrie Voltaire, '... ces travaux servent au moins à étendre l'esprit et à donner des vues nouvelles.'[34] Mais, tandis que Leibniz, Huygens, Malebranche et leurs adeptes se sont égarés 'en cherchant la pierre philosophale', ajoute Voltaire, 'Newton a ouvert une minière nouvelle; il a trouvé un or que personne ne connaissait.'

Voltaire décida de 'débrouiller ces matières' dans une phase privilégiée de la polémique. En 1736, une expérience spectaculaire de géodésie donna raison à Newton sur un point capital de sa théorie de la terre. L'expédition à l'équateur de La Condamine et celle de Maupertuis en Laponie firent justice de la thèse de Cassini et des cartésiens de l'Académie, selon laquelle la terre est un ovoïde allongé aux pôles; les mesures prises par les deux savants newtoniens prouvèrent qu'elle est un sphéroïde aplati, comme Newton l'avait prévu.[35] Le retentissement de cette découverte auprès du public, le prestige qu'en dériva pour l'ensemble de la science newtonienne, décida sans doute Voltaire à exploiter le moment favorable. Maupertuis, avec son *Discours sur la figure des astres*, avait montré qu'il était possible d'illustrer de façon compréhensible la théorie de l'attraction. Algarotti avait transformé en une 'galanterie italienne' les expériences du prisme et les phénomènes des couleurs. Nous savons que le *Newtonianismo per le dame* réveilla tout d'abord chez Voltaire le goût de l'émulation.[36] Toutefois le vrai ressort qui le poussa à rédiger les *Eléments* fut, comme on lit dans la préface, le désir de 's'instruire', d'éduquer son imagination aux formes et aux dimensions du nouvel univers: l'univers de *Micromégas*. Son zèle s'appuyait sur une conscience très avertie de la bonne cause, accompagnée par cette vocation pédagogique qui anime toute sa carrière d'écrivain. Si Voltaire dut s'en tenir aux calculs et aux démonstrations des disciples les plus

---

[34] lettre à Maupertuis du 1er octobre 1738, Best.D1622.

[35] *Eléments de la philosophie de Newton*, M.xxii.543 sv. Cfr. P. Casini, 'Maupertuis et Newton', dans *Actes de la journée Maupertuis, Créteil, 1.12.1973* (Paris 1974), pp.113-34.

[36] M.xxii.277-78; mais Voltaire jugea sévèrement cet ouvrage, Best.D1502 et *passim*. Cfr. Best.D1440. Cf. l'excellente mise au point de H. T. Mason, *Algarotti and Voltaire*, to appear in memorial volume of essays to Franco Simone.

autorisés de Newton, cela ne l'empêcha pas de faire mieux. Il sut être l'interprète le plus persuasif d'une *communis opinio* affermie jusqu'à ce moment-là parmi des cercles restreints de savants ou confinée Outre-Manche. Son succès fut sans précédent dans le domaine de la divulgation scientifique. Même les jésuites du *Journal de Trévoux* reconnurent le triomphe de leur ancien élève:

Tout difficile, tout indéchiffrable que paroît Newton, le voilà pourtant à notre portée ou à peu près [. . .] A peine les nouveaux élémens ont paru, qu'on les a vus dans les mains de tout Paris, et dans toutes sortes de mains. Le prix n'arrête personne. On les enlève, on les arrache. Chacun veut au moins lire un chapitre, en parcourir les titres, dévorer le livre des yeux. Ceux même qui ne le trouvent pas à leur portée, car *à la portée de tout le monde* il ne l'est pourtant que de ceux qui l'étudient un peu, cela s'entend bien, tous veulent néanmoins arracher quelque lambeau de doctrine newtonienne [. . .] M. de Voltaire parle enfin, et aussitôt Newton est entendu ou en voye de l'être: tout Paris retentit de Newton, tout Paris bégaye Newton, tout Paris étudie et apprend Newton.

Les bons pères ne soulevaient pas d'objection, puisque s'il 'a traité un peu cavalièrement Descartes, Malebranche et tous nos philosophes français [. . .] M. de Voltaire a parlé avec décence de Dieu et de ses attributs.'[37]

Ce n'était pas un succès de scandale. Parmi les ouvrages que Voltaire a composés à Cirey, les *Eléments de la philosophie de Newton* sont ceux qui font moins de concessions au goût du public ou à l'improvisation brillante. C'est un livre remarquable sous un triple point de vue: en tant qu'ouvrage de combat, en tant que manuel de vulgarisation, en tant que précis historique.

On a souvent posé la question: comment se fit-il que l'idéologie newtonienne, modérée et même conservatrice en Angleterre, put acquérir sur le continent une telle charge polémique et iconoclaste? Ce décalage peut s'expliquer par plusieurs raisons politiques et religieuses. Mais la réponse la plus plausible se trouve probablement si l'on considère l'état de la doctrine dominante dans les institutions scientifiques. Sans avoir rien de subversif en soi, le newtonianisme détruisait tout simplement l'autorité de la science officielle. Aussi, Voltaire fut-il l'apôtre d'une science de la nature soustraite à l'inertie de l'*establishment*: l'Académie des Sciences, l'université, les collèges des jésuites et des

---

[37] *Journal de Trévoux*, août 1738, pp.1671-73.

oratoriens. La virulence des attaques dont il fut victime prouvent la puissance de ses ennemis. Lorsqu'il fut reçu Fellow of the Royal Society, il remercia en ces termes le secrétaire Martin Ffolkes (Best.D2890, 25 novembre 1743):

Sr, One of my strongest desires was to be naturaliz'd in England [...] My first masters in yr frée and learned country, were Shakespear, Adisson, Dryden, Pope; j made some steps afterwards in the temple of philosophy towards the altar of Newton. J was even so bold as to introduce into France some of his discoveries; but j was not only a confessor to his faith, j became a martir.

En deuxième lieu, cet ouvrage de Voltaire était à l'époque le meilleur des manuels de vulgarisation possibles, par sa clarté et par sa concision. En écrivant à Pitot, l'auteur le présente avec une remarquable modestie: 'Vous trouvez que je m'explique assez clairement: je suis comme les petits ruisseaux: ils sont transparents puisqu'ils sont peu profonds' (Best.D1341, 20 juin 1737). Cependant on aurait tort d'accuser Voltaire, une fois de plus, de superficialité. Cette transparence, ce peu de profondeur n'empêche pas que le livre ait ses difficultés pour un bon nombre de lecteurs du xxe siècle, 'car *à la portée de tout le monde* il ne l'est pourtant pas', comme disait le journaliste de Trévoux.

En troisième lieu, les *Eléments* sont un essai historique, sous un point de vue subjectif aussi bien qu'objectif: 'J'ai tâché de présenter les idées', dit encore Voltaire dans la même lettre à Pitot, 'de la manière dont elles sont entrées dans ma tête [...] Je fais l'histoire de la science dont je parle.' L'efficacité de l'exposé dépend de cette approche didactique et historique à la fois, que j'ose appeler très 'moderne'. Voltaire a fait, parmi les premiers, de l'histoire de la science; plus précisément, l'histoire de la révolution scientifique du xviie siècle. Il a conçu ce processus comme un chemin non pas rectiligne, mais qui, dans son ensemble, mène à la vérité: 'Il y a un nombre innombrable de manières d'arriver à l'erreur', dit-il à mme Du Châtelet dans l'avant-propos de l'édition de 1738, 'et il n'y a qu'une seule route vers la vérité.'[38] Dans la synthèse newtonienne, Voltaire a vu le début d'une découverte partielle, mais progressive, d'un réseau de lois fixes et éternelles.

Ces remarques concernent l'histoire *interne* de la pensée scientifique, sujette aux tentatives et aux erreurs des savants. Mais les historiens *externalistes* d'aujourd'hui auraient eux aussi quelque chose à apprendre de Voltaire. L'historien politique et social qu'il était a bien entrevu les

---

[38] *Eléments de la philosophie de Newton*, M.xxii.400, n.1.

liens qui unissent les idées de la science au contexte de la société. Il a compris le rôle nouveau que la science de la nature, après la synthèse newtonienne, allait jouer dans l'histoire. Son plus bel éloge de Newton est confié aux pages de l'*Essai sur les mœurs* où, en illustrant la situation de l'Angleterre sous Charles II, il dit:

Un grand homme a connu enfin les lois primitives, jusqu'alors cachées, de la constitution générale de l'univers; et, tandis que toutes les autres nations se repaissaient de fables, les Anglais trouvèrent les plus sublimes vérités. Tout ce que les recherches de plusieurs siècles avaient appris en physique n'approchait pas de la seule découverte de la nature de la lumière. Les progrès furent rapides et immenses en vingt ans: c'est là un mérite, une gloire, qui ne passeront jamais. Le fruit du génie et de l'étude reste, et les effets de l'ambition, du fanatisme, et des passions, s'anéantissent avec les temps qui les ont produits.[39]

Ces mots nous aident à comprendre pourquoi Voltaire fit du new-tonianisme sa propre cause; pourquoi il identifia les découvertes du physicien de Cambridge avec le progrès même des lumières. Il savait que, tout en réduisant 'ce géant-là à la mesure des nains', il aidait les nains à monter sur les épaules du géant.

[39] *Essai sur les mœurs et l'esprit des nations*, ch.CLXXXII, M.xiii.85.

Voltaire's war with England: the appeal to Europe 1760-1764

DAVID WILLIAMS

VOLTAIRE formally declared war on the English in 1768, and told them so in a letter to Horace Walpole (Best.D15161).[1] The news would have come as no surprise to Walpole, for by that date Europe's most admired spokesman in the cause of English science and philosophy had already achieved considerable notoriety as an enemy of English literary taste and as a 'martyr to wretched chagrin'[2] at the spectacle of its seemingly irresistible triumph. After the open letter to the Academy had been delivered on Saint Louis' Day eight years later in the daunting presence of Elizabeth Montagu and the British ambassador, lord Stormont, Walpole felt justified in making his celebrated comment dismissing its contents as 'a silly torrent of ribaldry', the vituperations of a 'Billingsgate applewoman whose cart had been overturned'.[3] Carts had indeed been overturned, and the pyrotechnics in the Academy, to be supplemented in 1777 with the less shrill tones of the dedicatory epistle to *Irène*,[4] reflect an awareness of defeat that Voltaire could scarcely have anticipated at the start of his war against the wild progeny of Anglomanic enthusiasms.

[1] see *Commentaires sur Corneille*, ed. D. Williams, *The Complete works of Voltaire* 53-55 (1974-1975), i.284, n.403.

[2] *London magazine* (1777), xlvii.275. The anonymous verse to which this epithet belongs is quoted in full by A.-M. Rousseau, *L'Angleterre et Voltaire*, Studies on Voltaire 145-147 (1976), ii.489.

[3] *The Yale edition of Horace Walpole's correspondence*, ed. W. S. Lewis (Oxford 1937-), xxviii.276-78.

[4] on the moderation of this publication, a direct reply to mrs Montagu, A.-M. Rousseau writes: 'En fait, il s'agissait de ne pas heurter un parti puissant et bien en place' (*L'Angleterre et Voltaire*, ii.491).

In locating the first link in the chain leading to the alarmist rhetoric of the last decade of Voltaire's life, 1761 has been widely viewed as the year in which Voltairean literary polemics changed direction as far as the English problem was concerned.[5] It was certainly a year for re-assessment and tactical decision-making, but my own view is that there is far more continuity and consistency than contradiction or change in Voltaire's overall position on the dangers of English taste, and that the start of the chain can be traced back to a much earlier period, possibly to that of the *Temple du goût* and the *Lettres philosophiques*, or even before. Certainly, in the late 1740s, in the period defined roughly by the publi-cation of the eight volumes of La Place's *Théâtre anglois* (1746-1749), the seeds of potential conflict had been sown. Already two important issues had redirected Voltaire's attention towards the 'enfant maussade' of English culture, and had accentuated his unease about the possible repercussions of the newly-minted aesthetic that was gaining currency in France.

The first of these concerned language. One of the earlier gallic Leavisites, Voltaire had always envisaged his primary role as that of a defender of the integrity of the French language against the incursions of degenerate innovation and experimentation. Undermining that austere guarantee of high art, 'le mérite de la difficulté vaincue', blank verse, prose tragedy, inelegant rhythms, false rhymes, disruptive neologisms, low style, *fatras* and *galimatias* were all elements of a cultural, and indeed social, debasement that brought the autumn of good taste ever closer with each fresh application of their banal and baneful effects. The second, not unrelated, concerned the dismaying popularity of foreign models and the respect that they commanded among the new generation of French writers and artists. We can see these two areas of concern converge in the persistent attacks on the novel, a genre that now began to emerge from the backwaters of Voltairean literary criticism,[6] and of course they converge on Shakespeare, against whom systematic hostilities started in 1758.[7]

Thus, it would be more accurate to say that issues already in play in

---

[5] Naves, for example, writes: 'L'année 1761 marque évidemment le début d'une offen-sive de longue haleine contre les xénophiles et tout spécialement contre les anglomanes'; see *Le Goût de Voltaire* (Paris 1938), p.327.

[6] see A. Gunny, 'Voltaire and the novel: Sterne', *Studies on Voltaire* (1974), cxxiv.149-61; my 'Voltaire on the sentimental novel', *Studies on Voltaire* (1971) cxxxv.115-34.

[7] see *Commentaires sur Corneille*, i.276, n.385. Cf. Claude Pierre Patu's letter to Garrick of 1755 (Best.D6562).

Voltaire's approach to the English problem *came to a head* in 1761. They came to a head with the publication of the *Appel à toutes les nations de l'Europe*, the four letters on *La Nouvelle Héloïse*, published over the name of the marquis de Ximenès,[8] and the start of the enterprise that was to culminate three years later in the great edition, with commentary, of Corneille's theatre.[9] Marking the emergence of a co-ordinated polemical aggression that was to span almost two decades, these three works interlock to form the spearhead of resistance to iconoclastic trends and temptations that Voltaire detected in contemporary literary practice, and which threatened in his view the cherished lifeblood of French genius as it flowed from the fountainhead of perfection achieved in the age of Louis XIV. The *Appel*, the *Corneille*, and the *Lettres à m. de Voltaire sur la Nouvelle Héloïse* contain, moreover, prophetic signals of Voltaire's later, more explicit warnings against the literary fanaticism of the pro-Shakespeare party, a fanaticism that shared with the religious variety a taste for the tyrannical subjugation of dissenting voices such as his own. The Rousseauist enthusiasms of the Letourneur group would not have taken Voltaire unawares.[10]

With the outbreak of the Seven Years War, the concept of waging cultural warfare suggested itself with natural logic to Voltaire, although it should be said that literary nationalism had always been a very powerful ingredient in Voltairean aesthetics even during that most refreshingly cosmopolitan period of the *Essay on epick poetry*[11] from which the detested La Place, ironically, had drawn inspiration in his *Discours sur le théâtre*.[12] The Seven Years War ensured from 1756 onwards the permanent presence in Voltaire's pronouncements of a recharged patriotic fervour that was in no way offset by the fact that he felt constrained to celebrate rather ostentatiously at Tourney the fall of Quebec

---

[8] his name is to be found at the end of the first *Lettre*, which is dated January 1761. See Fréron, *Année littéraire* (1761), vi.350.

[9] *Théâtre de Pierre Corneille, avec des commentaires, etc.*, ([Geneva] 1764), 12 vols. The commentaries are to be found in *The Complete works of Voltaire* 53-55.

[10] on this point, see C. Pichois, 'Préromantiques, Rousseauistes et Shakespeariens (1770-1778)', *Revue de littérature comparée* (1959), xxxiii.348-55; and 'Voltaire et Shakespeare: un plaidoyer', *Shakespeare-Jahrbuch* (1962), xcviii.178-88. Letourneur edited Rousseau's works in 37 volumes (s.l. 1788-1793). He submitted *Othello* to Rousseau for comment, and Rousseau set to music some of the words that Letourneur had given to Desdemona.

[11] *An Essay upon the civil wars of France, extracted from curious manuscripts, and also upon the epick poetry of the European nations, from Homer to Milton* (London 1728).

[12] in the preface to *Le Théâtre anglois*.

81

(Best.D8573) – an anti-Versailles gesture that appeared to take the cause of cosmopolitan tolerance a little too far in the eyes of some. In literary matters this special brand of Voltairean patriotism reached something of a crescendo in 1764 when the censuring of lord Kames took place in the *Gazette littéraire* (4 April 1764). According to Hume, writing at the time to Hugh Blair, 'Voltaire never forgives & never thinks any Enemy below his Notice',[13] and he certainly seemed to Hume to have lived up to his reputation in the Kames review. By then the English problem had become a 'serious affair of state'. While the English had limited themselves to capturing ships on the high seas, and to taking possession of French territory in Canada and elsewhere, Voltaire claimed somewhat disingenuously that he had maintained 'a noble silence'. Now that English barbarism had reached the point of finding Racine and Corneille ridiculous, he would have to take up arms (Best.D11645).

Throughout the *Corneille* period the flourish of military metaphors and analogies in the correspondence imparts to his cultural attack an almost palpable sense of physical combat, amusingly synchronised with events taking place on the battlefields of Europe. Voltaire did not hesitate to associate the victories and defeats of literary politics with the ebb and flow of national fortunes in the larger tableau of France's struggle with England and Prussia, as the terms of his exultation at the English defeat at Kloster-Kampen in 1760 illustrate (Best.D9353), to take but one example. 'Je combats pour la nation' (Best.D20248, cf. D9452, D20250, D20253, D20258, D20282) was as true then as it was to be at the time of d'Alembert's reading to the Academy of Voltaire's letter of protest at the Shakespearean takeover.

The confrontation that Voltaire was already forcing prior to 1761 had not passed unnoticed in England, even if the general alarum had not at that point been seriously sounded in France. Arthur Murphy's long and well-publicised letter of 30 April 1759,[14] published originally with his *Orphan of China*, was not the first testimony to awakening English indignation (Best.D8278). Murphy's letter might have marked the start of serious English reprisals, and Voltaire's appeal to Europe might well have been organized in part as a response to that letter, but long before 1759 the early shots in Voltaire's war had been clearly heard

---

[13] see the commentary to Best.D11645.
[14] see A.-M. Rousseau, *L'Angleterre et Voltaire*, i.233, n.25.

on the other side of the Channel. Moreover, Voltaire was perfectly well aware of this, and had been for some considerable time, as the *Dissertation sur la tragédie ancienne et moderne* of 1748 clearly suggests.[15] In fact, Voltaire's 1746 *Discours de réception à l'Académie française* was probably the last publication in which, in matters of taste, English readers could perceive a Voltaire sympathetic to their culture. A.-M. Rousseau reminds us (pp.458-62) that it was in the following year, 1747, significantly the year in which Garrick took over the direction of Drury Lane, that Murphy's friend Samuel Foote had responded to 'that insolent French panegyrist' in *The Roman and English comedy considered and compared*. This was followed two years later by Akenside's counter-attack on French tragic conventions and acting techniques in *The Remonstrance of Shakespeare*. With the work of Hill in the *Grays Inn journal* (1753), Guthrie in his *Essay upon English tragedy* (1757) and others, Rousseau offers very convincing evidence that in the early fifties English critics were deploying their forces and, more important, were gaining confidence in the face of what had been almost unchallengeable Voltairean prestige and authority. Murphy's letter, still signed incidentally 'your warm admirer', was the culmination of a decade and more of stiffening resistance during which the deference that the English had been so willing on the whole to extend to Voltaire in matters of taste and theatrical judgement began to fade. By 1760 English critical circles would have been well primed for a direct response to Voltaire's *Appel à toutes les nations*. Such a response was not to materialize, however, and I have found no evidence that the *Appel*, amongst other things the longest statement that Voltaire had so far published on Shakespeare and the English stage, and the key document in the conduct of his public strategy in the sixties, ever crossed the Channel during this crucial period.

The enlistment of the court of European opinion to his cause, envisaged seriously for the first time in the winter of 1759-1760, expressed itself first of all in the project to reprint the works of Corneille within the context of an exercise in international patronage of unprecedented proportions, a project rendered fortuitously more piquant by the ample publicity surrounding the presence of the impoverished Marie Corneille at Ferney. It was with the twelve-volume monument to Corneille, to emerge from Cramer's press in 1764 after the sweating of much blood and water (Best.D10874), that the balance, always delicate, between

---

[15] the English did not see this important text until 1760, when *Sémiramis* was translated.

literary criticism and literary politics in Voltaire's thought was finally tipped in favour of the latter. After the *Corneille* was well under way in 1760, aesthetics defer to the demands of strategy, at least as far as the war with England was concerned, though in Naves's view the new priorities did not entirely destroy 'les acquisitions de la période amicale', assuming of course that such a period had ever really existed.

The nuances of earlier positions on questions of natural genius, taste and *beautés locales* yield before the blunt assertion of neo-classical precept and the hegemony of *beautés universelles*. The purpose behind the re-establishment of absolutist points of reference by a test of European will on the issue was to be the public characterisation and isolation of English taste as an aberrant sport alien to the mainstream of European cultural progress. The attack through consensus criteria marks the effective declaration of war, and forms the substance of the *Appel à toutes les nations de l'Europe des jugements d'un écrivain anglais, ou manifeste au sujet des honneurs du pavillon entre les théâtres de Londres et de Paris* (Bengesco 1658). The *Appel*, the prelude to the *Corneille* itself, initiates a fresh cycle of critical engagements that was to take Voltaire on a collision course not only with Kames, but also with Johnson, Keate, Rutledge, mrs Montagu, Walpole, Sherlock, Baretti and with the Letourneur faction in France itself. From now on, behind all that Voltaire was to say and write on the subject of the English and French theatres between 1761 and his death, lay the challenge of the *Appel*, a challenge that had been smouldering since *Sémiramis*. The work casts a surprisingly long shadow over subsequent events. The argument and tone of the *Appel*, its very title even, re-echo persistently in the later, more sensational phases of Voltaire's war; it deserves, in my view, far more attention than it has received since Raymond Naves's brief and somewhat surprising reference to it as being 'proprement l'expression du cosmopolitisme voltairien'.[16] It is to this text that I now want to turn.

The *Appel* was published in the early part of 1761, and was written ostensibly in response to two articles that had been published in the *Journal encyclopédique* during the previous winter. The first had appeared on 15 October 1760, and was entitled the *Parallèle entre Shakespeare et Corneille, traduit de l'anglais*. The second, entitled the *Parallèle entre Otway et Racine, traduit littéralement de l'anglais*, appeared two weeks later in the next issue on 1 November. According to Moland, Prévost was responsible for one of these, possibly the second, although the

[16] *Le Goût de Voltaire*, p.327.

evidence for this is not clear. The articles are part of a trilogy of *Parallèles*, and appear to me to be all by the same hand. The third, also published in the issue of 1 November, was a comparison between Horace, Boileau and Pope, and Voltaire responded in kind to this one too with his own *Parallèle d'Horace, de Boileau et de Pope* (Bengesco 1659), which was printed with the *Appel* in 1761.

The first *Parallèle* on Shakespeare and Corneille was obviously the most provocative from Voltaire's point of view, given the fact that his efforts to gain moral and financial support for the Corneille edition had by then reached a crucial stage. The article suggested, for example, that the appearance of the ghost in *Hamlet* was 'incontestablement le chef-d'œuvre du théâtre dans le genre terrible'.[17] This statement alone was sufficient to ensure that notorious elaboration of the plot of *Hamlet* in the *Appel*. The article praised Corneille's eloquence, majesty and occasional sublimity, but noted the absence of an imagination that was simultaneously 'pathétique et sublime, fantasque et pittoresque, sombre et gaie, et cette variété prodigieuse de caractères' (p.102). Such qualities belonged only to Shakespeare, and in these Shakespeare surpassed all other poets. He alone was the Mirror of Nature.[18] In all of Corneille's plots, and even in his characters, there was a basic uniformity, whereas there was not the slightest resemblance between *Lear*, *Hamlet*, *Othello*, *Julius Caesar*, *Romeo and Juliet*. The conclusion was uncompromising. Corneille was inferior to Shakespeare: 'En un mot on dirait que Shakespeare a trop de génie pour s'assujettir aux règles du théâtre, et que Corneille, s'il eût été un grand génie, s'y serait moins asservi. Shakespeare a été incontestablement un grand Génie Poétique, et Corneille un excellent poète dramatique' (p.104). Faint praise for the father of the French theatre, but faint praise that Voltaire was himself soon to echo, at great cost to his subsequent reputation, in his own commentary, as the need to 'tell the truth' about 'le père du galimathias' took precedence over the need for diplomatic *adoucissements*.

The second *Parallèle* was equally measured in style, and equally sobering in its conclusions. Otway's *The Orphan, or the unhappy marriage* (1680), the other subject for analysis in the *Appel*, together with *Venice preserv'd, or a plot discovered* (1682), which in spite of its

---

[17] *Journal encyclopédique* (15 October 1760), vii.101.
[18] 'Il est, pour ainsi dire, le Miroir de la Nature, où tous les traits de l'âme humaine se réfléchissent aussi parfaitement que ceux du visage qui se tracent sur la glace des miroirs ordinaires', (p.102).

indecencies Voltaire had once rated more highly than its French adaptation in the form of La Fosse's *Manlius Capitolinus* (1698),[19] surpassed anything that had ever been written in the field of dramatic pathos 'à l'exception de l'épisode d'Enée et de Didon'.[20] Both Otway and Racine were declared inferior to Shakespeare and Corneille, though it was conceded that their plays were occasionally capable of drawing those tears and fears to which neo-classical audiences were entitled. The second *Parallèle* then mentioned, rather confusingly in the general context of Otway's work, Ambrose Philips's brilliantly successful play *The Distrest mother* which had first been brought out at Drury Lane in the 1711/1712 season, with a prologue by Steele, and which was still in the Drury Lane repertoire in 1748. *The Distrest mother* was closely based on *Andromaque*, with the exception of the fifth act, and the article suggested that Racine's powers as a dramatist were known to English audiences largely through this play. Prévost had already commented at some length on the Philips-Racine relationship in *Le Pour et contre* (iv.15-16; vi.238), and this is possibly the clue that Moland had in mind with regard to the authorship of the article. Be that as it may, *The Distrest mother* is used in the second *Parallèle* to draw the bonds between Otway and Racine, and the English and French theatres, even tighter. Significantly perhaps, Voltaire did not comment on the Philips play in the *Appel* nor, as far as I am aware, in any other work, although the play is a landmark in the English theatre, paving the way for Addison's *Cato*, and Voltaire did moreover devote some attention to *Andromaque* in the *Corneille* in connection with *Pertharite*, the 'fumier' in which Racine had discovered gold.[21] Of course, by the time Voltaire was half way through the commentary on Corneille he found it more and more difficult to disguise his long-standing preference for Racine – the association of Racine's genius with the flowering of the French

---

[19] in the *Discours sur la tragédie* (1730), accompanying *Brutus*. Writing to Fawkener in 1752, Voltaire had referred correctly to the *Conjuration des Espagnols contre les Vénitiens en M.DC.XVIII* by César Vichard de Saint-Réal as being the model for *Venice preserv'd*, making the unlikely claim that he admired the work. Saint-Réal's novel was first published in Paris in 1674, and the English translation appeared in 1675 (reprinted in 1679). He recommended it to Fawkener as being among 'the best books I know in regard to history' (Best.D4851). He possessed the La Place translation (Ferney catalogue B1664), as well as the La Fosse adaptation. Voltaire had of course seen a performance of the La Place adaptation in 1749, see Best.D3898.

[20] *Journal encyclopédique* (1 November 1760), vii.119.

[21] *Commentaires sur Corneille*, iii. 788-90, cf. Best.D9959, D9996, D10037 and *Commentaires*, i.238-44.

language at its climactic moment of Classical perfection having always reinforced Voltaire's predilection for Racinian tragedy.[22] In the end he could not restrain himself from including *Bérénice* in the *Corneille*, and the view expressed in the second *Parallèle* that Otway was a better playwright than the author of *Athalie*, 'qui est l'homme parfait' (Best. D11041), because of Otway's greater flexibility in the portrayal of the passions,[23] would certainly have been less than tolerable, although the defence of Racine in the *Appel* is very much in a minor key. The second *Parallèle* concluded that the merit of *Venice preserv'd* had been confirmed by the fact that two translations of the play had appeared in France, one of which, La Fosse's *Manlius*, 'est jouée tous les ans à Paris' (p.121). Voltaire was to take that point up at some length in the *Appel*.

The language in which these exercises in comparative criticism were couched was relatively mild, and the points made were unwelcome but fairly restrained. In the overall context of Voltaire's current anxieties, however, the articles were nothing short of an affront to France. He informed mme Du Deffand, who in a few years' time, possibly to please her beloved Walpole, would betray the cause by subscribing to Letourneur's *Shakespeare*, that not only had the English taken Pondichery, but they had also allowed to appear in print the view that Shakespeare was infinitely superior to Corneille: 'Leur Shakespear madame est infiniment au dessous de Gille' (Best.D9452). He then proceded to justify this observation with a long, scathing commentary on the gross infringement of the unities perpetrated by Shakespeare in *Richard III*[24]: 'Je vous conte tout celà madame parceque j'en suis plein. N'est il pas triste que le même pays qui a produit Neuton[25] ait produit ces monstres et qu'il les admire?'

Within six weeks Voltaire was ready with his riposte, and suggested to Prault, who was looking around for additional material to print with

---

[22] Best.D12388, D14974, D20453, cf. *Précis du siècle de Louis XV*, ch.xliii.

[23] 'Cependant, Otway l'emporte sur Racine, en ce que celui-ci n'a presque excellé qu'à l'égard de la seule passion de l'amour; au lieu que l'autre n'a pas moins réussi dans toutes les autres passions que dans celle-ci' (pp.120-21).

[24] 'Figurez vous madame que la tragédie de Richard trois qu'ils comparent à Cinna, tient neuf années pour l'unité de temps, une douzaine de villes et de champs de batailles pour unité de lieu, et trente sept événements principaux pour unité d'action. Mais c'est une bagatelle . . .' (Best.D9452).

[25] in his dedicatory epistle, 'Au roi', Letourneur was to situate Shakespeare dans le temple of glory 'élevé au-dessus de Newton lui-même', *Shakespeare traduit de l'anglais* (Paris 1776-1782), i.iii.

Tancrède, that 'un morceau curieux, historique et littéraire', designed as a reply to an English 'Book' in which London tragedies had been raised above those of Paris (Best.D9473), might be suitable for Prault's purpose. It would contain a true and succinct account of the theatres of Greece, Italy, Paris and London. Certain fifteenth-century Latin sermons, 'remplis d'ordures', had to be included, unfortunately, but these were necessary in order to convey to the reader the cultural texture of Shakespeare's times, and the outrageousness of any endeavour to compare that monster with one of the jewels in the crown of French genius. Meanwhile, the *Corneille* enterprise was starting to take shape. A few days after the publication of the first *Parallèle,* Le Brun had sent to Voltaire his ode on behalf of Corneille's impoverished family about whom he had heard during one of his visits to Titon Du Tillet's salon.[26] With the ode Le Brun made a timely appeal to Voltaire's philanthropic, and it must be said, opportunist inclinations (Best.D9349). Voltaire's response would soon be circulating in Paris, much to his annoyance, as it was accompanied by numerous other letters and copies of the ode, about which he felt less than enthusiastic. More important, however, the great propaganda coup on behalf of Corneille was now imminent with the arrival of Marie Corneille at Ferney on or around 22 December 1760 (Best.D9487). It was against the background of these sensational events that the publication of the *Appel* was to take place.

On 16 December 1760, Voltaire told the d'Argentals that Prault would shortly be receiving a work on the theatre that would avenge Corneille: 'Le zèle de la patrie m'a saisi. J'ay été indigné d'une brochure anglaise dans la quelle on préfère hautement Shakespear à Corneille' (Best. D9474). By the end of the year military and cultural warfare was being waged as a single battle in Voltaire's mind.[27] Comments on the cause of Marie Corneille and her father, Jean François, the pressing problem of subscriptions, mounting indignation at the sight of Shakespeare's rising star, the loss of French colonies, the Russian incursions into Prussia, pepper the correspondence of the closing weeks of 1760 in interlocking frames of reference.

Early in the new year Voltaire anticipated publication of the *Appel,*

---

[26] Titon Du Tillet had already raised funds for Marie Corneille's education, and had eventually taken the girl into his own household, his two nieces accepting responsibility for her welfare, see my 'Voltaire's guardianship of Marie Corneille and the pursuit of Fréron', *Studies on Voltaire* (1972), xcviii.28, n.4.

[27] e.g. Best.D9497, D9526, D9716.

and again requested d'Argental's help[28] in exacting retribution for the 'anglican insolence' (Best.D9526), adding that if the 'gentle reply to the English', penned by 'a close friend', found approval with 'madame Scaliger', printing could go ahead without delay. On 15 January Grimm reported that the *Appel* was about to appear, and that it would form part of a new volume of Voltaire's works being printed in Geneva. Grimm added disapprovingly that it was not seemly for a wellborn child to beat his wet-nurse, and that the *Appel* would clearly be a work of striking bad faith.[29] By mid-March Voltaire was expecting Le Kain to bring with him to Ferney a copy of 'cette petite vegeance que j'ay tirée de l'outre-cuidance anglaise' (Best.D9683). He expressed renewed displeasure at Prault's indiscretions regarding the work's authorship.[30] Despite his insistence that 'le nom du vengeur de Corneille' (Best.D9790) should not be revealed, his worst fears were confirmed at the end of March when Prault gave the work to the public over Voltaire's name, 'malgré tout ce que j'ay exigé de luy' (Best.D9706). The *Appel* was printed in Paris by Grangé for Prault *fils* around 29 March.[31] It was reprinted in 1764 in the *Contes de Guillaume Vadé*[32] (Bengesco 660) under the title *Du Théâtre anglais, par Jérôme Carré* (pp.151-220), with numerous additions and amendments. This title was retained in the quarto and *encadrée* editions of Voltaire's collected works, and also in the Kehl edition.

The first edition turned out to be a poor printing job, as indeed did *Tancrède* which accompanied it. Voltaire was particularly indignant about the typographical errors that had crept into the *Appel*, 'qui est plein de fautes à chaque page, et il y aura corrections et additions tant

---

[28] on 16 February 1761, there being no reply from the d'Argentals, Voltaire enquired further about their views on 'la petite dissertation contre ces barbares anglais' (Best. D9630).

[29] Grimm commented: 'Quant à l'*Appel aux nations de l'Europe* sur le théâtre anglais, je me réserve le droit de l'attaquer dans les formes: il est d'une mauvaise foi insigne. On pourrait dire à M. de Voltaire qu'il ne convient pas à un enfant bien né de battre sa nourrice. M. de Voltaire doit plus au théâtre anglais, qu'il connaissait, qu'aux anciens, dont il ne connaît que ce qu'on en apprend au collège', *Correspondance littéraire, philosophique et critique*, ed. M. Tourneux (Paris 1877-1882), iv.341.

[30] Voltaire had requested anonymity in Best.D9473, and repeated his request a number of times, see Best.D9680, D9683, D9691.

[31] Bengesco, ii.97. Bengesco also makes reference to a possible counterfeit, again issued by Prault.

[32] copies of this incandescent work were concealed beneath copies of the *Corneille* during the distribution of the latter to Parisian subscribers 'comme des machines infer-nales dans des boîtes de confiseur', see *Commentaires sur Corneille*, i.142, n.197.

qu'on en pourra faire' (Best.D9772, cf. D9754, D9773). However, the
Procès du théâtre anglais, 'seul procès que nous puissions gagner
aujourd'hui contre messieurs d'Albion' was being widely distributed
by 9 May (Best.D9773), although of course the text had been in the
hands of Parisian friends since the early part of the previous month.
Voltaire had asked d'Olivet for his reactions on 25 April (Best.D9753),
and it was in that letter that Voltaire expressed his regrets for his earlier
role as the first Frenchman to have introduced English poetry to the
French.[33] This did not, of course, prevent him from clinging tenaciously
to his claim to that achievement throughout the storms that lay ahead:
'J'en ay dit du bien comme on loue un enfant maussade devant un
enfant qu'on aime et à qui on veut donner de l'émulation: on m'a trop
pris à mon mot [. . .] Ce monde cy est une guerre. J'aime à la faire, cela
me regaillardit.'

Not every error in the work was Prault's responsibility. In his deter-
mination to throw into sharp relief the unpalatable crudity of the
Shakespearean *Zeitgeist*, that gross seedbed that had spawned the
English theatre, Voltaire had spiked his text with generous references to
obscene sermons of the period. These references and quotations were
designed to jar the sensibilities of any reader who might be harbouring
unpatriotic thoughts of supporting the current adversaries of France,
as represented by the author of the two *Parallèles*, the present focus for
disorderly thinking on the matter. In so doing, Voltaire had allowed
himself to be misled by La Vallière, who was acting at the time on his
behalf as one of the Parisian champions of the *Corneille*, and as an important organiser of the Paris subscriptions. La Vallière had discovered
an obscene anecdote in the *Orationes, seu sermones*[34] of the libertine
writer and poet Antonio Urceo, known as Urceo Codrus. He forwarded
the anecdote to Voltaire, attributing it to 'les sermons du révérend P.
Codret'. Voltaire used the material on that basis in the *Appel* when
comparing the indecency of mystery plays with that of early sixteenth-
century sermons, and he quoted extensively from what purported to
be the 1515 quarto edition of Father Codret's sermons.[35] The error was

[33] on the history of Shakespearean intrusions into France, prior to Voltaire, see J. A.
Jusserand, *Shakespeare en France sous l'ancien régime* (Paris 1898), p.137; J. G. Robertson,
'The knowledge of Shakespeare on the continent at the beginning of the eighteenth
century', *Modern language review* (1906), i.313-21.
[34] *Orationes, seu sermones, ut ipse appelabat. Epistolae, silvae, satyrae, eglogae, epi-
grammatica* (Paris 1502).
[35] Annibal Codret (1525-1599), a Jesuit grammarian and author of *Les Nouveaux*

soon apparent: 'Voylà de la pâture pour les Frérons.[36] Heureusement je connais des sermons tout aussi ridicules que le receuil des facéties, et j'en ferai usage pour l'édification du prochain' (Best.D9716). When abbé Boudot of the Bibliothèque du roi, the first to spot the error according to Hénault (Best.D9766), drew La Vallière's attention to it, La Vallière immediately sent a stricken letter of apology to Voltaire: 'Je peux, sans rougir, avouer que je me suis trompé; mais je ne peux avoir la même tranquillité lorsque je sens que je vous ai exposé à la critique des envieux' (Best.D9732).

Naturally, La Vallière was concerned that he had seriously shaken Voltaire's confidence in any future material that he might wish to send to him. He attributed the origin of his error to 'un homme très éclairé' who had presented the passage in question to him to be recast in poetic form. He acknowledged that had he verified the source personally he would have realised that Codrus had indeed printed his works under the title of *Sermones festivi*, but that far from being composed of sermons, the work consisted of 'quelques discours assez orduriers & beaucoup de poésies galantes'. The first folio edition of the *Sermones festivi* had appeared in 1502, and the second edition, the one recommended to Voltaire, was the 1515 quarto. In fact, everything about the anecdote was correct, except that the material cited was not a sermon, and more important, that it was not by Father Codret. To extricate Voltaire from possible embarrassment, La Vallière invited him to print the apology.

Voltaire replied at length to this chivalrous gesture towards the end of April 1761 in a remarkable letter that has attracted considerable attention from modern scholars, and in particular of course from Werner Krauss.[37] Voltaire observed that in spite of the technical error in the attribution of authorship, the general point of the anecdote was still valid, namely that the mysteries put on at the Hôtel de Bourgogne were far more decent than most of the sermons of the period: 'C'est sur ce point que roule la question. Mettons qui nous voudrons à la place d'Urceus Codrus, et nous aurons raison' (Best.D9754). To amplify the point, he cited the sermons of Oliver Maillard, of 'le petit père André', that is,

---

rudimens de la langue latine (Turin 1570, reprinted Paris 1669). Codret's grammar was still in print in 1730, but it is Voltaire's error that has helped to immortalize him in the *Dictionnaire de biographie française*.

[36] Fréron had already published damaging references to the probable fate that awaited Marie Corneille at Ferney, together with a cruel satire of Le Brun's ode, see *Année littéraire* (10 December 1760), viii.145-64.

[37] *Studien zur deutschen und französischen Aufklärung* (Berlin 1963), pp.98, 157-58.

André Boulanger, and of Michel Menot 'fameux pour ces turpitudes'. This letter to La Vallière, the result of a somewhat curious slip in the apparatus of the *Appel*, became in time a recognised manifesto, a formal affirmation of the neo-classical canon operative over a wide range of literary and other matters that went beyond the immediate framework of the trial of the London and Paris theatres. It is a document that marks a significant escalation in the Battle of the Books that was now in full swing. Its centre of gravity, which it shares with the *Appel*, is the stark illumination of the processes of aesthetic perfection characterising the cultural achievement of the age of good taste in France – that is, the France of Louis xiv, by negative contrast with the coarseness of Tasso's Italy, of Montaigne's France, and especially of Bacon's England.

In short, Voltaire, like a good general in any battle, capitalised on a set-back, and took the opportunity in his reply to La Vallière to issue what amounted to a substantial appendix to the *Appel* itself, and a cogent reinforcement for further public consumption of the critical philosophy and premises behind the *Appel's* satirical thrusts. That Voltaire had the impact of the *Appel* in mind when penning this general statement of literary standards on the basis of the Urceo Codrus affair is made quite clear in the footnote to the letter complaining again of the misprints with which the *Appel* was marred, and reminding the reader of the target that the La Vallière letter shared with the *Appel*, namely the two *Journal encyclopédique* articles:

NB: Dans l'éloge que je viens de faire de ce siècle dont je vois la fin, je ne prétends point du tout comprendre le libraire qui a imprimé L'appel aux nations, en faveur de Corneille et de Racine, contre Shakespear et Otwai; et j'avoüerai sans peine que Robert Etienne imprimait plus correctement que lui. Il a mis *des certitudes* pour *des attitudes; profâne* pour *ancienne; vôtre sœur* pour *ma sœur*, et quelques autres contresens qui défigurent un peu cette importante brochure. Comme c'est un procez qui doit être jugé à Pétersbourg, à Berlin, à Vienne, à Paris et à Rome, par les gens qui n'ont rien à faire, il est bon que les pièces ne soient pas altérées.

Significantly perhaps, London was conspicuous by its absence from the list of civic tribunals. To ensure that La Vallière did not misinterpret his intentions, Voltaire had given the letter a formal title: *Réponse de l'autheur de l'appel aux nations à M. le duc de la Valière*. La Vallière duly published the text in the spring of 1761. The contents were known at Court by the beginning of May (Best.D9766), and Cideville expressed appreciation of 'La Belle et savante lettre' on 13 May (Best.D9778). All this coincided happily with Voltaire's official letter of 1 May to Charles Pinot Duclos, perpetual secretary of the Academy, offering to undertake on behalf of the Academy editorial responsibility for the *Corneille* (Best.D9762).

The affair was revived briefly some five years later when Robinet published his hostile edition of the *Lettres de m. de Voltaire à ses amis du Parnasse*, and included the La Vallière letter.[38] This reminder of the 'rogaton' was the subject of further correspondence between Voltaire and La Vallière in November 1766 (Best.D13543, cf. D13643), and the matter was raised again in 1767, when Voltaire thanked the duke once more for his 'beau certificat en faveur d'Urceus Codrus' (Best.D13986). Such is the tenacity and extraordinary survival rate of literary minutiae in Voltaire's correspondence, and such is the longevity of Voltaire's feelings of gratitude for a friendly gesture, and particularly for one from which he was able to derive so much polemical profit.

The *Appel*, together with its epistolary appendix, represents a watershed not only in the history of Voltaire's role as an intermediary – or is it a *cordon sanitaire* – between two cultures, but also in the evolution of the rather sanguine view that posterity has had of Voltaire as a literary critic. It is a substantial tract, the first edition having 111 octavo pages. Not unexpectedly, it will be remembered that it drew the attention of the tribune of Europe not only to Shakespeare but also, in response to the second *Parallèle*, to the work of 'le tendre Otwai, très supérieur au tendre Racine'. Thus, between the notorious *Plan de la tragédie d'Hamlet* and the translation of fragments from *Othello* (i.i) in the *Courtes réflexions* (later to be incorporated in the *Corneille* as part of the 'avertissement' to *Julius Caesar*, and revived in 1776 in the Saint Louis Day letter to the Academy),[39] the *Appel* offers the reader a corrosive, though relatively subdued account of Otway's *The Orphan*, whose heroine, Monimia, originally portrayed by mrs Barry, was nothing like Racine's Monime in *Mithridate*, to put it mildly. The *Courtes réflexions* pursue the question of Otway's dubious merits, this time in the context of *Venice preserv'd*, another play that La Place had adapted in 1746, thereby depriving French readers, in Voltaire's view, of the pleasure of seeing a senator bite the leg of his mistress, and bark like a dog.[40] Here Voltaire was

---

[38] Geneva-Amsterdam 1766, pp.20-37. [39] *Commentaires sur Corneille*, ii.173-74.

[40] similarly, the translator had been just as cruel in depriving his French readers of the finest moments in *Othello*, with the first scene in Venice and the last in Cyprus, the rape

reiterating in a compressed form the comments that he had made in letter 18 of the *Letters concerning the English nation* (1733) with regard to Otway's introduction into the Marquis of Bedemar's conspiracy of Antonio, 'the superannuated Senator [who] plays, in his Mistress's Presence, all the apish Tricks of a lewd, impotent Debauchee who is quite frantic and out of his Senses. He mimicks a Bull and a Dog; and bites his Mistress's Legs, who kicks and whips him.'

In the *Appel*, however, Voltaire omits the conciliatory observation made in the *Letters* to the effect that 'the Players have struck these Buffooneries (which indeed were calculated for the Dregs of the People) out of Otway's Tragedy'. For by 1760 Otway was much more to Voltaire than just another curiosity of the English theatre. In a sense he had come to represent the nub of the English problem: an imitator lacking the saving grace of the natural genius possessed by the model. The general point had also been made in letter 18 of the *Letters concerning the English nation*: disaster had overtaken the English theatre because of the very merit of Shakespeare. This central perception was reiterated, this time in the context of Otway's work, in 1760 in a letter to George Keate – one of the few Englishmen at the time to have read the *Appel* when it first appeared. Nature had at least provided Shakespeare with the diamonds of his art, although his century had not permitted them to be polished (Best.D8858), again a comment ironically close to what Voltaire would soon have to say about Corneille at the end of his labours. It was in this letter to Keate (16 April 1760), incidentally, that Voltaire gave notice of his abandonment of any residual tolerance for *beautés locales* or *génie d'invention* in the work of foreign artists. 'Que m'importe qu'un auteur tragique ait du génie, si aucune de ses pièces ne peut ètre représentée en aucun païs du monde?' Lully had genius, but what value was his music, if only the French played it? In the case of Otway, however, even the tenuous element of localized genius was lacking. Otway was perhaps a less glacial poet than Thompson, 'mais on voit un homme qui prend Shakespear pour son modelle, et qui n'en approche point; je ne saurais souffrir le mélange du Tragique et du bouffon, celà me parait un monstre'. Keate had, in effect, received formal notice of the shape of things to come. In other respects, the Otway section of the *Appel* provides only a minor sideshow. After all, the sensitive issue of

on stage of a senator's daughter, the appearance of her father in his shirt-tails, and the ensuing scene in which Iago describes Desdemona as a white lamb about to be covered by a black ram.

translation was not at stake, and perhaps for this reason the actual commentary on *The Orphan* lacks the sardonic sparkle of the assault on *Hamlet*, which dominates the work and whose freshness does not diminish with familiarity.

The last pages of the *Appel*, perhaps the least memorable in some ways, draw together the polemical threads running through the exposure of the plots of *Hamlet*, *The Orphan* and *Othello* in the form of an essay entitled 'Des divers changements arrivés à l'art tragique'. Here Voltaire surveys the development of theatre from its sacred Greek origins to modern times. It is soon apparent that by 'diverse changes' Voltaire meant progress from the broad Greek-Egyptian-Jewish base of a pyramid whose levels then rise through the early Christian period, the medieval mysteries and the Italian Renaissance to reach the pinnacle in seventeenth-century France with Corneille, whose *Cid* is seen as the first play to find true international approval. The English theatre does not feature at all in this sturdy piece of cultural engineering, and there is no reference to it except for oblique allusions to 'hardiesses' introduced by the acting profession and by certain intemperate writers.

The *Appel* links the barbs of criticism flung intermittently at England since the appearance of La Place's work with the fierce rearguard action yet to be fought against Letourneur. It initiates a series of offensives woven skilfully together between 1760 and 1764 relating to language, the novel, Richardsonian sentimentality, Rousseauist decadence, taste, genius, beauty and the question of foreign desecrations. Of course, in immediate practical terms, the appeal to the tribunal of Europe would imply the promulgation abroad of the cause of Corneille. It was with the *Corneille* subscription list,[41] an exercise in conscription as much as subscription, that Voltaire's move to re-establish the prestige of French classical theatre began in earnest. Europe would not only pronounce judgement between Paris and London, but it would now back up that judgement with a financial commitment that would guarantee publication and dissemination of Corneille's masterpieces throughout the civilised world. Corneille would be finally enshrined in the statuary of a magnificently bound edition of his works, patronised by the whole of Europe. The subscription list would be a literary referendum that would formally record that judgement of Europe from Naples to Saint Petersburg of which Voltaire had spoken in the *Appel à toutes les nations*.

---

[41] *Commentaires sur Corneille*, iii.1067-102, appendix 5.

Appropriately enough, subscribers to the *Corneille* were assembled by Voltaire much in the spirit of a marshal ordering troops into battle, and some seventy-three of them were in fact military gentlemen. Mobilisation was on a large scale, and the invitations to subscribe reached the furthest corners of Europe. The results of this subscription side of Voltaire's appeal to Europe, which turned out to be a two-year operation to which professor Rousseau and I have both devoted some attention,[42] were formidable by any standards. In the initial *Projet de l'édition des œuvres de P. Corneille*,[43] dated 30 January 1762, Cramer listed the names of over five hundred subscribers, accounting for an advance order of some 1761 copies. Of these, sixteen subscriptions came from England itself, mostly London, the London press having carried the text of the publisher's prospectus without adverse comment. These early English subscriptions accounted for an advance order of seventy-eight copies, and are not particularly remarkable. When the final list was published in 1764, it had expanded to nearly twelve hundred subscribers ordering over four thousand copies,[44] and laid bare a fascinating cross-section of European cultural life, a unique topology of Enlightenment territory.

Subscription lists are still a relatively untapped mine of historical and sociological information on the cultural infrastructure of the period, and somewhere, I hope, there is a general study of them in the making. It would be of great value to literary historians. A.-M. Rousseau has already made an invaluable contribution to this surprisingly neglected area with his studies on the *Henriade* and on the *Corneille*, and Michèle Brisset has done very useful work on the Letourneur list. I did attempt a brief description of the *Corneille* list in an appendix to the *Commentaires*, but this was necessarily very cursory. Perhaps I could just say here simply that the *Corneille* list ranges from crowned heads (though not George III's) and great families, to diplomats, court officials, tax officials, churchmen, lawyers, scholars, doctors, bankers, engineers, artists, soldiers, actors, engravers, friends and of course the booktrade. Outside France, nineteen countries are represented. In terms of the number of copies ordered, Russia and Austria head the foreign subscribers with

[42] see *Commentaires sur Corneille*, i.64-88; A.-M. Rousseau, *L'Angleterre et Voltaire*, i.238-42, and 'Quand Voltaire vendait ses livres: quelques notes à propos de listes de souscription', *Actes du cinquième congrès national de la Société française de littérature comparée* (Paris 1965), pp.101-17.

[43] *Commentaires sur Corneille*, iii.1066-67, appendix 4.

[44] on the method of calculation adopted, see *Commentaires sur Corneille*, iii.1069, n.3.

over five hundred orders, although this involved a total of only thirteen individual subscriptions. Over one hundred subscribers can be identified as being English, accounting for some one hundred and forty-eight copies. Ninety-four copies went to Prussia, which included at this time the Neuchâtel area. The Austrian Netherlands took eighty-three, and other German states seventy-five. Denmark took sixty-two, and Spain, whose theatre had been represented in the edition with the translation of a Calderón play, took fifty-one. It was an impressive testimony. These were the names that Voltaire, acting on d'Alembert's advice to follow English practice, published at the end of the twelfth volume (pp.3-47) of the first edition of the *Corneille* as the guarantors of that international recognition that was, in his view, conspicuously lacking in the case of Shakespeare. These were the tangible fruits of the *Appel* and of the war in which Voltaire was engaged between 1760 and 1764. Alas, the taste of victory was to be fleeting and deceptive.

The post-1764 period of Voltaire's war is well-mapped territory, and I need not dwell on it here. Suffice to say that the turning point came in 1769 when mrs Montagu launched her attack[45] on a 'French wit [. . .] whose acquaintance with mankind is formed in the library, not in the street, the camp or the village' (pp.16, 17), and performed radical surgery on 'the miserable mistakes and galimathias' of Voltaire's rendering of *Julius Caesar,* 'this dictionary work' (p.214). 1769 was also the year, of course, in which Voltaire was obliged to witness a whole nation pay honour to the 'demi-God' with those extraordinary events at Stratford-upon-Avon, that were to be consecrated even by a timely appearance of Halley's comet, while Corneille was still without a public monument in Rouen, and was to remain so deprived until 19 October 1834.[46] Stochholm's research, incidentally, suggests that thoughts of Voltaire's appeal to Europe were not entirely absent from the minds of the jubilee participants. After Garrick had delivered his encomium to turbulent applause, Thomas King, one of the most popular of the Drury Lane actors, sprang on to the stage dressed in the French manner, i.e. in 'a

---

[45] *Essay on the writings and genius of Shakespeare, compared with the French and Greek dramatic poets, with some remarks upon the misrepresentations of mons. de Voltaire* (1769) by Elizabeth Montagu and Elizabeth Carter. Translated as the *Apologie de Shakespeart* [*sic*], *en réponse à la critique de m. de Voltaire* (Londres etc. 1777), Ferney catalogue B2110. Quotations are from the fifth edition (London 1785).

[46] this is the date of the *Discours de l'inauguration* of Corneille's statue in Rouen, pronounced by Lafon. The institution of an annual *fête* in honour of Corneille had been proposed on 17 October 1805, see E. Picot, *Bibliographie cornélienne* (Paris 1876), n.1245.

suit of fashionable blue with silver frogs' and, 'in a high pitched voice with mincing and affected speech', mouthed Voltaire's accusations against the bard.[47] Apparently, public enthusiasm for these and other extravagances were not dampened by the 'hateful, drizzling rain' in which the festivities naturally took place, and Garrick lost no time in sending Voltaire a copy of his *Ode upon dedicating a building and erecting a statue to Shakespeare* (Best.D15934). The monument in question was constructed in the Greek style, and the statue itself was carved by a Frenchman, Louis François Roubillac, but these concessions were small consolation to a Voltaire 'en guerre' (Best.D15141).

In France the immediate aftermath of the *Corneille* edition, and the challenge of the *Appel* that lay behind it, centred for the most part upon a debate on whether or not Voltaire's treatment of Corneille had been that of a judicious critic or a jealous rival.[48] The role of the edition as a weapon in the war on foreign theatre received at first relatively little comment from French critical circles, although attention had been drawn to this vital element in 1764 with the re-publication of the *Appel* in the *Contes de Guillaume Vadé*. From 1769 onwards, however, cresting the wave of publicity emanating from Garrick's jubilee, the anouncement by Catuélan, Malherbe and Letourneur of the plan to publish a translation of thirty-six of Shakespeare's plays, together with no less than 181 engravings,[49] closed a circle of events that had started with another translation in 1746, and brought the whole issue into close focus in France. Voltaire's appeal to Europe that had put a subscription list into the front line of a battle of taste and national honour was finally to be matched, though not numerically eclipsed, with another subscription list that attracted an advance order of 1438 copies from 1022 subscribers to the cause of Shakespeare, including a number of deserters from the *Corneille* list.[50] The list provides a fascinating barometer of the fundamental revolution in public taste that had taken place in France

---

[47] J. M. Stochholm, *Garrick's folly: the Shakespeare jubilee of 1769 at Stratford and Drury Lane* (London 1964), pp.87-89. Cf. *The Town and country magazine* (September 1769), i.475.

[48] *Commentaires sur Corneille*, i.338-61.

[49] designed by Moreau. Two of the engravers, Le Mire and Prevôt, had also worked on the *Corneille*. The best study of Letourneur to date is a thesis by M. Brisset, *Contribution d'un traducteur au premier romantisme français. Essai et documents sur Pierre Letourneur (1737-1788)*, (Nice 1974).

[50] the Letourneur list also included the hitherto elusive subscription of George III, and that of the prince of Wales. See Brisset, *Letourneur*, pp.161-63.

since Voltaire had confidently launched his appeal some fifteen years earlier.

In the introductory material to the 'abominable grimoire' itself, Letourneur – without ever mentioning Voltaire by name – met squarely the challenge of the *Appel à toutes les nations*, and salted Voltaire's wounds with his uncompromising claim that he would reveal Shakespeare in his true colours *for the first time*.[51] France, he wrote, must now cast aside the mirror of Narcissus, and concede the flowering of genius on foreign soil: 'Dans ces premiers jours de justice et d'impartialité Shakespeare peut paraître avec confiance dans la patrie des Corneille, des Racine et des Molière et demander aux Français le tribut de la gloire que chaque peuple doit au génie, et qu'il eût reçu de ces trois grands hommes, s'il en eût été connu' (p.v).

In the detailed account of Garrick's festival (pp.xv-xxxviii) there is no mention of the anti-Voltairean shape of events.[52] Letourneur refers at length to the work of Rowe, Pope, Warburton, Theobald, Hanmer, Johnson and Sewell (pp.lxxxiii-cxxxviii). Of Voltaire's contributions as a translator, editor and adversary of Shakespeare, Letourneur has nothing to say, although in the 'Avis sur cette traduction' he pointedly rejected Voltaire's approach to the art of translation in the *Corneille*.[53] In the text of the translations themselves, there is no sign of Voltaire's presence. *Jules César* (ii.183-378) follows Warburton's edition, and in Letourneur's rendering the first three acts of the play that Voltaire had juxtaposed with *Cinna* in the *Corneille* might never have been printed,

---

[51] 'Jusqu'ici ce père du théâtre anglais ne s'est montré aux regards d'une nation rivale et superbe dans son goût que sous une sorte de travestissement ridicule qui défigurait ses belles proportions. Nous avons eu le courage de le délivrer de ces faux brillants qu'on avait substitués à sa vraie richesse, et d'arracher ce masque, qui en étouffant l'expression vivante de ses traits, n'offrait de lui qu'une physionomie morte et sans caractère. Tout retrace en lui maintenant son origine étrangère. C'est Shakespeare lui-même avec ses imperfections, mais dans sa grandeur naturelle', (i.iv).

[52] Letourneur merely states: '[Garrick] finit par adresser une espèce de défi aux ennemis du poète d'oser attaquer sa gloire'.

[53] 'C'est une traduction exacte et vraiment fidèle que nous donnons ici; c'est une copie ressemblante, où l'on retrouvera l'ordonnance, les attitudes, le coloris, les beautés et les défauts du tableau. Par cette raison même, elle n'est pas et ne doit pas être toujours rigoureusement littérale; ce serait infidèle à la vérité et trahir la gloire du poète [. . .] Ainsi le devoir d'être fidèle nous imposait celui de substituer à une métaphore qui, en français, serait devenue abjecte et populaire, une métaphore équivalente qui conservât la dignité de l'original', (pp.cxxxix-cxl). Cf. *Commentaires sur Corneille*, ii.172-73. As Pichois has illustrated, Letourneur's *Avis* takes up point by point the 'avertissement' to Voltaire's translation of *Julius Caesar* in the *Corneille*.

and the same is true for the fragments from *Hamlet* and *Othello* in the *Appel*, and for the rest of Voltaire's Shakespearean texts. Letourneur did not confront Voltaire; he simply dismissed him. The support of d'Alembert, La Harpe and others could not disguise from Voltaire that his appeal to Europe had finally been heard and judged *in Paris*, and that the foundations of the cultural pyramid that he had constructed with such care and confidence in the *Appel* had been seriously shaken – not by Letourneur's rhetoric, but by Letourneur's silence.

Voltaire's humour

SAMUEL S. B. TAYLOR

HUMOUR has been the graveyard of many a critic and the source of many a humourless study. It is relatively easy to list an author's techniques of humour, but on this basis the real originality of any particular humorist or comic writer appears to elude us and to go any further seems to plunge us into psychological depths that we are not all equipped for. There has so far been no major study of Voltaire's humour though there have been inspired approaches to his art as a *conteur*[1] and André Delattre began a work which, to judge from his published notes, might well have come very close to a definitive statement.[2] Perhaps we have been too preoccupied with the myth of the famous *rictus* and the *sourire hideux*, or with statements like Flaubert's famous: 'Est-ce qu'il riait, lui? Il grinçait.'[3] A certain type of French mind has found Voltaire *antipathique* and has tended to dismiss Voltaire with phrases such as Stendhal's 'le rire sardonique à la Voltaire'[4] or Gide who commented on a work by Voltaire, saying: 'le rire de Voltaire m'y paraît plus grimaçant qu'ailleurs.'[5] The fashionable view of Voltaire's humour has been heavily influenced by these one-sided and epigrammatic asides, and sees this highly complex figure as summarised by his twisted smile and by a malign and perverse satirical wit. It really is time that we looked at the man himself rather than at his reflection in these distorting mirrors.

---

[1] J. Sareil, *Essai sur Candide* (Genève 1967), pp.95-101; H. Mason, 'Voltaire and Camus', *Romanic review* (1968), lix.198-212; H. Mason, *Voltaire* (London 1975), pp.48-108; A.-M. Rousseau, *L'Angleterre et Voltaire*, Studies on Voltaire 145-147 (1976), *passim*; Y. Belaval, L'esprit de Voltaire', *Studies on Voltaire* (1963), xxiv.139-54; *Candide*, ed. R. Pomeau (Paris 1959); J. Van den Heuvel, *Voltaire dans ses contes* (Paris 1967); Voltaire, *Facéties*, ed. J. Macary (Paris 1973); Voltaire, *La Défense de mon oncle*, ed. J.-M. Moureaux (Genève, Paris 1978).

[2] A. Delattre, *Voltaire l'impétueux*, ed. R. Pomeau (Paris 1957).

[3] G. Flaubert, *Correspondance* (Paris 1926-1933), iv.364.

[4] Stendhal, *Œuvres intimes*, Bibliothèque de la Pléiade (Paris 1959), p.1228.

[5] A. Gide, *Journal 1881-1939*, Bibliothèque de la Pléiade (Paris 1965), p.1197.

'*Humour*' *and* humeur

We should perhaps start with a look at what the eighteenth century and Voltaire himself understood by *humeur*. 'Humour' and *humeur* are *faux amis*, as we are all well aware, but we would be very wrong if we assumed that there was no connection at all. The term *humeur* has, of course, a medical basis. The article 'Humeur' of the 1751 *Encyclopédie* shows that medical science still based study of the relationship between physical health and our temperament and mood on the four body humours or fluids: 'le sang, la pituite ou le flegme, la bile jaune et l'humeur mélancolique ou la bile noire' [blood, phlegm, yellow bile and black bile]. An excess of one of these produced a dominant 'humour'. From the frequency of reference to Hippocrates in discussions of the humours in medical dictionaries of the day, it seems that medical science had made little significant advance in this direction in the Christian era. *Humeur* used on its own, Voltaire noted, 'signifie chez nous chagrin' (M.xix.555).

He also noted the differences between the English word 'humour' and the French *humeur*:

Les Anglais ont pris leur *humour*, qui signifie chez eux une plaisanterie naturelle, de notre humeur, employé dans ce sens dans les premières comédies de Corneille et dans les comédies antérieures. Nous dîmes ensuite *belle humeur*.

He developed this further in a letter to the abbé d'Olivet (Best.D9959):

Les Anglais [...] ont un terme pour signifier *cette plaisanterie, ce vrai comique, cette gaieté, cette urbanité*, ces saillies qui échappent à un homme sans qu'il s'en doute; et ils rendent cette idée par le mot *humeur, humour* qu'ils prononcent *yumor*, ils croient qu'ils ont seuls cette humeur & que les autres nations n'ont point de terme pour exprimer ce caractère d'esprit. Cependant c'est un ancien mot de notre langue [...] nous avons appliqué mal à propos le mot d'urbanité à la politesse, et [...] *urbanitas* signifiait à Rome précisément ce qu'*humour* signifie chez les Anglais.

The *Encyclopédie* comments further on what Voltaire described as *belle humeur* and an equivalent of the English word humour: it describes *bonne humeur* as:

une sorte de gaieté plus douce, plus égale, plus uniforme et plus constante [que la joie]; celui qui la possède savoure les biens que le hazard lui présente, et ne s'abat point sous le poids du chagrin dans les malheurs qu'il éprouve.

The point is crucially important for our purposes. It has been assumed that 'cette plaisanterie, ce vrai comique, cette gaieté, cette urbanité' as Voltaire describes them, were English forms of humour, and that in France laughter was satirical, being based on ridicule, wit and raillery, and implying a degree of malice. It would seem that if this were true of literary fashions in humour it was certainly not the case for everyday behaviour, where *belle humeur* naturally existed when the humours were in balance, and the temperament well-adjusted, as we might say nowadays. No one would deny that there were differences in flavour between the two countries, and it is well known that the eighteenth century produced a distinctive theory of humour in England, rejecting wit and ridicule as malicious and aggressive and prizing 'cheerfulness', 'delight', 'good humour' and 'innocent mirth' as companionable, amiable forms of humour. England also encouraged a certain chauvinistic self-regard in her penchant for robust individualism and eccentricity in the moulds of Sir John Falstaff, Sir Roger de Coverley and others whose mirthful, tolerant humour aroused affection and delight. Humour banished our two national maladies spleen and melancholy, it was said, not to mention the effects of English weather. *Laugh and be fat* entreated one book, which claimed to be *an antidote against melancholy*. Purchase *Joe Miller's jests* said another and *expell care, drown grief*.[6] Voltaire's good friend lord Chesterfield wrote in his works that:

Cheerfulness, good humour are of all qualities the most amiable in company [. . .] When there is no malevolence in the heart there is always a cheerfulness and ease in the countenance and the manners.[7]

There was no French theorist of humour to accompany Dryden, Blair, Beattie, Hutcheson, Kames, Akenside, Fielding, Goldsmith, Morris, mrs Montagu and later Hazlitt in their *critique* of satire and wit and their defence of good humour. But we have to recognise that even though the term 'humour' was unknown in French, and *humeur* had quite different connotations, the French used the term *gaieté* and its derivatives in a sense meaning *bonne humeur* or *belle humeur* and implying a well-adjusted balance of the humours and therefore of the temperament, and characterised by a happy mood and amiable disposition, especially in company.

Whilst the claim has not been advanced seriously before, I believe, there can be little doubt that it is true, since madame Denis, Voltaire and Voltaire's friends give ample evidence of this. *Gaieté* for the French was

---

[6] quoted in S. Tave, *The Amiable humorist* (Chicago 1960), p.187.

[7] Tave, p.10. Tave's study of English humour and theories of humour has made an important contribution in this field.

the equivalent of the English 'humour' in so far as it represents an even, balanced temperament, and a happy disposition. It possessed tonic properties that guarded against melancholy and gave long life.

Madame Denis wrote from her banishment in Paris in 1769 to her angry uncle urging him to restore his *gaieté* (Best.D15603):

Vous êtes né gai, la nature vous a prodigué tous ses dons, ne perdez pas celui de la gaieté. Il fait vivre, il adoucit les maux, il ferait le bonheur de tous ceux qui vous approchent et vous aiment (si vous vouliez vous laisser approcher).

'Gaieté', she writes, is 'bien faite pour prolonger vos jours' (Best. D15843), a point echoed by Frederick: 'Cette gaieté que vous conservez est la marque la plus sure que nous vous posséderons encore longtemps' (Best.D19571). A friend of Voltaire wrote that 'son médecin lui disait qu'il fallait faire de l'exercice et se tenir l'esprit gai' (Best.D17661). Voltaire's letters continually note this assumption that *gaieté* is the specific remedy for ill health, depression and old age:

On ne peut être gai quand on est affligé (Best.D12004). J'oppose quelquefois un peu de gaieté au triste état dans lequel le languis (Best.D11986). Le baume de Fierabras que j'ai appliqué sur mes blessures a toujours été de chercher à m'égayer (Best.D13814). Je suis hibou, je l'avoue, mais je ne laisse pas de m'égayer quelquefois dans mon trou, ce qui diminue les maux dont je suis accablé (Best.D14973). Si la nature ne m'avait pas donné deux antidotes excellents, l'amour du travail et la gaieté, il y a longtemps que je serais mort de désespoir (Best.D14904).

In no way, however, did this *gaieté* exclude satire any more than other forms of humour as Voltaire himself makes clear (Best.D15337):

le patriarche est toujours malingre, et s'il est *goguenard* dans les intervalles de ses souffrances, il ne doit la vie qu'à ce régime de gaieté qui est le meilleur de tous.

Conversation was for Voltaire the supreme outlet for his *gaieté* and high spirits. He was a social animal, a brilliant conversationalist, a sensitive listener and every comment on him as a speaker stresses this sparkling virtuosity, especially those who visited him and provided the stimulus normally lacking in his retreat. Boswell wrote that 'He was all brilliance. He gave me continued flashes of wit.' 'His conversation was enchanting' wrote Viscount Palmerston, and John Wilkes noted the fact that he:

was charmed with the reception he gave me, and still more with the fine sense and exquisite wit of his conversation. I think him the most universal genius, the most *amiable* as well as the *wittiest* of our species.[8]

The count Bernstorff was more specific (Best.D6253):

Sa conversation est charmante. Il parle beaucoup, et avec un feu qui étonne. Sa mine promet quelque chose de singulier. La vivacité de ses yeux, et son souris malin m'ont frappé, surtout lorsqu'il parle de plusieurs personnes, à qui il ne veut pas de bien.

John Moore's description is perhaps the most useful in noting that:

The spirit of *mirth* gains on him by indulgence – When surrounded by his friends and animated by the presence of women, he seems to enjoy life with all the sensibility of youth. His genius then surmounts the restraints of age and infirmity and flows along in a fine strain of teasing, spirited observation and delicate irony.[9]

Certainly Voltaire was classified in his time as a 'génie mordant et amer' (Best.D1078) and many shared Haller's dislike of his 'critique satirique et mordante' (Best.D6205) but to take these satirical elements and this particular kind of wit in isolation is to falsify the picture of a temperament that was essentially versatile. Jean-Baptiste Rousseau was no admirer of Voltaire's 'génie mordant et amer' but he took no major exception to a description of Voltaire sent to him for his approval and including the passage (Best.D878):

Tout le feu que vous trouvez dans ses ouvrages est dans ses actions. Vif jusqu'à l'étourderie, c'est une ardeur qui va et vient, qui vous éblouit et qui pétille.

We are left with the impression of a conversationalist in whom versatility was as marked as virtuosity. Whatever his satirical verve and his gifts for wit and ridicule, he cultivated and was known for a *gaieté* or *bonne humeur* in which no one type of humour dominated to the exclusion of other equally valid forms. 'Que je plains un Français quand il est sans gaîté' he wrote in *Les Deux siècles* (M.x.159) and he paid tribute to the society of madame de Fontaine-Martel (M.x.279):

---

[8] *Voltaire's British visitors*, eds. sir G. de Beer and A.-M. Rousseau, Studies on Voltaire (1967), xlix.89, 81, 102.
[9] *Voltaire's British visitors*, p.161.

C'est là qu'on trouve la Gaîté
Cette sœur de la Liberté,
Jamais aigre dans la satire,
Toujours vive dans les bons mots,
Se moquant quelquefois des sots,
Et très souvent, mais à propos,
Permettant au sage de rire.

Gaiety, therefore, was the antidote to ill-humour, the elixir of life, the hallmark of the well-adjusted temperament and it is closely connected in Voltaire's mind with witty, good-humoured conversation. Yet it was by no means escapist. On the contrary, humour for him was rooted deeply in realism and an unflinching recognition of the unpalatable facts of human existence. Jean-Jacques Rousseau was not far wrong in claiming that 'Il [Voltaire] n'écrit des gaietés que parce qu'il a l'esprit triste, et il ne fronde que parce qu'il craint' (Best.D17661 note). He was capable of deep happiness, spiritual renewal and serenity, but he could also write to his friend Richelieu (Best.D13502) that:

je n'ai jamais été gai que par emprunt. Quiconque fait des Tragédies et écrit des histoires est naturellement sérieux, quelque français qu'il puisse être.

His humour was founded in total honesty and it became the symptom of his refusal of nihilism and despair, not of *évasion* (Best.D13755):

je ris encore, et dieu merci je regarde ce monde comme une farce qui devient quelquefois tragique.

His humour was that of the ironist preserving his sanity against despair, or what a later generation would call *l'absurde*.[10] His profound sense of the irrational, injustice and the futility of human commitment placed him in the tradition of the Stoics, as well as the author of Job, Rabelais, etc. His humour was antiseptic, philosophical, even existential, liberating him to allow him to come to terms with his condition better than any serious response. Stoic fortitude was expressed by Voltaire through the moral resilience and buoyancy of humour. It preserved his clarity of mind, and allowed him to recharge his spiritual batteries without resort to bromides or other forms of consolation. There are too many statements by Voltaire on the philosophical basis for his humour for them to be overlooked:

[10] see H. Mason, 'Voltaire and Camus'.

Je ris des folies des hommes et des miennes [. . .] J'égaie mes maux par les
sottises du genre humain [. . .] il faut cultiver son jardin et se taire (Best.
D18383).
Vivez gaiement, moquez-vous de tout. C'est un très bon parti que j'ai pris
depuis longtemps (Best.D14946).
Ce n'est pas assez d'avoir du courage, il faut des distractions. L'amusement est
un remède plus sûr que toute la fermeté d'esprit (Best.D15483).

The relationship between his principles, his devotion to work and his
sense of humour as preservatives is specific (Best.D1359):

Malheur aux philosophes qui ne savent pas se dérider le front! Je regarde
l'austérité comme une maladie; [. . .] Il me semble que la vertu, l'étude et la
gaieté sont trois sœurs qu'il ne faut point séparer.

The activist, ironist and humorist in Voltaire are inseparable even
though at any given point in time we may be conscious of one more
than the other. His humour is part temperamental, part philosophical,
part aesthetic, and it may shade into both satire and a more genial
humour. Perhaps we should accept that the element of *bonne humeur,
gaieté* or 'humour' in Voltaire is fundamental, and that the differences
between this and what the English of the day called humour are less
significant than has been taken for granted to date, whilst making
obvious allowances for certain differences due to national temperament
and literary fashion.

One other point should perhaps be touched on briefly and that is
Voltaire's indecency, his recurrent obscenities and lapses from classical
decorum which occur more frequently in humorous writings than in
any other. His notebooks and conversation, and even his written letters,
facéties and *contes* are spattered with deliberate obscenity, like 'The
duke of Buckingham (Sheffield)' who 'walked as [if] he had shit himself
and looked as if he smelt it' (*Notebooks*, i.73). We need go no further in
this direction, but the plain inference is that Voltaire's private and
humorous writings and his conversation too[11] were unconstrained by
rules of classical taste. There was a very clear distinction in Voltaire's
mind between what he called 'mes véritables ouvrages' – his *Henriade*,
plays, histories, and works on Newton – and the others. 'Presque tout
le reste est un recueil de bagatelles' he noted to his friend Albergati in
1760 (Best.D9492). The point is important is so far as it places the

---

[11] 'With ladies he is rather indecent; as with the church, he is but too apt to be ludicrous',
Voltaire's British visitors, p.117.

humorous works firmly outside the bounds of any fixed aesthetic framework, and establishes the fact that they form, not a literary genre but a
sub-genre which evolved traditions uninhibitedly and spontaneously by
experiment and subject to no aesthetic constraints. Instead there took
place an open dialogue between the informed tastes of an *averti* class
of readers and the creative instincts of an emancipated author. The
normal dichotomy between formal and informal styles, public and
private writing was abolished and a hybridisation took place in which
new artforms appeared through inter-marriage, or cross-fertilisation of
very diverse elements. These included the forms parodied by the author,
the French tradition of satire which was bound to influence humour,
the house-style of parodied institutions such as the Sorbonne or the
Law, the letter form which had achieved new status on the fringes of
literature and above all else the private creative imperatives of Voltaire
the humorist.

Voltaire's humorous writings

It would be out of place here to discuss the features of each type of
humorous writing – the *facétie*, *conte* and letter in particular. Nor can
we, in the limits imposed by time, attempt a thorough survey of Voltaire's uses of satire, irony, parody and the like. It is proposed instead to
attempt a more limited purpose designed to complete what we have
already begun, namely to define the general nature of humour in Voltaire. This will be done by examining those elements of Voltaire's
satire, irony, parody and character-impersonation in his humorous
writings which give substance to the picture we have already sketched
in in outline. It is hoped to show, in other words, that however strong
the element of satire and irony in Voltaire in these humorous writings,
the overall pattern is more aptly described in terms of 'humour' or
'gaieté' than purely in terms of wit. 'A rose by any other name' the
sceptics may reply, and suggest that this merely offers a change in
terminology, but I hope to show otherwise. Humour in this sense is not
merely an amplification of what we have always termed 'wit' or in
French 'l'esprit de Voltaire', it is only properly describable as humour.

Satire and irony in Voltaire

Satire is the one element which could be adequately described as wit,
of course. It might be defined as direct ridicule, whereas many forms of

irony are oblique or dissimulating satire. Both satire and irony may be techniques of ridicule, or strategies for the attack on vices in general or an individual in particular. Both may suggest a certain depth of feeling in the attacker as he pillories the vice or denigrates his victim. The essential difference is in the fact that irony conceals its presence by dissimulation or masquerade. Very often too the techniques of irony involve a tactical or aesthetic concealment of feeling, a lowering of the temperature displayed as the feelings are presented through the intermediary of parody, allegory or impersonation. Emotion is refracted in the double vision of irony whereas satire is seen direct, and often undiminished.

You are familiar with the phrase 'S'il n'eût pas écrit il eût assassiné'[12] no doubt, and only Voltaire's satire has saved from oblivion the names of Desfontaines, Fréron, Trublet, Berthier, Nonotte, Lefranc de Pompignan, La Beaumelle, Coger, Larcher, Palissot, Chaumeix and *Covelle le fornicateur*. His vitriolic attacks on many of these were quite unscrupulous at times, impervious to the actual facts, abominable and show a singular capacity for sheer hatred, unreasoning and blind prejudice, ungovernable temper and an inglorious bloodlust. War was to extinction whether the victim were a vice or an individual. And in such cases satire was the natural and preferred weapon until the temperature cooled:

Le ridicule vient à bout de tout, c'est la plus forte des armes [. . .] C'est un grand plaisir de rire en se vengeant (Best.D13374).
J'ai toujours fait une prière à Dieu, qui est fort courte. La voici: *Mon Dieu, rendez nos ennemis bien ridicules!* Dieu m'a exaucé (Best.D14181).

The artistry of such naked attacks is often questionable, and the satirical weapons he deploys are common to the arsenal of all satirists: reductionism (*reductio ad absurdum*), the wounding leitmotiv (Berthier's yawning virus, Rousseau *à quatre pattes*, *gigot de vieille femme corsaire* in *Candide*), the adhesive sobriquet (Jean Fréron, for Jean-Foutre, *Covelle le fornicateur*, Pococurante, Pangloss, maître Aliboron), refrains such as *mangeons du jésuite*. His attacks could be cold furnaces as in his exposure of French barbarity, incompetence and ignorance in the *Discours aux Welches*. These unregenerate latter-day Gauls, he wrote, lack all redeeming virtues except 'une vingtaine de bons écrivains que

---

[12] quoted in Desnoiresterres, *Voltaire et la société au XVIIIe siècle* (Paris 1867-1876), vii.350.

vous avez presque tous négligés ou persécutés pendant leur vie'.[13]
In such pieces wit is little different to naked aggression:

Vous avez rendu service au genre humain en vous déchaînant sagement contre les ouvrages faits pour le pervertir [Montesquieu's *Esprit des Lois*, no less]. (*Remerciement sincère à un homme charitable*)[14]

And in the *Lettres à m. de Voltaire sur la Nouvelle Héloïse*:

Pour ennoblir les personnages et le lieu de la scène, Jean-Jacques a choisi pour son théâtre un petit pays sujet d'un canton suisse. Le principal personnage est une espèce de valet suisse qui a un peu étudié [. . .] Le petit valet, philosophe suisse, débite à Julie son écolière la morale d'Epictète, et lui parle d'amour. Julie, en présence de sa cousine Claire, donne à son maître un baiser très-long et très-*âcre* dont il se plaint beaucoup, et le lendemain le maître fait un enfant à l'écolière. Les dames pourraient croire que c'est là la conclusion du roman; mais, voici, monsieur, par quelle intrigue délicate, par quels événements merveilleux ce roman philosophique dure encore cinq tomes entiers après la conclusion.[15]

He can transform a *Lettre d'un Quaker à Jean-George Lefranc de Pompignan* into a hail of condescending derision, belittling, patronising, dismissing: 'N'es-tu pas l'auteur', 'De bonne foi'; 'Crois-moi'; 'Et tu prétends'; 'tu allègues'; 'Je t'ai charitablement indiqué ton devoir'; 'Ami Jean-George'; 'lorsqu'on est superficiel et ignorant'; 'tu fais d'étranges bévues, de terribles *blunders*'; 'On veut passer pour bel esprit dans son village et à Paris'; 'cette rapsodie'; 'le galimatias'; 'Adieu Jean-George'.[16] Euphemism, contemptuous belittlement, distorted perspective, smearing with suggestions of debauchery, ignorance, rustic simplicity, overstatement to underline and expose under-achievement, and the choice of vocabulary habitually used for dismissive criticism. Narrative becomes stripped to the bone to show delicacy as crudity, emotion is dehydrated into the most basic of urges and vices. All such pieces amply justify the image of Voltaire in the terms made popular by Flaubert, and echoed by Stendhal and Gide.

Parody in Voltaire

If we have to distinguish between mere techniques of satire and *artistry* in the satire, then parody and irony introduce an entirely new process of refraction of emotion through a narrative framework or allegory, or else through dramatis personae and narrator.

[13] *Facéties*, ed. J. Macary, p.189.   [14] *Facéties*, p.33.   [15] *Facéties*, p.133.
[16] *Facéties*, pp.174-83.

Voltaire's elaborate counterfeits and literary disguises were designed to be transparent. He often narrates in borrowed clothes or like the cuckoo lays his literary eggs in other nests. In *Candide* he indulged in a multiple and kaleidoscopic parody of the picaresque adventure novel of his day, the romance and a philosophical system. In the *Lettres philosophiques*, as Julie Epstein has demonstrated, he did likewise for the fictional letter form.[17] His *contes* throughout are echoes of the oriental tale with additional seasoning. In the *Facéties* he dresses individual pieces in the specific styles of an Inquisition document, a sermon from the Hebrew and one from a Protestant pastor in Basle. There is an *instruction pastorale* by a bishop, a *plaidoyer*, *homélie*, letters galore, a *requête*, record of the Parlement de Paris, etc. And they are signed by an incredible gallery of supposed writers whose credentials are displayed in full glory, and whose style is mimicked to a nicety: a Roman inquisitor, the Berlin Academy, the Sorbonne faculty of theology, a German officer, the emperor of China, a rabbi, bishop of Alétopolis, archbishop of Novgorod, a quaker, citizens of Geneva, mufti of the Ottoman Empire, a professor of Salamanca university, a Besançon lawyer, Capucin monk and the archbishop of Canterbury. And then there are those inventive names Clocpicre, Charles Gouju, Merry Hissing, father Escarbotier, brother Pediculoso, saint Cucufin, Akakia; and also real-life characters Berthier, Lefranc de Pompignan, Jean-Jacques Rousseau, Omer de Fleury, Nonotte etc.

Each piece pursues its elaborate code, as a pastiche of content and style, the greater the realism in style, the greater the comic potential. We are familiar with the caricatural deformation of the characters and of the narratives, the heightened tempo, the dehydration of psychological detail, the silent cinema gallop, the inevitable *gauloiseries*, the continual shifts in focus, the virtuoso ventriloquism of vocal styles, the continual intervention of our barometer simpleton, these have been adequately discussed by all the critics. Where then does this lead us?

The suggestion we make is that this *jeu*, for that is what it may become, is entirely different aesthetically from the naked satire of our earlier examples. Author and reader enter into a different relationship, the very activity of miming the models we parody, and mimicking their characters becomes a form of display or performance for which the specific target is increasingly a pretext rather than the centre. The skills and

---

[17] J. Epstein, 'Voltaire's English voice, authority and correspondence in the *Lettres philosophiques*' (unpublished Ph.D., Cornell 1977).

agility involved in constructing these episodes take on something of the nature of a histrionic performance in which the author himself is 'in concert' to use a modern term, *en jeu* might be more accurate. The rapport that establishes itself between the 'raconteur' and his select audience has been stressed by more and more critics of the *conte* and most recently by the editor of Voltaire's *Défense de mon maître*.[18] One of the most remarkable examples of this *jeu*, brilliantly played by Voltaire, is the much under-estimated *Pot-pourri* in which the parallel frames of Merry Hissing's weariness of human and institutional evil and that of Polichinelle, the *Commedia dell'arte* puppet representing instinctual cruelty, violence and sensuality finally converge in an Ionesco-like situation. The counterpoint of the two themes is superbly orchestrated and for those sensitive to the full import of the Polichinelle theme the meaning is implicit. This guignolesque ironical parallelism shading from grotesque parody into reality is one of the most wounded, despairing statements in Voltaire but refracted through this farcical counter-theme.[19]

The closer one comes to Voltaire the more one feels the truth of André Delattre's criticism:

[Voltaire] a la pudeur de ses sentiments intimes [. . .] Les rares fois où il touche à ses sentiments personnels, il transpose aussitôt en ricanements, en quolibets, en bouffonnerie [. . .] Il y a chez Voltaire le besoin de bouffonner quand il parle de choses sérieuses [. . .] Voltaire a ceci de classique qu'il est porté naturellement à la litote, quand il exprime ses émotions.[20]

Voltaire's letters leave no doubt as to this emotional reticence. He habitually veers away from what he sees as the ridicule of self-exposure, pedantic statements and publicisation of private grief and feelings, by self-disparagement, a diversionary change in subject or some humorous release of the accumulating emotional tensions. Yet the same move can be prompted by a quite different feeling, not *pudeur* but sheer high spirits.

Impersonation and masquerade in Voltaire

In this discussion of Voltaire's narrative impersonation and stylistic disguises we have so far totally ignored the most important element

---

[18] *La Défense de mon maître*, ed. J. M. Moureaux, pp.148-49.

[19] *Facéties*, pp.296-309.   [20] A. Delattre, *Voltaire l'impétueux*, pp.9-12.

which is character-impersonation. Even in his letters it is evident that he is a past master at playing the roles dealt him by his many correspondents, even though he protested the contrary (Best.D15517):

> On se met sans peine au ton de ceux à qui on parle; il n'en est pas de même quand on écrit; c'est un hazard si l'on rencontre juste.

For Voltaire this epistolary role-playing was no mere courtesy gesture but the adoption of a specific identity or *persona* vis-à-vis his correspondent. There are some remarkable examples of this in the correspondence. One of the most striking is his famous letter to Rousseau on the receipt of the latter's second Discourse. His glib 'J'ai reçu, Monsieur, votre nouveau livre contre le genre humain' (Best.D6451) was a brief doffing of the cap to the public persona he was reliably informed that Rousseau was affecting, and he matched this with a posture he felt expected of him. The change of mood to serious discussion of the 'épines attachées à la littérature' leaves no doubt as to the deliberate nature of this shift in *personae*. On another occasion he wrote to a doctor in anatomical detail (Best.D5117):

> Votre lettre, Monsieur, vos offres touchantes, vos conseils, font sur moi la plus vive impression, et me pénètrent de reconnaissance. Je voudrais partir tout à l'heure, et venir me mettre entre vos mains, et dans les bras de ma famille. J'ai apporté à Berlin environ une vingtaine de dents, il m'en reste à peu près dix. J'ay apporté deux yeux. J'en ai presque perdu un [. . .] Je n'ai pas l'air d'un jeune homme à marier. Mais je considère que j'ai vécu près de soixante ans, que cela est fort honnête, que Pascal, Alexandre et Jésus Christ n'ont vécu qu'environ la moitié et que tout le monde n'est pas fait pour aller dîner à l'autre bout de Paris à 98 ans comme Fontenelle. La nature a donné à ce qu'on appelle mon âme un étui des plus minces et des plus misérables.

A more salacious note enters a letter to the commander of the French troops on behalf of a despairing genevese bride, seeking the release of her pamphleteer husband. Voltaire dials the *persona* that will tempt the palate of this dinner guest (Best.D15293):

> Je suis obligé en honneur de rendre compte à votre Exse de ce qui vient de m'arriver. Une dame fort jolie et fort affligée est venue chez moi. Je n'ai pas à mon âge de quoi la consoler, elle m'a assuré qu'il n'y avait que vous qui puissiez lui donner de la consolation. J'ai le malheur, m'a-t-elle dit, d'être la femme d'un poète – Votre mari, est-il jeune, Madame, fait-il bien des vers? – Ah, Monsieur, il les fait détestables. – Cela est fort commun Madame, mais que peut un Ambassadeur de France contre la rage de faire de mauvais vers?

As well as these extended *personae*, there are briefer touches, to set or alleviate a mood: 'Je vous écris d'une main lépreuse'; 'Je me lève de mon tombeau pour vous écrire'; 'Ayant encore, Monsieur, le ridicule de n'être point mort'; 'Sire, grand homme, que vous m'instruisiez'; 'Le vieux malade sera fort aise'; 'Mon cher Ange'; 'Mon héros sait que'; 'Madame Gargantua, pardon de la liberté grande'; 'Mon cher maître'; 'Mon cher Cicéron'; 'Belle Melpomène'; 'Je ne suis plus de ce monde-ci, Madame'. Emotional tension in letters naturally found release in a stylised image, a touch of humour, a delicate shift of subject matter (Best.D4307). Self-mimicry, a witticism, an anecdote provided *divertissement* in both senses of the word. Voltaire continually withdrew into mimesis, into self-caricature, taking a comic distance from events. His much adapted self-portrait in Pococurante is evidence enough . . . nil admirari, pas de zèle, déjà-vu, the jaded palate and languid lethargic. Merely one of the surrogate selves he creates as a release mechanism in his life and his works.

Even as early as in his *Lettres philosophiques* he created a simplistic *persona*, slightly pompous, chauvinistic, the guileless observer and foil to the Quaker, before facing Newton's theories in his own shoes. In the *contes* we are very familiar with the naive (*candide* or *ingénu*) observer, an innocent observer in a cruel world. But behind all of these puppet-characters we hear the authorial voice of the *raconteur*, who mimics the voice but with his own ironical inflexions as a descant to the script he dramatises before his guests. In the conte Voltaire achieves a multi-dimensional effect as the author-raconteur mimics the *persona* and accent of his caricature-creations. The narrative and its parody excursions into the picaresque novel, medieval romance tales, the contemporary sentimental novel, or philosophical theories become a continual series of perspective shifts, and feigned accents, set off at times by the transparent irony of the raconteur-writer. Emotion is constantly transmuted, filtered, distanced, but equally well the comic itself continually betrays emotion.

Voltaire's compulsive role-playing is certainly not without an element of irony, nor of parody, but these by themselves are not an adequate description of the charismatic performances, and the virtuoso orchestrations of mood, theme and voices, his constant ventriloquism and the atmosphere of playful humour. Wit and satire are dominant chords in Voltaire's intellectual output but, in his humorous writings as in his conversation, Voltaire also reveals *gaieté* and humour. Parody, masquerade or character impersonation and satirical wit and irony form the main elements in what Jean Sareil has called 'un milieu d'humour en perpétuelle mutation'.[21] Yet we should note that this constantly shifting and self-renewing humour may arise from *pudeur* just as much as *gaieté*, since if *gaieté* is the symptom of *bonne humeur*, it is also Voltaire's deliberate response to ill-humour.

In all this charismatic masquerade, an important element we have so far ignored is the reader or audience. In the same way in which we sense the presence of the author behind his puppet creations in the *conte*, and the writer behind the epistolary roles he plays, we perceive ourselves less as passive readers than as active, responding members of an intimate listening circle, a privileged and intimate circle of chosen friends, in dialogue with the author-narrator-actor-puppeteer. If Diderot interpolates his reader in mid-story in *Jacques le fataliste*, Voltaire spares us this disturbance but he still gives us the impression that the narrative is merely the pretext for a display of his skills and that we, the audience, are embraced and enfolded in the ambient good-humour of this brilliant conversationalist and *conteur*. Conversion is almost subliminal in the *conte*.

Voltaire's humour is refractive, no doubt like all humour. Voltaire's mind itself constantly refracted the angle of observation by shifts in presentation, and by the rapid succession of moods, ironical, satirical, smiling, *badin*, witty, euphemistic, gay, fantastic. Our focus is constantly being shifted and our emotional responses stirred and then suspended. Voltaire felt a deep-seated need to transfer his deepest feelings to a surrogate artistic creation, to distance them, to insulate himself from the gaze of others and so restore his native good humour, his moral resilience or buoyancy.

Aesthetic implications

The free adaptation of these humorous sub-genres, independent of any external aesthetic constraints has already been touched on. A dominant force in the gradual, spontaneous emergence of a humorous literature with recognisable aesthetic characteristics was the kinship between them and Voltaire's conversation. The grammar of oral discourse was different from that of the written, it lacked the rhetorical and stylistic artifice of the written tongue of the day, and it had a quality

[21] J. Sareil, *Essai sur Candide*, p.96.

of its own in fashionable, leisured society. Still more importantly, it allowed the language to mimic the inflexions that the spoken tongue conveys by accent and emphasis rather than by structures, and it was peculiarly the style of the *conteur*. Hence Voltaire's humour created with it a hybrid oral-written form which permitted a form of humour that would have been less accessible within the structures of the formal written language.

Conclusion

We have had a limited purpose in this brief essay, to show humour as a reality in Voltaire's life despite the apparent lack of a term to cover it, and despite the widespread assumptions that the French mind is characterised by *esprit*, and Voltaire its supreme representative. Humour has been shown to be perfectly familiar to the French under the names *bonne humeur, belle humeur* or *gaieté*, which Voltaire himself equated with the English term 'humour'. Not merely is there ample evidence from the correspondance and elsewhere of the importance of *gaieté* in contemporary assessments of Voltaire, but the characteristic quality of his humorous writings goes well beyond wit – and develops a charismatic humour in new literary forms strongly influenced by speech forms and by the humour visible in his conversation and in his letters. I think few who read Voltaire will have been very surprised by this portrait of Voltaire the humorist, but we might now feel less uneasy in speaking of Voltaire's sense of humour. After all the English have no monopoly of humour, nor for that matter of spleen, melancholy and bad weather.

'L'univers en raccourci': quelques ambitions du roman voltairien

JACQUES SCHERER

～～～✺～～～

QUAND Voltaire publie son premier roman, il a cinquante-quatre ans; mais il ne cessera plus guère d'écrire des romans jusqu'à sa mort. Cette étrange répartition ne s'explique pas seulement par des considérations esthétiques. Certes, l'auteur d'*Œdipe* et de la *Henriade* place la tragédie et l'épopée au sommet de la hiérarchie littéraire; c'est bien pourquoi il commence sa carrière en s'affirmant dans ces genres. Mais, le roman une fois découvert, il n'a jamais cherché à en exalter la dignité pour l'élever au niveau des formes que ses contemporains comme lui-même jugent les plus prestigieuses. Au contraire: le roman reste un genre méprisé et méprisable, même sous la plume de Voltaire romancier. M. S. Paul Jones a compté que, sur 946 romans nouveaux publiés dans la première moitié du XVIIIe siècle, 134 seulement sont signés par leurs auteurs;[1] c'est donc que les 812 autres sont ressentis comme légèrement honteux, voire presque clandestins. La correspondance de Voltaire, qui abonde en commentaires, confidences et conseils sur son œuvre théâtrale, est presque muette sur ses romans; quand elle en parle, c'est souvent pour nier que Voltaire en soit l'auteur,[2] ou pour les traiter de 'sottises'.[3] Lorsqu'il s'agit d'expliquer la genèse de *Zadig*, le ton se fait, au mieux, condescendant. Son secrétaire, Longchamp, remarque que 'personne n'aurait soupçonné' ces 'petits ouvrages' nés dans les divertissements de Sceaux 'd'être sortis de la même plume qui avait écrit *La Henriade*, *Œdipe*, *Brutus*, *Zaïre*, *Mahomet*, etc.'.[4] D'un côté les grandes œuvres,

---

[1] *A List of French prose fiction from 1700 to 1750* (New York 1939), p.xiii.

[2] voir par exemple, en ce qui concerne *Zadig*, la lettre à d'Argental Best.D3759.

[3] lettre à Panckoucke du 24 mai 1764, Best.D11889.

[4] *Mémoires sur Voltaire*, de S. G. Longchamp et J. L. Wagnière (Paris 1826), ii.152; voir la note 30.

de l'autre des fantaisies qui ne méritent que l'indulgence. Mais dans d'autres textes, qui ne sont pas tous antérieurs à *Zadig,* Voltaire est beaucoup plus dur pour le genre romanesque. Il écrivait en 1733 dans son *Essai sur la poésie épique:* 'Si quelques romans nouveaux paraissent encore et s'ils font pour un temps l'amusement de la jeunesse frivole, les vrais gens de lettres les méprisent.'[5] Dans la *Pucelle,* publiée seulement en 1755, mais commencée vers 1730, il évoquait

> ce fatras d'insipides romans
> Que je vois naître et mourir tous les ans,
> De cerveaux creux avortons languissants.[6]

Et dans le *Siècle de Louis XIV* de 1751: 'On est bien éloigné de vouloir donner ici quelque prix à tous ces romans dont la France a été et est encore inondée; ils ont presque tous été, excepté *Zaïde,* des productions d'esprits faibles qui écrivent avec facilité des choses indignes d'être lues par les esprits solides.'[7] Par des déclarations de ce genre, Voltaire se fait, en apparence, l'écho docile d'une sévérité générale. C'est son ancien maître, le père Porée, qui a prononcé, le 25 février 1736, un discours incendiaire contre les romans. C'est l'année suivante, semble-t-il, qu'un décret du chancelier d'Aguesseau aurait institué une véritable proscription des romans.[8] La décision de Voltaire de devenir romancier, à un âge relativement tardif, s'explique donc, dans cette perspective, comme une contestation de l'esthétique sociale régnante à laquelle il semblait adhérer jusqu'alors et presque comme une rupture avec la société installée. Mais Voltaire est prudent, et préserve les apparences. Il continue à feindre de mépriser les romans lorsqu'il s'est fait romancier. Il ne publie ses œuvres romanesques, après les avoir d'abord désavouées, qu'en les classant dans la catégorie trompeuse et minimisante de 'Romans et contes'.[9] L'orientation nouvelle de son imagination créatrice vers 1747 n'en dénote pas moins une cassure profonde, sans doute provoquée par une véritable angoisse et elle-même génératrice d'angoisse. C'est en effet le moment où s'écroule l'espérance de Voltaire de devenir au royaume de France un personnage important et surtout officiel. Les honneurs s'étaient accumulés sur lui pendant les années immédiatement précédentes: il avait été nommé historiographe du roi, membre de

---

[5] cité par G. May, *Le Dilemme du roman au XVIIIe siècle* (New Haven 1963), p.9.
[6] May, p.233.   [7] May, pp.9-10.   [8] voir May, ch.3.
[9] la distinction entre le sens de ces deux mots, au XVIIIe siècle, n'est pas nette, et Voltaire, qui persiste à juxtaposer les deux appellations, n'a rien fait pour l'éclaircir.

l'Académie française, gentilhomme ordinaire de la chambre du roi. Mais Louis xv ne l'aimait pas et la chute de son protecteur d'Argenson devait nécessairement entraîner la sienne. Bientôt il suivra mme Du Châtelet auprès du roi Stanislas, il verra mme de Pompadour lui préférer Crébillon, puis ce sera l'aventure de Berlin ... Bref, son avenir n'est plus en France. Le recours au roman est l'expression littéraire, mais vengeresse, du désarroi qu'entraîne cette crise dans la sensibilité de Voltaire.

Toutefois, l'existence du *Voyage du Baron de Gangan* dès 1739 incite à ne pas trop durcir la chronologie de cette crise. Ce roman, aujourd'hui perdu, envoyé par Voltaire à Frédéric ii en juin de cette année-là, avait déjà quelques-uns des caractères de *Micromégas*, qui en est sans doute la refonte. Par la réponse de Frédéric du 7 juillet 1739, nous savons que ce Baron de Gangan était un 'voyageur céleste', qu'il avait en lui 'quelque satire et quelque malice' et que par lui Voltaire abattait 'l'orgueil et la présomption'. C'est donc déjà à Cirey, c'est-à-dire à une époque où Voltaire n'a pas encore définitivement rompu avec la France officielle ni avec les délices de la vie parisienne (auxquels se substitueront plus tard d'autres Délices) qu'il commence, en empruntant la voie du roman, à se définir comme un opposant social. Il n'y a là ni novation ni contradiction. Le scandale des *Lettres philosophiques*, le projet de la *Pucelle* et même déjà le conflit avec le chevalier de Rohan faisaient prévoir l'engagement dans le genre romanesque. Qui sait même si le Baron voyageur de 1739 n'est pas la réplique malicieuse de Voltaire à l'interdiction qui, quelques mois auparavant seulement, aurait instruit de plus prudents à s'abstenir? En tout cas, ces hardiesses de Voltaire ne sont nullement incompatibles avec la recherche persévérante de l'approbation d'une société que pourtant l'on conteste. Ce paradoxe est même souvent constitutif de l'homme de lettres, dans la mesure où celui-ci critique la société à laquelle il s'adresse. Ainsi par exemple Voltaire, si critique de Paris et dont le théâtre est si constamment critique, ne laissera pas de destiner presque toute sa production théâtrale à la Comédie-Française, qui reste pour lui le premier théâtre du monde.

Le roman voltairien a beau être agressif, il ne vise jamais bas. Il se définit au contraire par rapport à un idéal extrêmement élevé, que certains détails permettent d'entrevoir; mais, faute de pouvoir réaliser cet idéal exigeant, Voltaire a été contraint à des innovations décisives qui font l'originalité de sa technique romanesque. Le roman qu'il admire et qu'il se sait incapable d'écrire, c'est celui qui parle au cœur, qui présente des situations aussi vraies que la vie réelle de son lecteur et qui, par ce réalisme supérieur, engage à l'action. Si le roman n'est pas à la fois peinture sensible et règle de vie, il n'est rien. Dans l'*Ingénu*, la belle Saint-Yves 's'était bien formée dans son couvent pa les romans qu'elle avait lus à la dérobée'.[10] Il y a certes plusieurs manières de se former, ou de se déformer, par des romans. Mais ici, la cure de lecture de la belle Saint-Yves est décisive, tout au moins pour l'animation du personnage: celui-ci, totalement passif jusque là, devient, en partie parce qu'il a lu des romans, capable de prendre des initiatives importantes et d'assumer son destin. A la Bastille, l'Ingénu, lui aussi, a le loisir de lire des romans. Mais il est déçu: 'Il lut quelques romans nouveaux; il en trouva peu qui lui peignissent la situation de son âme. Il sentait que son cœur allait toujours au delà de ce qu'il lisait' (ch.14, p.262). Même regret d'une inadéquation entre le roman et son lecteur dans la *Princesse de Babylone*. Cette princesse attend sur la côte hollandaise un vent favorable pour passer en Angleterre. Comme le vent ne vient pas, elle se fait lire des romans par sa femme de chambre: 'elle espérait qu'elle trouverait dans ces histoires quelque aventure qui ressemblerait à la sienne et qui charmerait sa douleur'; mais elle 'ne trouvait rien [. . .] qui eût le moindre rapport à ses aventures; elle interrompait à tous moments la lecture pour demander de quel côté venait le vent' (ch.7, p.381).

Dans le *Droit du seigneur*, comédie de 1762, l'éloge des romans est incomparablement plus enthousiaste et d'autant plus significatif qu'il est totalement inutile à l'intrigue. La jeune Acanthe parle en ces termes à Colette des romans qu'elle a lus (acte II, scène iii):

> Que les romans rendent l'âme inquiète!
> [. . .] Ils forment trop l'esprit:
> En les lisant le mien bientôt s'ouvrit;
> A réfléchir que de nuits j'ai passées!
> Que les romans font naître de pensées!
> Que les héros de ces livres charmants
> Ressemblent peu, Colette, aux autres gens!
> Cette lumière était pour moi féconde;
> Je me voyais dans un tout autre monde.

Educatif, mais idéalisé, le roman parfait introduit à un univers semblable au nôtre et pourtant merveilleux. Acanthe, devenue amoureuse d'un Marquis, constate l'identité surnaturelle du monde romanesque et du monde réel:

[10] ch.13, p.259. Toutes les références renvoient à l'édition des *Romans et contes* de Voltaire, de H. Bénac, (Paris 1970).

Il me parla... Depuis ce jour, ma chère,
Tous les romans ont le don de me plaire;
Quand je les lis je n'ai jamais d'ennui;
Il me paraît qu'ils me parlent de lui.

Quel romancier, avant Voltaire, mérita pareils éloges? Sans doute aucun. Le premier roman français conforme aux exigences voltairiennes sera peut-être la *Nouvelle Héloise*, et bien entendu Voltaire ne l'avouera jamais. Puis les grands romans du XIXe siècle exprimeront à leur tour cette ambition à la fois morale et métaphysique, qui fera encore, au XXe, le retentissement de l'œuvre de Proust.

Cet idéal que Voltaire a su former mais qu'il sent impossible à atteindre va être remplacé par une pratique paradoxale qui, sur beaucoup de points, va prendre le contre-pied des médiocres romans qui ont précédé. Le dilemme du roman pré-voltairien était constitué, comme l'a montré la belle étude de G. May, par l'impossibilité de choisir entre l'invraisemblance reprochée au romanesque précieux et la brutalité d'un réalisme trop choquant. Voltaire vide ces termes de leur contenu traditionnel en renonçant à la fois à un certain réalisme et à une certaine vraisemblance. Faute de pouvoir être un miroir de tout l'homme, son roman ne sera plus un miroir du tout. Aussi sera-t-il amené à des solutions radicales sur des problèmes fondamentaux, celui du rapport de l'auteur avec son œuvre, celui de la conception du personnage, celui de la crédibilité, celui de la justification des événements, celui enfin du sens même du roman.

L'auteur tient souvent son roman à distance. Même lorsqu'est déposé le masque d'un anonymat initial, le roman n'accepte pas de se présenter avec le lien charnel et réel qui l'unit à celui qui l'a écrit. Il affecte, par une convention qui ne trompe personne, d'être une traduction ou une transmission plus ou moins indirecte. *Zadig* affirme être 'la traduction d'un livre d'un ancien sage', écrit d'abord en chaldéen, puis traduit en arabe ('Epître dédicatoire', p.1). *Le Monde comme il va*, bien qu'écrit à la troisième personne, se présente comme une 'Vision de Babouc, écrite par lui-même'. L'*Histoire des voyages de Scarmentado* a également été 'écrite par lui-même', cette fois-ci à la première personne. *Candide* se déclare 'traduit de l'allemand de M. le Docteur Ralph'. L'histoire de l'*Ingénu* aurait été 'tirée des manuscrits du P. Quesnel'. *Les Lettres d'Amabed* sont exclusivement constituées par les lettres qu'Amabed aurait écrites, et en outre elles ont été 'traduites par l'abbé Tamponet'. L'*Aventure indienne* se prétend 'traduite par l'Ignorant'.

L'*Eloge historique de la raison*, nous donne-t-on à croire, a été 'prononcé dans une Académie de province par M . . . ' L'*Histoire de Jenni* aurait pour auteur un Mr. Sherloc et ne peut, elle non plus, se passer d'un traducteur, qui serait Mr. de la Caille. Le *Taureau blanc* est 'traduit du syriaque par Mr. Mamaki, interprète du roi d'Angleterre pour les langues orientales'. Que de traducteurs! Leur fonction semble être d'éloigner les textes et de les attribuer à des auteurs inconnus ou introuvables. Ces procédés conduisent à penser que l'auteur d'un roman voltairien est n'importe qui, sauf Voltaire. Naturellement, il s'agit d'une distanciation pour rire, dont les contemporains n'étaient pas dupes. Elle montre néanmoins l'ambivalence de la position de Voltaire romancier, qui feint de ne pas vouloir se laisser attribuer ses propres romans.

La conception du personnage participe aussi à cette attitude auto-destructrice que permet d'entrevoir, sur le mode plaisant, la prolifération des prétendues traductions. Certes, le héros du premier roman que Voltaire publie possède toutes les perfections conventionnelles qu'on attribuait avec une générosité sans limites à ses prédécesseurs de l'ordre romanesque ou théâtral: Zadig est beau, robuste, intelligent, bon, et par-dessus tout honnête; il sait tout, il comprend tout. Ce sont donc les imperfections du monde, et non lui-même, qui sont responsables de ses malheurs. Mais bientôt la perspective va changer. Candide n'est plus du tout un héros parfait. Il a simplement 'les mœurs les plus douces', 'le jugement assez droit' et 'l'esprit le plus simple' (ch.1, p.137). A proprement parler, Candide, au début du roman, n'est rien. Il n'a ni famille véritable, ni situation sociale, car ses fonctions au château, s'il en a, ne sont pas définies, ni lieu d'origine où il pourrait revenir: chassé du château dès la fin du premier chapitre, il court le monde sans but réel. Il n'a même pas de nom, car Candide n'est qu'un surnom. Bref, il existe aussi peu que possible comme personnage romanesque. Il n'est que la table rase sur laquelle vont s'inscrire toutes les expériences que Voltaire voudra lui infliger. Il est l'illustration parfaite jusqu'au paradoxe du mythe primitiviste qu'ont cultivé avec ravissement des auteurs aussi différents que, par exemple, Marivaux, Condillac, ou . . . Jean-Jacques Rousseau. On ne peut pas dire non plus que *Candide* soit un roman d'expérience: le héros a plus de bon sens à la fin qu'au début, mais la somme de ses idées, à part qu'il faut cultiver son jardin, ne s'est guère enrichie. L'Ingénu est une autre version de Candide, mais avec plus d'éléments positifs. Comme Candide, l'Ingénu n'a pour nom qu'un surnom; comme lui, il est ignorant, naïf, mais point sot; plus que Candide, il est capable d'affirmer, sans doute parce qu'il 'avait l'esprit juste' (ch.6, p.240); son bon sens huron lui permet de dénoncer bien des artifices de l'idéologie qui règne en France. Surtout, Voltaire insiste sur le fait que son bon naturel n'a pas été gâté par une éducation aberrante: 'Sa conception était d'autant plus vive et plus nette que, son enfance n'ayant point été chargée des inutilités et des sottises qui accablent la nôtre, les choses entraient dans sa cervelle sans nuage' (ch.3, p.231). Et encore (ch.14, p.261): 'N'ayant rien appris dans son enfance, il n'avait point appris de préjugés. Son entendement, n'ayant point été courbé par l'erreur, était demeuré dans toute sa rectitude. Il voyait les choses comme elles sont, au lieu que les idées qu'on nous donne dans l'enfance nous les font voir toute notre vie comme elles ne sont point.' Aussi, n'étant point déformé par l'admiration pour un Pangloss, l'Ingénu ira-t-il plus loin que Candide: il deviendra 'un excellent officier' et 'un philosophe intrépide'.[11] Le passage du héros parfait au héros vide marque l'abandon par Voltaire de l'ambition psychologique qui était fondamentale chez ses prédécesseurs; aussi bien les réussites de mme de La Fayette, de l'abbé Prévost et de Marivaux étaient-elles difficiles à égaler. Voltaire conserve l'idéal du roman profondément humain, qui parle à l'âme du lecteur et est le miroir de cette âme. Mais il en prend, en fait, le contre-pied. Son roman est inhumain. On le voit mieux encore, dans l'œuvre-limite qu'est *Candide*, au fait que plusieurs personnages, au lieu d'être dotés d'une raisonnable constance que leur recommandait déjà Aristote et qui permettrait de tracer d'eux un portrait réaliste, connaissent des variations étonnantes, subites et inexpliquées de leur être même. Cunégonde, pendant la plus grande partie du roman, est 'extrêmement belle' (ch.1, p.138), non seulement aux yeux de Candide, mais d'une manière suffisamment objective pour que le gouverneur de Buenos Ayres veuille l'épouser; puis, au chapitre 27 (p.212), 'elle est devenue horriblement laide'. Pangloss est transformé par la vérole au point d'être méconnaissable; il n'est plus, lorsque Candide le retrouve en Hollande, qu'un 'fantôme' (ch.4, p.143). Pour Paquette et frère Giroflée, à Venise, le passage du bonheur, au moins apparent, au malheur, au moins confessé, n'est pas moins brusque. Les personnages passent également, avec la facilité la plus déconcertante, non seulement de la vie à la mort, ce qui est banal, mais de la mort à la vie. Sauf Candide lui-même, puisque c'est

---

[11] ch.20, p.282. Sur ces questions, voir W. H. Barber, *Voltaire: Candide* (London 1960), pp.18-19.

de son point de vue que le récit est présenté, tous les principaux personnages passent par l'épreuve de la fausse mort: Pangloss, Cunégonde et son frère sont considérés comme morts, parfois pendant fort longtemps, avant qu'ils ne ressuscitent. Cette réversibilité du beau et du laid, de l'heureux et du malheureux, et même du mort et du vivant, avertit que les personnages ne sont que des signes. Comme ceux de l'algèbre, ils peuvent être positifs ou négatifs. S'ils sont humains, ce n'est que par surcroît. Ils servent avant tout à démontrer quelque chose.

Si les personnages sont ainsi orientés par des abstractions, il en sera de même pour leurs rapports. C'est dans la *Princesse de Babylone* qu'éclate surtout l'artifice de l'intrigue. Elle est fondée sur un malentendu, qu'il serait aisé de dissiper à tout moment, et qui sépare, malgré leur amour réciproque, Amazan et la princesse. Le héros fuit en conjuguant, par une alliance fort peu vraisemblable et que Voltaire lui-même déclare 'inconcevable' (ch.6, p.379), le désespoir et la fidélité; mais, comme il est fort séduisant, à peine arrive-t-il dans un pays qu'une bonne fortune se présente à lui, et qu'il doit fuir à nouveau. Tout aussi automatiquement, la princesse, conformément à un schéma romanesque fort usé et que Voltaire ne s'est en rien soucié de renouveler, le poursuit dans le monde entier. La formule de cette mécanique est donnée avec la plus grande clarté dans le roman même (ch.6, p.379): 'La princesse de Babylone avec le phénix le suivait partout à la piste, et ne le manquait jamais que d'un jour ou deux, sans que l'un se lassât de courir, et sans que l'autre perdît un moment à le suivre.' Dans ces courses éperdues, il faut se hâter de procéder à la description satirique des lieux qui est le principal avantage littéraire du thème du voyage; encore cette description est-elle sans rapport avec les sentiments réels des personnages, et Voltaire a bien vu que cette absence de rapport serait, pour une esthétique humaniste, une cause de faiblesse du roman. Quand il est question des querelles religieuses à Paris, il remarque (ch.10, p.393): 'Amazan ne savait rien de tout cela; et, quand il l'aurait su, il ne s'en serait guère embarrassé, n'ayant la tête remplie que de la princesse de Babylone, du roi de l'Egypte, et de son serment inviolable de mépriser toutes les coquetteries des dames, dans quelque pays que le chagrin conduisît ses pas.' Sur d'autres points, les motivations des personnages peuvent être fort arbitraires. Ainsi, vers la fin du roman, avant l'explication du malentendu, Voltaire nous informe que la princesse voulait 'oublier, si elle pouvait, son infidèle amant, ou bien le demander en mariage' (ch.11, p.398). Il est évident qu'il n'écrit pas un roman psychologique. Que le charme de la *Princesse de Babylone* ait résisté à la brutalité non dissimulée des techniques romanesques de son auteur n'en est que plus remarquable.

Il va sans dire qu'un roman aussi peu romanesque que *Micromégas* présente des formes plus simplifiées encore des personnages et de leurs rapports. Le sous-titre, 'Histoire philosophique', est juste, car les constituants du roman voltairien n'y sont pas encore trouvés. Non seulement le récit hésite entre la première et la troisième personne, mais l'affabulation y est presque inexistante. L'action, dont au reste les femmes sont généralement absentes, y importe moins que la discussion idéologique, dont les partenaires, un Sirien et un Saturnien, sont, on l'avouera, difficilement représentables.

Ce refus du psychologique entraîne un refus de la crédibilité.[12] La plupart des romanciers, suivant la voie aristotélicienne de l'imitation de la nature, tentent de rendre croyables les fictions qu'ils proposent. Voltaire au contraire recherche l'incroyable. Les idées qu'il suggère par le moyen du roman ressortent mieux en évitant la banalité du quotidien et en se situant délibérément dans un univers de la non-crédibilité. L'un de leurs instruments est le gigantisme. Il parcourt toute l'œuvre romanesque de Voltaire, de *Micromégas* jusqu'au *Taureau blanc*. Les grands nombres du premier de ces romans servent surtout à enseigner le relativisme: s'il y a cinq sens sur la Terre, il y en a soixante-douze sur Saturne et près de mille sur Sirius. Un Saturnien est donc aussi petit devant un Sirien qu'un Terrien devant lui. Mais ces sens non représentables sont aussi créateurs de prestige. La sagesse de ces extra-terrestres semble croître avec leur taille. L'*Ingénu* n'hérite que peu du gigantisme de *Micromégas*. On y relève pourtant que l'Indienne Abacaba peut poursuivre un lièvre à cinquante lieues de son habitation, ce qui n'est pour elle qu'un 'voisinage' (ch.1, p.226). C'est surtout dans la *Princesse de Babylone* que s'épanouit le gigantisme. Il y constitue, tout au moins au début du roman, un élément du décor. Babylone a été bâtie il y a plus de trente mille ans, le palais a trois mille pas de façade, le parc compte cent mille jets d'eau, l'amphithéâtre peut contenir cinq cent mille spectateurs, l'inconnu possède quarante diamants, ses licornes font cent lieues par jour, le phénix a plus de vingt-sept mille ans, quatre armées en présence comptent chacune trois cent mille soldats... (chapitres 1 à 4). Ces merveilles ne coûtent qu'à écrire. Elles sont un moyen facile de

---

12 noté par W. H. Barber, *Voltaire: Candide*, p.16.

créer l'abondance et l'euphorie, et leurs fragiles constructions sont aisément inversables. Il suffit en effet que les rois se disputent pour que leurs armées de trois cent mille hommes entrent en conflit (ch.4, p.363): 'Voilà donc la guerre la plus terrible allumée de tous les côtés; et elle fut produite par les plaisirs de la plus belle fête qu'on ait jamais donnée sur la terre.' Ici comme souvent, Voltaire donne la clef de ses procédés romanesques dans le texte même du roman. Si Mambrès, dans le *Taureau blanc*, est âgé de treize cents ans, c'est par un souvenir de ce gigantisme numérique, mais adapté à la parodie du récit biblique.

A l'hyperbole des bonheurs que suggèrent ces chiffres surhumains s'oppose et correspond, dans le même esprit, une hyperbole des malheurs. Leur entassement, du fait qu'il est inscrit dans un univers de la non-crédibilité, est ressenti comme imaginaire, et c'est bien pourquoi *Candide*, livre qui regorge de morts et de supplices, fait rire et non pleurer. La guerre entre Bulgares et Abares fait trente mille morts, et c'est également, comme si l'on appliquait un tarif de la mort collective, le nombre des victimes du tremblement de terre de Lisbonne. Il y a eu au Maroc cinquante guerres civiles, la peste a régné à Alger, on a vu à Azof des cas d'anthropophagie, un vaisseau espagnol a coulé un vaisseau hollandais . . . A quoi bon, après cela, détailler les morts qui ne sont qu'individuelles? Les parents de Cunégonde assassinés, Jacques noyé, le doux Candide devenu meurtrier, l'amiral Byng fusillé . . . A la dernière page, Pangloss énumère encore de nombreuses tueries historiques. Les supplices ne sont guère moins fréquents. Candide passe trente-six fois par les baguettes, la vieille raconte comment on lui a mangé une fesse, le nègre de Surinam est atrocement mutilé, et à la fin, il est rappelé que tous les personnages réunis dans leur métairie ont été, à un moment ou à un autre, martyrisés dans leur corps; de plus ils s'ennuient. Cette outrance, non seulement voulue, mais nécessaire, aide à inscrire *Candide* dans les cadres de l'anti-roman qui s'esquisse au XVIIIe siècle; au même titre que *Jacques le fataliste*, mais par des moyens tout à fait différents, *Candide* devient un roman en refusant les lois du roman, transforme la quantité en qualité et tire de l'entassement des horreurs un effet comique, par cet entassement lui-même.

Du fait que bonheurs et malheurs se situent dans un espace de l'irréel, il est aisé de passer des uns aux autres. Cette réversibilité est acquise dès *Zadig*. Voltaire y écrit (ch.8, p.19): 'Le malheur de Zadig vint de son bonheur même.' Dans la situation fragile d'un homme en vue et envié comme Zadig, le malheur est en effet caché au sein du bonheur même;

le moindre incident amène nécessairement le malheur à résulter du bonheur; celui-ci n'était même qu'un malheur plus ou moins bien dissimulé; aussi le premier ministre devient-il bien vite esclave. Mais le mouvement inverse n'est pas moins aisé. Conformément à la leçon optimiste de Pope, illustrée par les discours de l'ange, le malheur à son tour révèle sa nature provisoire, et Zadig, qui amorce sa remontée dès le chapitre 15, finira par triompher. Candide, puni plus sévèrement et plus longuement que lui, arrivera pourtant, lui aussi, à trouver une sorte de bonheur.

Devant l'importance et la nouveauté quasi révolutionnaire de ces positions de Voltaire sur le roman, on ne sera pas étonné de le voir prendre une attitude de désinvolture, voire de nonchalance, vis-à-vis des techniques traditionnelles qu'employaient ses prédécesseurs. Par exemple, les épisodes étaient à la mode au XVIIIe siècle, au point que certains critiques protestaient contre leur abus. Voltaire s'en passe fort bien dans la plupart de ses œuvres romanesques, qui, il est vrai, sont souvent assez courtes pour que le procédé n'y soit pas vraiment utile. Mais dans l'œuvre la plus complexe, *Candide*, il l'emploie sans scrupules. Les récits rétrospectifs de Cunégonde, de la vieille, puis du frère de Cunégonde sont autant d'épisodes (chapitres 8, 11-12, 15). Au début du chapitre 12, le récit de l'eunuque, inséré dans l'histoire de la vieille, est un épisode dans un épisode. Voltaire tente aussi, comme bien d'autres romanciers, de rassembler tous ses personnages en un même lieu, au dénouement d'un roman. Toutefois les motivations de ces rencontres sont inégalement plausibles. Dans *Candide*, le héros, par amour et par bonté, veut rassembler autour de lui tous ceux pour qui il a eu de l'amour (Cunégonde), de l'amitié (Cacambo), de l'admiration (Pangloss), ou même simplement de l'intérêt (Martin), et, comme il lui reste quelques débris de sa fortune de l'Eldorado, et aussi parce qu'il est un peu aidé par le hasard, il y parvient. Dans l'*Ingénu*, les rassemblements de personnages, qui ne sont d'ailleurs pas situés tout à fait à la fin du roman, paraissent beaucoup plus artificiels. La belle Saint-Yves, sortant de son couvent, s'enfuit à Paris. 'L'abbé de Saint-Yves, en colère, prit le parti de courir après sa sœur. Le bailli et son fils voulurent l'accompagner. Ainsi la destinée conduisait à Paris presque tout ce canton de la Basse-Bretagne' (ch. 13, p.259). L'allégation de la 'destinée' est, comme souvent, un indice d'inauthenticité. Aucune bonne raison ne justifie le voyage du bailli et de son fils, que la belle Saint-Yves a refusé comme mari. Aussi bien ces personnages, dans les aventures de

Versailles et de Paris, ne servent-ils à rien. Loin d'avoir la fonction de famille exemplaire qui est celle du groupement des personnages dans *Candide*, le groupe de l'*Ingénu* est vide et se dissout bientôt: quand le héros est libéré, le bailli et son fils sont déjà repartis en Bretagne, et les autres ne font que pleurer (ch.19, p.272).

Toutes ces caractéristiques du roman voltairien sont, dans l'ensemble, négatives, bien que de leurs refus naissent évidemment des formulations qui sont nouvelles. D'autres déterminations sont positives et conquérantes. Il y en a au moins trois. La première est d'une grande banalité, mais rien n'autorise à en mettre en doute la sincérité. Comme bien des romans avant lui et après lui, le roman voltairien est un roman d'amour. Détruisant l'humain au niveau du personnage et de sa crédibilité, il n'en laisse pas moins au héros cette flamme qui le soutient à travers mille aventures et fonde sa dignité. Peut-être inutile dans les ouvrages très courts, l'amour n'est absent d'aucun roman de Voltaire suffisamment développé: Zadig, Candide, l'Ingénu, Amazan, Amabed, sont amoureux; Jenni le devient, difficilement; Amaside, du *Taureau blanc*, donne un exemple plus rare de constance et de sensibilité attribuées, non plus à un homme, mais à une femme.

En second lieu, Voltaire a pris une position extrêmement originale et féconde vis-à-vis du problème de la contingence des événements du roman. On peut partir pour l'expliquer d'une formule de l'ange Jesrad dans *Zadig* (ch.18, p.56): 'Il n'y a point de hasard.' Ce que l'ange oppose et substitue au hasard est une certaine moralité d'origine divine, puisqu'il complète sa formule en disant: 'tout est épreuve, ou punition, ou récompense, ou prévoyance'. Mais le providentialisme ne survivra guère à *Zadig* dans la pensée de Voltaire, et la négation du hasard devra s'expliquer, non par la moralité, mais par la nécessité. Bien que d'une grande liberté, le roman de Voltaire bannit l'arbitraire et refuse de prendre le contingent au sérieux. C'est le mauvais romancier qui, croyant imiter la vie, écrit n'importe quoi. Voltaire n'a jamais accepté d'écrire: 'La marquise sortit à cinq heures', formule que Paul Valéry et André Breton croyaient à tort consubstantielle à tout roman. La nécessité qui proscrit le hasard dans les œuvres romanesques de Voltaire n'est ni celle de l'intrigue ni celle d'une justification réaliste des événements. Elle est celle des idées de Voltaire. L'auteur de ces étranges romans, libéré de toute contrainte par ses postulats inhumains, choisit dans l'infinité des possibles les événements qui conviennent avec le plus de rigueur à ses desseins. De sorte que non seulement rien n'est contingent, mais tout ce qui arrive est signifiant. Et comme le rythme, qui n'a pas à s'encombrer de réalisme, est très rapide, les événements se succèdent à grande vitesse et leur succession est riche de sens.

Ce sens est évidemment la troisième contribution positive de Voltaire à la technique romanesque. Il est suggéré par de nombreux sous-titres: *Micromégas* est une 'histoire philosophique', *Zadig* une 'histoire orientale', l'*Ingénu* une 'histoire véritable' et bien que ces œuvres soient, de toute évidence, des fictions, la référence à l'"histoire' invite à y chercher quelque réalité. Mais le sens inclus dans ces romans n'est pas simple et il faut parfois pour le dégager une attitude qui ne soit pas seulement rationnelle: l'*Histoire d'un bon bramin* est une 'parabole'[13] et *Le Monde comme il va* est même une 'vision'. Au delà des contingences et au delà même de l'humain, le roman voltairien dirige ses flèches acérées vers un domaine qui laisse indifférents la plupart des romanciers, celui où morale et métaphysique se rejoignent en une civilisation. Ce qu'il offre est une philosophie, souvent critique, de la civilisation, sous des apparences de fantaisie et avec une véritable rigueur.

Malgré leur allure désinvolte, les romans de Voltaire témoignent ainsi d'une application particulièrement énergique de techniques nouvelles. Ils forcent le monde, en dépit de sa diversité et de son apparence d'arbitraire, à entrer dans les cadres précis, de nature esthétique, qui lui sont imposés. Par l'art, le monde est comprimé.[14] La formule de 'l'univers en raccourci', qui définit l'utilisation voltairienne, à la fois scientifique et magique, de la géographie, s'applique aussi à la perspective générale de ces romans volontaristes. Grâce à l'originalité de sa démarche, leur auteur peut à la fois dédaigner les romanciers vulgaires et même le roman comme genre, et, tout en refusant ostensiblement les instruments de ses prédécesseurs, aller beaucoup plus loin qu'eux dans la création d'une fiction qui est image paradoxale du monde. Il y a certes dans cette attitude de la malignité et même du cynisme. Le 'hideux sourire' qui, depuis Musset, est partie intégrante de la représentation mythique de Voltaire, ne s'appliquerait-il pas, entre autres domaines, à celui du romancier?

Le voyage est l'un des principaux moteurs du roman voltairien. Celui-ci se situe aux antipodes du type de roman dont l'un des modèles

---

[13] c'est l'expression qu'emploie Voltaire dans sa lettre du 13 octobre 1759 à mme Du Deffand, Best. D8533.

[14] cf. W. H. Barber, *Voltaire: Candide*, p.15: 'The general effect is, deliberately, one of compression.'

est la *Princesse de Clèves*, où, dans un espace immobile, s'approfondit sans cesse un même problème. Le monde de Voltaire est entraîné par un mouvement perpétuel. De même que l'instrument de renouvellement de la tragédie avait été le plus grand déplacement possible, dans le temps ou dans l'espace, de même le roman soumet la plupart de ses personnages à d'incessants voyages. A cet égard, son fondement est la géographie. Elle avait connu dès le siècle précédent des progrès décisifs.Un spécialiste affirme: 'The 17th century . . . saw the emergence of the atlas as the dominant cartographic form and can be called the age of atlases.'[15] Et l'intérêt de Voltaire pour la science géographique est affirmé à maintes reprises. Dans son étude sur la *Géographie des philosophes*, m. Numa Broc déclare à juste titre: 'Il n'est pas douteux que Voltaire ne se soit, durant toute son existence, passionné pour la géographie.'[16] Cette curiosité s'étend aux personnages de ses romans, et tel, comme le roi Bélus de la *Princesse de Babylone*, 'qui ne savait pas un mot de géographie' (ch.4, p.360), est discrédité par cette ignorance. Aussi tient-il des discours d'une savoureuse imprécision: 'Ce jeune homme, disait-il, est sans doute le fils du roi de la Chine, ou de cette partie du monde qu'on nomme *Europe*, dont j'ai entendu parler, ou de l'Afrique, qui est, dit-on, voisine du royaume d'Egypte' (ch.1, p.351). L'instrument de la connaissance du monde lui échappe.

Mais la géographie n'est pas seulement pour Voltaire une science qu'il aime pratiquer. Elle est aussi un moyen de création romanesque, tout au moins dans le cas d'un certain nombre de romans. Dans les cas, au contraire, où les personnages n'éprouvent pas un véritable désir de voyager et où des circonstances non signifiantes suffisent à expliquer leurs déplacements, la géographie ne sera qu'un cadre assez inerte. Ainsi l'*Histoire de Jenni* se répartit entre l'Espagne, l'Amérique et l'Angleterre; mais il ne s'y agit en réalité que d'un seul problème, celui de la signification du mal, que le récit, comme l'objectif d'une camera, poursuit dans trois lieux successifs, au reste assez traditionnels: l'Espagne y est lieu de l'aventure, de l'amour et, par l'évocation, renouvelée de *Candide*, des bûchers de l'Inquisition, lieu du fanatisme, l'Amérique y est, comme dans le *Cleveland* de l'abbé Prévost, lieu de la confrontation des civilisations, et l'Angleterre y est le lieu de l'équilibre retrouvé. D'une tout autre signification est l'éloquente formule qui est la clef de voûte du

[15] Leo Bagrow, *History of cartography* (London 1964), p.180.
[16] *La Géographie des philosophes, géographes et voyageurs français au XVIIIe siècle* (Paris s.d. [1975?]), p.263.

chapitre anglais de la *Princesse de Babylone* et qui illumine les aspects géographiques du roman voltairien tout entier. Le héros de la *Princesse de Babylone*, Amazan, vit à une époque très ancienne, pré-géographique, où les cartes sont inconnues, sauf dans le pays le plus civilisé, l'Angleterre, nommée alors Albion. Or, un 'savant Albionien' lui fait cadeau de cet objet extraordinaire, qu'il contemple avec ravissement (ch.8, p.386):

Il voyait avec surprise une grande partie de la terre sur une feuille de papier. Ses yeux et son imagination s'égaraient dans ce petit espace; il regardait le Rhin, le Danube, les Alpes du Tyrol, marqués alors par d'autres noms [...] mais surtout il jetait les yeux sur la contrée des Gangarides, sur Babylone, où il avait vu sa chère princesse, et sur le fatal pays de Bassora, où elle avait donné un baiser au roi d'Egypte. Il soupirait, il versait des larmes; mais il convenait que l'Albionien, qui lui avait fait présent de l'univers en raccourci, n'avait pas eu tort en disant qu'on était mille fois plus instruit sur les bords de la Tamise que sur ceux du Nil, de l'Euphrate et du Gange.

Ce passage marque avec force le lien intime entre les trois fonctions de la carte géographique. Elle est d'abord un excitant de l'imagination, surtout pour faire revivre un passé émouvant, puisque sa force d'évocation entraîne un déclenchement de l'affectivité. Comme 'univers en raccourci', elle est ensuite une découverte scientifique décisive, qui ne s'explique elle-même, dans le monde primitif qui est ici dépeint, que par quelque intervention de la magie. Par suite, la carte de géographie est enfin l'indice d'une civilisation supérieure.

Il est significatif que Voltaire ait tenu à mettre ces merveilles au crédit de l'Angleterre. Le don de la carte est le point culminant d'une série d'hommages par lesquels l'Angleterre acquiert dans la *Princesse de Babylone* un statut tout à fait privilégié. 'Amazan avait entendu parler chez les Bataves avec tant d'éloges d'une certaine île, nommée Albion, qu'il était déterminé à s'embarquer' pour 'cette terre plus célèbre que Tyr et que l'île Atlantide' (ch.7, p.380). Il y rencontre un Milord Whatthen, dont le portrait est pittoresque, mais nullement accusateur, sa femme, qui est 'charmante', et un seigneur qui lui résume l'histoire d'Angleterre. S'il faut l'en croire, le pays est passé de l'avilissement' et de la 'férocité' au 'plus parfait gouvernement peut-être qui soit aujourd'hui dans le monde'. Aussi Amazan 'aurait voulu passer sa vie dans l'île d'Albion'.[17] Cet enthousiasme est d'autant plus remarquable que l'attitude de Voltaire vis-à-vis de l'Angleterre au moment où il écrit la

---

[17] ch.8, notamment pp.382, 383, 384 et 385.

Princesse de Babylone varie beaucoup selon les circonstances. Tantôt il est agacé par l'ingratitude qu'il reproche aux Anglais,[18] tantôt 'his fondness for everything that is English'[19] charme un visiteur. M. A.-M. Rousseau, qui rassemble ces témoignages, remarque qu'en 1768 'il ne tarit pas d'éloges sur l'Angleterre dans ses meilleurs moments' (pp.309-10). C'est donc à un de ces 'meilleurs moments' qu'il faut rapporter la visite d'Amazan en Albion et l'exaltation de la géographie à laquelle elle donne lieu.

Un autre texte de Voltaire, antérieur de quelques années, souligne, avec d'autres moyens, que la géographie est possession du monde et créatrice de valeurs. C'est un passage de l'article 'Géographie' du *Dictionnaire philosophique*. On y lit:

Un des plus grands avantages de la géographie est, à mon gré, celui-ci: votre sotte voisine, et votre voisin encore plus sot, vous reprochent sans cesse de ne pas penser comme on pense dans la rue Saint-Jacques. 'Voyez, vous disent-ils, [. . .] Tout l'univers a reçu nos vérités, elles règnent dans le faubourg Saint-Honoré, à Chaillot et à Etampes, à Rome et chez les Uscoques'. Prenez alors une mappemonde, montrez-leur l'Afrique entière, les empires du Japon, de la Chine, des Indes, de la Turquie, de la Perse, celui de la Russie, plus vaste que ne fut l'empire romain; faites-leur parcourir du bout du doigt toute la Scandinavie, tout le nord de l'Allemagne, les trois royaumes de la Grande-Bretagne, la meilleure partie des Pays-Bas, la meilleure de l'Helvétie; enfin vous leur ferez remarquer dans les quatre parties du globe et dans la cinquième, qui est encore aussi inconnue qu'immense, ce prodigieux nombre de générations qui n'entendirent jamais parler de ces opinions, ou qui les ont combattues, ou qui les ont en horreur; vous opposerez l'univers à la rue Saint-Jacques.

La géographie est connaissance vraie, et d'ailleurs sélective, opposée aux préjugés populaires. Elle est aussi, par l'immensité de son domaine, introduction à une civilisation mondiale dont est proposée une sorte d'exaltation mystique. De cette civilisation mondiale on peut tenter de détailler les formes et les aspects, en essayant d'aboutir à une définition opératoire du voyage voltairien et de préciser, ce faisant, une méthodologie des localisations romanesques.

On peut d'abord relever qu'il s'agit d''univers' et non de monde. La Terre ne suffit pas à Voltaire, dont la géographie se prolonge par une

---

[18] lettre à mme Du Deffand du 30 mars 1768, Best.D14897, citée par A.-M. Rousseau, *L'Angleterre et Voltaire*, Studies on Voltaire 145-147 (1976), ii.285.

[19] A.-M. Rousseau, ii.310.

astronomie. Les voyages interplanétaires de *Micromégas* ont leur écoh dans la *Princesse de Babylone*, dont l'héroïne, qui a déjà pratiqué le voyage aérien au moyen d'un canapé tiré par deux griffons (ch.4, p.367), s'écrie, parlant de son amant qu'elle poursuit (ch.4, p.371): 'J'irais le chercher dans tous les globes que l'Eternel a formés, et dont il est le plus bel ornement. J'irais dans l'étoile Canope, dans Sheat, dans Aldébaran; j'irais le convaincre de mon amour et de mon innocence.' En fait, elle ne quittera pas le globe terrestre, mais y parcourra une trentaine de pays. C'est un nombre de lieux prodigieusement élevé et une générosité spatiale assez inutile, car les rapports entre les personnages sont extrêmement simples et n'avaient nul besoin de tant de théâtres, que le thème de la poursuite permet d'accumuler aisément. La rapidité du rythme n'en est que plus remarquable. Il y a quelque chose de frénétique dans le voyage voltairien. Dans *Candide*, le héros se trouve successivement dans vingt-deux lieux différents; il n'a évidemment pas la possibilité de consacrer plus de quelques pages à chacun. Dans le seul épisode de l'*Histoire de la Vieille*, celle-ci, en deux courts chapitres, passe par Rome, le Maroc, Alger, Tunis, Tripoli, Alexandrie, Smyrne, Constantinople, Azof, Moscou, Riga, Rostock, Vismar, Leipsick, Cassel, Utrecht, Leyde, La Haye, Rotterdam et enfin Lisbonne. Déjà le bref récit de *Scarmentado* énumérait la Crète, Rome, la France, l'Angleterre, la Hollande, Séville, la Turquie, Ispahan, la Chine, l'Inde, l'Afrique Noire . . . Un véritable vertige de l'espace saisit ces personnages. Il est bien rare qu'ils s'accordent du repos, pour rendre visite à quelque sénateur Pococurante (*Candide*, ch.25) ou pour, à l'occasion d'un voyage en mer, raconter des aventures passées (chapitres 11, 12 et 27) ou philosopher (chapitres 20 et 21).

Si les romans de Voltaire, dans leur ensemble, dédaignent les subtilités psychologiques, il sera normal qu'ils n'accordent pas un intérêt excessif aux motivations de leurs nombreux voyages. Voyager est pour leurs personnages un goût profond, mais qui n'a pas besoin d'explications particulières. Le caractère gratuit et en apparence peu sérieux d'une décision qui pourtant engage souvent toute la destinée est visible dans toute la carrière romanesque de Voltaire. Micromégas, par un souvenir évident de la jeunesse de son auteur, a été 'banni' à la suite de quelques difficultés avec le 'muphti'; donc, 'il se mit à voyager de planète en planète, pour achever de se former *l'esprit et le cœur*, comme l'on dit' (ch.1, p.97). Avec le Saturnien, 'ils résolurent de faire ensemble un petit voyage philosophique' (ch.2, p.101). Scarmentado ne prend pas d'abord l'initiative de ses voyages. C'est son père qui l'envoie à Rome, et les dangers qu'il court à Rome le poussent à passer en France. Mais le goût du voyage lui vient en voyageant, sans qu'il soit nécessaire d'alléguer une raison. Il note un peu plus loin: 'Le désir de voyager me pressait toujours.'[20] Il presse également Candide, qui pourtant fuit souvent, mais non toujours, des dangers bien réels. Pourquoi quitter l'Eldorado? Pour retrouver Cunégonde, dit Candide. Voltaire ne semble pas convaincu (ch.18, p.180): 'on aime tant à courir, à se faire valoir chez les siens, à faire parade de ce qu'on a vu dans ses voyages, que les deux heureux résolurent de ne plus l'être' . . . Sur le bateau qui le ramène en Europe, Candide affirme (ch.21, p.189): 'Pour moi, je n'ai nulle curiosité de voir la France.' Pourtant, il se laissera tenter par la curiosité d'autrui et cèdera à l''empressement général' (ch.22, p.190) pour visiter Paris. L'Ingénu hérite de cette fonction voyageante à l'état presque pur qu'il tient de ses prédécesseurs, non seulement dans l'œuvre de Voltaire, mais dans celle de Montesquieu et de l'abbé Prévost. Pour toute justification, il proclame (ch.1, p.225): 'De mon naturel j'aime passionnément à voir du pays.' Dans l'épisode américain de l'*Histoire de Jenni*, le vieillard Parouba explique ainsi le départ de sa fille avec un groupe de jeunes débauchés (ch.7, p.518): 'Ma fille s'en est allée de son plein gré avec ces jeunes gens; elle a voulu voir le pays: c'est une petite satisfaction qu'on ne doit pas refuser à une personne de son âge.' Ici comme ailleurs, voyager apparaît comme une sorte de droit naturel, dont on peut user sans avoir à rendre de comptes.

Le voyage est aussi un choix. Quel que soit l'appétit géographique du voyageur voltairien, il ne parcourt jamais le monde entier, ni même la partie intéressante du monde connu dont l'article 'Géographie' du *Dictionnaire philosophique* énumérait les éléments. Scarmentado inspecte rapidement, donc superficiellement, des parties de l'Europe, de l'Asie et de l'Afrique, mais ignore l'Amérique. Surtout, le petit roman dont il est le centre et le personnage quasi unique évite soigneusement de mentionner les lieux qui ont été importants dans la vie affective de Voltaire les années précédentes: Scarmentado ne va pas à Berlin, dont le souvenir était sans doute trop douloureux pour le Voltaire de 1756. Il ne va pas à Genève, où Voltaire espère encore s'installer durablement. Il ne va pas non plus à Lisbonne. Le tremblement de terre qui a fait trembler l'optimisme de Voltaire et qui épanouira ses conséquences

---

[20] *Histoire des voyages de Scarmentado*, p.92.

littéraires dans *Candide* quelques années plus tard n'agite pas encore les pages de *Scarmentado*. *Candide* lui-même est moins planétaire qu'on ne croit. Il ignore l'Amérique du Nord et du Centre, et toute l'Asie, pourtant si souvent alléguée par les philosophes. La géographie de Voltaire est généreuse, mais prudente.

Que la méditation géographique joue un rôle moteur dans l'imagination créatrice de Voltaire est démontré de la manière la plus claire par l'affabulation, réduite au minimum à partir de données abstraites, de l'*Eloge historique de la Raison*. On y voit véritablement la création du personnage par le lieu. Voltaire commence par dire que la Raison, qui n'a encore d'humain que sa majuscule, était inconnue dans l'ancienne Gaule, puis pendant tout le Moyen Age. Elle 'se cachait dans un puits avec la Vérité sa fille' (p.485). Mais ces personnages n'accèdent pas à l'existence romanesque tant que leur puits est extra-géographique. Et Voltaire trouve une raison pour qu'il le soit: 'Personne ne savait où était ce puits; et, si on s'en était douté, on y serait descendu pour égorger la fille et la mère.' Après cette période de barbarie, la Renaissance les enhardit, et elles sortent de leur puits. Elles peuvent désormais se livrer à l'occupation essentielle du personnage de roman: voyager. Elles parcourent huit pays européens. Le voyage leur a donné l'être.

Quand il s'agit de mettre en œuvre dans un roman des données géographiques, Voltaire fait preuve à la fois d'une grande précision, parce qu'il connaît et qu'il aime la géographie, et d'une grande liberté, parce qu'il écrit, non un traité de géographie, mais un roman. De cette liberté, le troisième chapitre de *Candide* peut servir d'exemple. Il raconte la guerre des Bulgares contre les Abares. Mais où sommes-nous vraiment? Quittant le château de Westphalie, le héros ne peut se déplacer qu'à pied (ch.2, p.139): 'Candide, chassé du paradis terrestre, *marcha* longtemps sans savoir où'... C'est 'le lendemain' qu'il rencontre les sergents recruteurs du roi de Bulgarie. Il est exclu qu'il ait pu, en si peu de temps et à pied, parvenir jusqu'à la Bulgarie actuelle. Les Bulgares, ou 'Bougres', ne sont probablement choisis par Voltaire qu'à cause de leur réputation de férocité. Il leur oppose les Abares, autre peuplade redoutable du Haut Moyen Age, souvent associée aux Huns. L'*Essai sur les mœurs* connaît les Abares et parle d'eux en ces termes dans le chapitre intitulé *De l'empire de Constantinople aux VIIIe et IXe siècles*[21]:

---

[21] c'est le ch.29; éd. R. Pomeau (Paris 1963), i.404.

Une nation de Scythes, nommés les Abares ou Avares, les Bulgares, autres Scythes dont la Bulgarie tient son nom, désolaient tous ces beaux climats de la Romanie où Adrien et Trajan avaient construit de si belles villes [. . .] Les Abares surtout, répandus dans la Hongrie et dans l'Autriche, se jetaient tantôt sur l'empire d'Orient, tantôt sur celui de Charlemagne.

L'histoire et la géographie de ce passage sont suffisamment vagues pour permettre les adaptations qu'exige le roman. Voltaire a pu présenter comme contemporain un antagonisme qui était en réalité plus vieux d'une dizaine de siècles et, profitant des rapports suggérés entre Abares, Bulgares et la Rhénanie de Charlemagne, il a condensé l'espace aussi bien que le temps. Si, après cette guerre, Candide, 'toujours marchant' (ch,3, p.142), parvient en Hollande, c'est qu'en fait il n'a pas pu sortir d'Allemagne.

Ailleurs au contraire, les itinéraires géographiques indiqués par Voltaire sont extrêmement précis; on peut les suivre sur la carte et en comprendre les raisons. Fuyant Lisbonne après le double meurtre dont il s'est rendu coupable, Candide se dirige vers Cadix en passant par Badajos, Avacéna, Lucena, Chillas et Lebrixa.[22] Ces noms ne sont pas seulement énumérés pour le plaisir poétique de leurs sonorités. Ils s'expliquent par la prudence imposée à des hommes poursuivis pour meurtre. Il faut d'abord quitter le Portugal au plus vite. Badajos, première ville espagnole après la frontière portugaise, et située à peu près à la latitude de Lisbonne, est la destination que l'on doit normalement se proposer d'abord. Une fois en Espagne, Candide et ses compagnes obliquent vers le sud pour gagner Cadix. Mais la prudence leur commande d'éviter les grandes villes, notamment Séville, où la police pourrait les identifier. Ils passent donc par les villages qu'indique Voltaire.

Le même esprit de précision se manifeste, bien que les connaissances géographiques sur l'Amérique du Sud fussent au temps de Voltaire assez sommaires, dans la place que *Candide* fait à l'Eldorado. Une partie importante de la critique estime que ce pays fabuleux, idéal, inaccessible, n'existe pas sur la terre et ne figure sur aucune carte.[23] Il n'en est rien.

---

[22] chapitres 9 et 10, pp.155-56.

[23] voir les éditions de *Candide* de O. R. Taylor ('pays fabuleux', p.95), L. G. Crocker ('the unattainable Eldorado', p.17), C. Thacker ('la présentation du royaume d'Eldorado donne à ce pays idéal un caractère irréel', p.18, 'véritable utopie du philosophe', p.288), et, dans le petit ouvrage, pourtant si suggestif, de W. H. Barber, *Voltaire: Candide:* 'an unknown and ideal land [. . .] a realm which is clearly intended to be nothing but a vision [. . .] it has no place in the real world' (p.16); 'Such a world is beyond the bounds of

Une carte de l'Amérique du Sud publiée en 1757 et qui figure dans l'*Atlas nouveau*, fort renommé, de Guillaume de l'Isle, permet de suivre le voyage de Candide à travers ce continent dans toutes ses étapes. Candide va toujours dans la même direction, du sud au nord. Le Paraguay est directement au nord de Buenos Ayres. En continuant vers le nord, on trouve le bassin de l'Amazonie. Le Pérou, où se trouvaient à l'origine les Incas mais où l'on chercherait en vain l'Eldorado, est à l'ouest de l'Amazonie. La partie côtière du Pérou, sur le Pacifique, est très peuplée, mais sa partie orientale, comme l'Amazonie qui la prolonge, est désertique. Enfin, en continuant de l'Amazonie, toujours tout droit vers le nord, on arrive à Surinam, qu'on appellera aussi Guyane hollandaise. La continuité du récit semble donc impliquer que l'Eldorado soit localisé dans le bassin de l'Amazone. Or, en 1739 – l'année du *Voyage du Baron de Gangan* – est publié à Amsterdam le monumental *Atlas historique* de Gueudeville, où figure, sous le nom de *Guyane* et au nord de l'Amazone, la mention: 'C'est dans ces quartiers que la plupart des Auteurs placent le Lac de Parime et la ville de Manoa del Dorado'.[24] Voltaire ne mentionne pas cette ville de Manoa, qui est sans doute la ville actuelle, parfaitement réelle, de Manaus, au confluent de l'Amazone et du Rio Negro. Il entretient en outre une certaine confusion avec le Pérou en faisant dire au 'vieillard' de l'Eldorado, qui a été témoin des 'étonnantes, révolutions du Pérou' (ch.18, p.177): 'Le royaume où nous sommes est l'ancienne patrie des Incas.' En réalité, les Incas, avant la conquête espagnole, avaient pour capitale Cuzco, dans le Pérou actuel. Mais, fuyant les cruautés de Pizarre, ils se sont repliés vers l'intérieur et ont sans doute établi leur nouvelle capitale dans cette ville de Manoa, très difficile à atteindre et sur laquelle couraient les récits les plus merveilleux. Voltaire le savait. Il écrit dans l'*Essai sur les mœurs*:

Du pays de Cusco et des environs du tropique du Capricorne jusqu'à la hauteur de l'île des Perles, qui est au sixième degré de latitude septentrionale, un seul roi étendait sa domination absolue dans l'espace de près de trente degrés. Il était d'une race de conquérants qu'on appelait *Incas*.[25]

Et plus loin:

On disait que la famille des Incas s'était retirée dans ce vaste pays [le Brésil] dont les limites touchent à celles du Pérou; que c'était là que la plupart des

practical possibility, as Voltaire acknowledges by giving it the mythical name of Eldorado' (p.34).

[24] vi.122, carte 31.
[25] ch.148, 'De la conquête du Pérou', éd. R. Pomeau, ii.354-55.

Péruviens avaient échappé à l'avarice et à la cruauté des chrétiens d'Europe; qu'ils habitaient au milieu des terres, près d'un certain lac Parima dont le sable était d'or; qu'il y avait une ville dont les toits étaient couverts de ce métal: les Espagnols appelaient cette ville *Eldorado*; ils la cherchèrent longtemps.[26]

Plus nettement encore, le *Grand dictionnaire géographique et critique* de Bruzen de la Martinière, dont nous savons que Voltaire le possédait dans sa bibliothèque de Ferney,[27] comporte un article 'Dorado' qui non seulement confirme la localisation géographique, mais fait entrevoir quelques éléments du traitement romanesque de l'épisode. Il commence ainsi:

Province de l'Amérique Méridionale entre les rivières d'Orénoque et celle des Amazones, au bord occidental d'un lac nommé Parime. Rien n'est plus magnifique ni plus superbe que ce que quelques Relations vraies ou fausses racontent des richesses de cette ville. Walter Raleigh dans un écrit imprimé à la suite des Voyages de Coréal, dit que quelques Espagnols lui avaient raconté des choses fort merveilleuses de la ville de Manoa connue chez eux sous le nom d'*El Dorado* et qu'ils disaient avoir vue.

L'article résume ensuite ces récits, qui rapportent l'histoire d'un certain Juan Martinez: coupable d'une grave négligence militaire, il est abandonné dans un canot, est pris par des 'Sauvages de la Guyane', amené à Manoa, 'qui est la capitale de l'empire des Incas'; on le garde prisonnier pendant sept mois, puis il est libéré et escorté jusqu'à l'Orénoque avec beaucoup d'or; mais les Indiens le volent, en ne lui laissant 'que deux bouteilles remplies d'or'.

Au point de vue de leur qualité émotive, les différents lieux évoqués ou décrits dans les romans de Voltaire peuvent remplir des fonctions différentes. L'un d'eux est souvent le lieu central. C'est un endroit satisfaisant, malgré les inconvénients qu'il peut comporter, et où le personnage, qui y vit au début du roman et y revient après ses aventures, est heureux. Tel est le cas de Babylone dans *Zadig*. Cette ville reparaît, avec la même fonction, dans la *Princesse de Babylone*. Naturellement, Babylone n'est qu'un déguisement transparent de Paris. Mais la ville réelle de Paris provoque chez Voltaire, à partir du moment où il n'y vit plus, des sentiments mitigés. Centre de la civilisation la plus brillante, elle est aussi un haut lieu du superficiel et de la tromperie. C'est à Paris que

[26] ch.151, 'Des possessions des Français en Amérique', ii.368.
[27] il porte le numéro 467 dans la liste donnée par G. R. Havens et N. L. Torrey dans *Voltaire's catalogue of his library at Ferney*, Studies on Voltaire 9 (1959).

les amoureux parfaits de *Candide* et de la *Princesse de Babylone* manquent, pour la seule fois de leur vie, à leur vœu de fidélité et succombent aux tentations de la galanterie.

Cette hiérarchie affective des localisations n'est pas propre au roman de Voltaire. Elle caractérise toute œuvre où la concentration de l'émotion exige d'être rattachée à un lieu privilégié dont la valeur est avant tout symbolique, même s'il est parfaitement réel. Ainsi, dans la *Nouvelle Héloïse*, le centre valorisé est le pourtour du lac de Genève; tout le reste du globe terrestre n'est qu'un monde de la perdition ou de l'inessentiel; le bonheur ne pourra consister qu'en un retour à ce centre, à cette matrice. Par rapport à ce modèle, *Candide* est une œuvre décentrée, exigeant une plus riche géographie. Les personnages ne reviennent en effet jamais au 'paradis terrestre' (ch.2, p.139) qu'était le château de Westphalie, et l'un des sens du roman sera la recherche de paradis de remplacement. Au reste, si le domaine du Baron est un paradis perdu, c'est un paradis dérisoire, et il n'est paradis que parce qu'il est perdu. Le premier chapitre du roman le peint comme misérable et grotesque. La notion de lieu central est donc entachée d'un coefficient d'irréalité fondamentale, qu'exige d'ailleurs la liberté romanesque. Rien n'est central que parce qu'on le veut bien. Le bonheur initial de Candide est proprement candide, et il faut être candide pour que ce château soit un paradis.

D'autres lieux se proposent alors pour essayer d'occuper une position centrale. L'Eldorado a des atouts évidents, mais sa perfection même lui retire toute crédibilité, et d'ailleurs l'amour empêche Candide d'y séjourner longtemps. L'expérience est tentée ensuite à Paris, auquel est consacré un très long chapitre, mais elle échoue. Pour le Voltaire de 1758, Paris est un paradis perdu et non retrouvé; il n'y reviendra jamais, que pour y mourir; sa ville natale lui sera plus inaccessible que la Westphalie pour Candide. Venise a également des titres pour devenir une capitale sentimentale: siège d'une civilisation brillante, point d'équilibre entre l'Orient et l'extrême Occident, lieu de tous les plaisirs, elle souffre pourtant de la même corruption que Paris, et en outre les rois n'y sont que détrônés. Il ne reste donc plus que la petite métairie de Propontide, qui a les mêmes qualités contradictoires que la statue de Babouc symbolisant Persépolis (autre centre du monde) à la fin du *Monde comme il va*: le lieu de résolution du mythe de *Candide* est d'une modestie orgueilleuse et d'un activisme à la fois désespéré et acharné dans la confiance.

Des lieux centraux doivent être distingués les lieux marginaux,[28] bien que les deux fonctions puissent parfois être attribuées à la même ville, mais à des points de vue différents. Dans la vie de Voltaire, il est évident que la recherche de lieux marginaux, et plus précisément frontaliers, a joué un rôle de premier plan. Ces lieux combinent les avantages du dedans et du dehors: on peut y passer paisiblement de longues années, mais en cas de crise on se mettra rapidement en sûreté en franchissant la frontière toute proche. Cirey n'est qu'à quelques lieues de la frontière de Lorraine, Genève est la ville suisse la plus proche de la France, Ferney est en France, mais à deux pas de la frontière suisse. Semblablement, dans *Candide*, la Westphalie est une partie de l'Allemagne guerrière, mais elle est proche de la Hollande qui sera pour le héros lieu de refuge et d'évasion; Lisbonne et Cadix sont les portes de l'Amérique; Venise est la porte de l'Orient; et ces portes s'ouvrent. Le cas de Constantinople et de ses environs est un peu différent. La région est frontalière en ce qu'elle est située aux confins de l'Europe et qu'elle ouvre sur l'Asie; mais elle est musulmane, c'est-à-dire, selon les usages romanesques du temps, peuplée de pirates en puissance; Candide et ses amis ne sauraient donc sans imprudence quitter leur retraite; tout ce qu'ils peuvent y faire, c'est cultiver leur jardin. En dépit des apparences, l'Ingénu appartient à la même famille géographique. Car ce Huron est un faux Huron. Sa nourrice est huronne, mais il est en réalité bas-breton, et neveu du prieur (ch.2, p.229). Il a donc, lui aussi, un statut de frontalier.

Une dernière particularité des lieux voltairiens est leur groupement, souvent étrange. Du fait de la désinvolture assez générale de Voltaire dans l'explication des motivations, les personnages n'ont parfois pas de raison contraignante d'aller dans un endroit plutôt que dans un autre, et les détours ne semblent guère leur coûter. De sorte que le détour est une forme fréquente du voyage voltairien, et que celui-ci affecte volontiers la forme d'un triangle. Certains de ces triangles peuvent paraître inévitables en raison des circonstances qui s'imposent aux personnages. Ainsi, dans *Candide*, le trajet Lisbonne – Cadix – Buenos Ayres n'est pas librement choisi; il est dicté par la nécessité de fuir. De même les détours de Cacambo s'expliquent fort bien par des raisons impératives. Il devait naviguer de Surinam à Venise en passant par Buenos Ayres: Venise parce que c'est un 'pays libre' (ch.19, p.184) où il pouvait retrouver Candide sans danger, et Buenos Ayres pour y délivrer Cunégonde; quant au

---

[28] voir sur ces points les intéressantes suggestions de J. Van den Heuvel, *Voltaire dans ses contes* (Paris 1967), pp.243 et 271-73.

trajet Surinam – Buenos Ayres, il valait sans doute mieux accepter de contourner par mer l'immense continent plutôt que d'affronter à nouveau les dangers qu'avait révélés la traversée terrestre de l'Amérique du Sud. Et en fait, Cacambo n'ira pas directement de Buenos Ayres à Venise. Il devra consentir un nouveau triangle: Buenos Ayres – Constantinople – Venise. En outre, dans la partie de ce voyage qui se déroule en Méditerranée orientale, il devra, pris par un pirate, se résigner à un détour de plus: le pirate le mène du cap Matapan à Samos, c'est-à-dire vers l'est, puis de Samos à Scutari, donc vers le nord. C'est un triangle dans un triangle.

A côté de ces triangles obligés, il y a des triangles gratuits, d'autant plus significatifs que le roman ne leur apporte aucune justification explicite. Chassé de Westphalie, Candide aurait fort bien pu gagner tout de suite la Hollande salvatrice. Voltaire préfère le diriger d'abord vers la Bulgarie, qui est à l'est, puis vers le nord-ouest, jusqu'en Hollande. Un autre triangle faiblement motivé est celui qui, pour aller de Bordeaux à Venise, passe par Paris. Candide s'engage sur la route directe de Bordeaux à Venise; mais, comme tous les voyageurs qu'il rencontre vont à Paris, ils lui donnent l'envie d'y aller aussi, bien qu'il ait affirmé auparavant qu'il n'avait 'nulle curiosité' (ch.21, p.189). Et cet énorme détour, qui témoigne d'un véritable laxisme géographique, reçoit cet étonnant commentaire (ch.22, p.190): 'ce n'était pas beaucoup se détourner du chemin de Venise'. Après les mésaventures de Paris, Candide est obligé d'aller à Dieppe. Il y trouve un vaisseau en partance pour Portsmouth, ce que Voltaire interprète comme un triangle, bien que, partant de Dieppe, la route maritime pour Venise passe nécessairement par la Manche. L'auteur de *Candide* écrit en effet (ch.22, p.198): 'Ce n'était pas le chemin de Venise; mais Candide croyait être délivré de l'enfer; et il comptait bien reprendre la route de Venise à la première occasion.' L'exécution de l'amiral Byng a été cette occasion.

L'*Ingénu* comporte également un triangle de grande taille et de petite justification: Saint-Malo – Saumur – Paris. La seule raison que le lecteur puisse voir au passage par Saumur est que, dans cette ville protestante, l'Ingénu va avoir avec des protestants des conversations imprudentes qui seront une des causes de son emprisonnement à la Bastille. Il est évident que ce résultat pouvait être obtenu par vingt autres moyens. Voltaire a préféré un détour que n'étaye aucune vraisemblance et dont les cartes des postes contemporaines permettent de préciser l'étendue. Il existe une route directe de Saint-Malo à Paris, par Dol et Alençon. Mais l'Ingénu, après Dol, va droit vers le sud, rejoint la vallée de la Loire entre Nantes et Angers, puis tourne à l'est vers Saumur. Il devra ensuite, pour arriver à Paris, passer par Tours, Blois et Orléans.[29]

Les formes des triangles n'obéissent pas nécessairement à une géométrie rigoureuse. Il peut même y avoir des triangles plats, ou presque plats, constitués par un aller-retour partiel, où les deux trajets de sens inverse suivent à peu près la même ligne. Ainsi Zadig va de Babylone en Egypte, donc vers l'ouest, puis revient en partie vers l'est quand il passe d'Egypte en Arabie. Amabed va de Goa à Lisbonne, vers l'ouest, puis de Lisbonne à Rome, vers l'est. L'essentiel est que la liberté du personnage et du romancier n'excluent dans la représentation des lieux ni la précision ni le symbolisme. Avant Voltaire, Homère savait concilier ces diverses exigences. On pourrait désigner bien des significations du voyage voltairien par le beau mot d'"erreurs', que le *Dictionnaire de l'Académie française* de 1762 définit ainsi: 'Erreurs, au pluriel, se dit quelquefois pour signifier de longs voyages remplis de traverses. Il n'est guère en usage qu'en cette phrase: les erreurs d'Ulysse.'[30]

[29] sources: *Les Routes exactes des postes du royaume de France* (1735) et *Carte générale des postes de France* (1740).

[30] sur la citation de Longchamp à la page 117, on voudra bien se reporter à W. H. Barber, *Longchamp's Memoirs of Voltaire,* dans *Studies in the French eighteenth century presented to John Lough* (Durham 1978), pp.12-15.

Voltaire, Sisyphe en Jermanie*:
vers la meilleure des éditions possibles

JEROOM VERCRUYSSE

'Quiconque m'imprimera sans m'avoir consulté
fera un bien mauvais marché' (à Lambert, ler
septembre 1750).

'Il est de droit naturel de se servir de sa plume
comme de sa langue, à ses périls, risques et fortune' (Liberté d'imprimer', *Questions sur l'Encyclopédie*).

L'HISTOIRE des éditions des *Œuvres complètes* de Voltaire a le plus
souvent été étudiée en termes d'archéologie. On s'est attaché, avant
tout, à la description des volumes-objets, à l'analyse des contenus, le
tout avec rigueur et précision, c'est-à-dire avec mérite.[1] La gestation, la
parturition et les premiers pas de ces enfants ont également fait l'objet
d'études de plus en plus importantes. Par contre, l'analyse interne qui
porterait plutôt sur la matrice proprement dite, c'est-à-dire le mode
intellectuel qui a présidé tout au long d'un demi-siècle à la conception et
à la préparation des éditions, à l'accueil par l'écrivain, au lien qui l'unit à
l'imprimeur, n'a pas encore suscité une étude satisfaisante. Nous comp-
tons bien donner un jour un *Voltaire typographe*. On a montré, surtout
depuis la publication de la correspondance avec les frères Cramer, l'ampleur des connaissances et des exigences typographiques de Voltaire.[2] Le

---

* non point quelque pays de bougres selon *Candide*, mais celui où voyagent les imprimeurs et les hommes de lettres qui remanient les textes. Jargon d'atelier.

[1] une histoire de la bibliographie voltairienne, de La Porte à nos jours en passant par
Peignot, Quérard, Bengesco, Besterman et bien d'autres, mériterait de voir le jour.

[2] B. Gagnebin, 'La diffusion clandestine des œuvres de Voltaire par les soins des frères
Cramer', *Imprimerie, commerce et littérature; actes du cinquième congrès national de la
société française de littérature comparée* (Paris 1965), pp.119-32, texte repris dans *Cinq
siècles d'imprimerie à Genève* (Genève 1978), pp.173-94, et inspiré de l''Introduction'

fait, après tout, n'est pas si commun chez un écrivain et mérite plus qu'un simple signalement.

Pour entrer en matière, trois lettres aux Cramer donneront le ton. Dans le courant de l'année 1765 (Best.D12716) Voltaire écrit:

> il faut que je revoie le barbouillage sortant de la presse car alors mes yeux voient mieux, et l'esprit aussi. On raye un mot qui se retrouve ailleurs, on en substitue un plus convenable, on se corrige, l'auteur est moins vilipendé, le livre se vend mieux. Il y a mille choses à dire sur cela.

Le 30 mai de l'année suivante, il s'adresse aux Argental (Best.D13325):

> sur l'inspection d'une feuille imprimée, je corrige toujours vers et prose. Les caractères imprimés parlent aux yeux bien plus fortement qu'un manuscrit. On voit le péril bien plus clairement, on fait de nouveaux efforts, on corrige, et c'est ma métode.

Plus connue sans doute est la lettre de février-mars 1773 à Cramer (Best.D18229):

> l'art de la Typographie demandait un homme tout entier. On ne fait point imprimer des ouvrages comme on met de l'argent sur des vaisseaux. Un bon imprimeur est un homme de Lettres.

C'est dans la perspective de la nouvelle bibliographie des écrits de Voltaire,[3] dont la première étape couvrira la période allant des débuts à l'édition-hommage de Kehl, que nous examinerons aujourd'hui ces questions. Faut-il insister sur la précarité des lignes qui suivent? Elle s'impose d'elle-même, sans plus.

Bien que l'enquête doive en principe être recommencée pour chaque nouvelle édition d'un texte de Voltaire, nous nous sommes volontairement limité aujourd'hui aux éditions des *Œuvres* parues de son vivant. Cette notion n'est que simple en apparence. En se fiant aux seuls titres comportant ce mot accompagné ou non d'un ou plusieurs adjectifs, on ignorerait de nombreux recueils des 'productions de l'esprit' parus sous

aux *Lettres inédites à son imprimeur Gabriel Cramer* (Genève 1952), pp.vii-xl. Cette étude reste externe: parmi les raisons qui poussèrent Voltaire à élire les Cramer (affranchissement de la tutelle policière, fidélité des Cramer, rapidité et qualité des impressions des Cramer, perpétuelle disponibilité des Cramer) selon l'auteur, celle de la facilité de corriger et de remanier un texte, pourtant élémentaire, fait défaut. Il est dommage que cette étude, aujourd'hui complètement dépassée, ait été réimprimée telle quelle.

[3] on peut trouver facilement des raisons expliquant pareil manque. Mais notre propos n'est pas proprement bibliographique. Le cloisonnement des disciplines n'est pas aboli, et surtout en matière d'étude de textes continue à exercer ses néfastes effets.

des titres aussi divers que trompeurs. Dans le dessein de nous intéresser dans une première phase au noyau central, nous écartons ici les collectifs où ne figurent pas que des titres de Voltaire par exemple *La Guerre littéraire* (1759) ou *L'Evangile de la raison* (1764) ou encore *L'Evangile du jour* (1772-1778), ou encore *Le Théâtre français* (1767). Nous y ajoutons, toujours dans le même dessein, les éditions qui bien que ne contenant que des écrits de Voltaire n'offrent ni la consistance, ni l'étendue d'un rassemblement présumé complet ou choisi, de productions diverses appartenant ou relatifs à plus d'un genre défini, nous voulons dire les recueils de théâtre, de vers, de textes philosophiques, historiques, etc. A la limite tout recueil de deux textes constitue une édition des 'Œuvres'. Nous avons donc élu uniquement les éditions d'écrits divers du seul Voltaire qui s'étendent de 1732 (Amsterdam, Ledet, Desbordes) au projet Panckoucke de 1777, soit près d'un demi siècle d'*Œuvres*.[4]

Une première constatation qui s'impose, c'est que *toutes* les éditions n'ont pas reçu de leur auteur des considérations susceptibles d'offrir un commun dénominateur raisonnable. Il règne une très nette différence quantitative et qualitative entre les éditions authentiques, celles auxquelles Voltaire apporte son concours, et les autres, contrefaçons, pirateries de tout bord. C'est par l'examen des réactions de Voltaire à ces dernières que nous commencerons.

Des éditions parmi les plus anciennes ne semblent guère avoir suscité de réactions dans la correspondance qui nous est connue. Ainsi en est-il pour l'édition commencée par Gosse et Néaulme à La Haye en 1728 et qui n'alla jamais au-delà d'un premier tome. Ajoutons-y les éditions d'Amsterdam 1736, Bâle 1737, Amsterdam 1739, 1741, Avignon 1761, Amsterdam 1764, Genève 1764, 1770, Dresde 1770, s.l. 1772, Neuchâtel 1773, s.l. 1775.

[4] dans l'ordre chronologique, les éditions suivantes: Amsterdam, E. Ledet et J. Desbordes, 1732; Amsterdam [Rouen, Jore], 1736; Amsterdam, E. Ledet et J. Desbordes, 1739; Amsterdam [Rouen, Paupie], 1740; Genève, Bousquet, 1742; Amsterdam, Leipzig, Arkstée et Merkus, 1743-1745; Londres, J. Nourse [Trévoux, Prault], 1746; Amsterdam [Rouen], 1748; Dresde, G. C. Walther, 1748; Londres [Rouen], 1750, 1751; Paris, Lambert, 1751; Dresde, G. C. Walther, 1752; Genève, Cramer, 1756, 1757; Paris, Lambert, 1757; *Nouveaux mélanges*, Genève, Cramer, 1757-1775; Genève, Cramer, 1768-; Lausanne, J. H. Pott [Grasset], 1770; Genève [Liège, Plomteux], 1771-1777; [Genève, Cramer], 1775; s.l. 1775; Lyon, 1777?; projet Panckoucke, Paris, 1777, devenu réalisation de Beaumarchais, Kehl, 1784-1789. Pour un aperçu détaillé des éditions multiples de Voltaire, W. H. Trapnell, 'Survey and analysis of Voltaire's collective editions, 1728-1789', *Studies on Voltaire* (1970), lxxvii.105-99.

La première dont Voltaire fait mention est l'édition Ledet-Desbordes (Amsterdam 1732) dont il fait réclamer l'interdiction à l'importation car elle peut contrecarrer un projet, mal connu, amorcé à Rouen (Best. D438). Voltaire se dira 'fâché' (Best.D2412) de l'édition Paupie de 1740 ('Amsterdam') qui contrefait l'édition confiée à Ledet l'année précédente.

Une réaction plus consistante est à noter en 1742 avec l'affaire Didot-Barrois qui demeure assez obscure. François Didot est prévenu par Voltaire (Best.D2700) qu'un volume qu'il débite d'une édition de ses œuvres, contient des textes répréhensibles. Ayant obtenu que tous les exemplaires lui seraient adressés, il n'entamera pas d'action en justice (Best.D2703) bien qu'il ait été question de saisies (Best.D2701). Les deux libraires seront embastillés pour quelques jours. Ils avaient racheté une partie d'un stock de 5 volumes fourni par Savoye et Compagnie et dont l'origine n'était pas précisée. Voltaire se décida finalement à passer l'éponge (Best.D2713).[5] Pareil processus se renouvellera à l'occasion.

L'édition, fort mal connue, donnée à Rouen sous le nom de la Compagnie d'Amsterdam en 1748 en offre l'occasion. Mises en garde et plaintes s'accumulent surtout chez Berryer de Ravenoville (Best.D3528, D3665, D3667). Voltaire ne lui adresse pas moins de quatre lettres coup sur coup au sujet de cette contrefaçon (Best.D3666, D3669, D3677, D3679), lui envoie un 'Mémoire' circonstancié et demande une action policière. Ce fut en vain. Par la suite, l'espacement de telles réactions aux éditions données sans son concours s'alliera à un net fléchissement de ton. L'édition de Londres faite aux dépens de la Société (Rouen) en 1750 est souhaitée 'plus correcte et plus fidèle que les précédentes' (Best.D4264) mais aussi qualifiée de 'mauvaise' (Best.D4262) et de *bâtarde* (Best. D4426). Notons un dernier sursaut aux alentours des années 1770. Voltaire accuse l'édition Plomteux de Liège ('Genève') de l'*estropier* (Best.D17790, D18119). L'édition commencée à Lausanne par Grasset est mise dans le même sac, un 'énorme et ridicule fatras' (Best.D18119) et les plaintes se répercuteront jusqu'en 1775 (Best.D18599, D19635). Il est vrai qu'elle atteindra 57 volumes et mettra dix ans à paraître.

Enfin nous citerons pour mémoire et vers la même époque, quelques furtives allusions à des projets avortés, peu ou non connus. N'oublions pas que Voltaire avait promis à John Baskerville une édition en 1771

---

[5] nous ne connaissons d'autres éditions en 5 volumes que celle d'Amsterdam (Compagnie), 1741 et celle de Genève (Bousquet), 1742. Celle-ci ne pouvant être retenue comme on le verra plus loin, reste la première qui pourrait être de Rouen ou de Chartres (Best.D4382).

(Best.D17347). Nous n'avons pas pu identifier jusqu'ici une édition berlinoise signalée à Cramer et par Frédéric II (Best.D17024, D17861), de même qu'une édition lyonnaise dont Voltaire entretiendra son imprimeur en 1777 (Best.D20520).

Passons maintenant aux éditions données avec le concours de l'auteur. La première grande édition des œuvres de Voltaire fut celle donnée à Amsterdam à partir de 1738 par Etienne Ledet et Jacques Desbordes. Elle devait atteindre 8 volumes dont le dernier paraîtra en 1750. On possède des renseignements précis sur sa 'préhistoire'. Voltaire y travaillait déjà dès 1735, même sur place. A coup sûr elle ne pourra être que 'magnifique' (Best.D935, D1231, D1243, D1262, D1265, D1563, D1800). Elle est mise en vente au cours du printemps 1739 sans attendre l'assentiment de l'auteur (Best.D2025) alors que celui-ci songe à des cartonnages (Best. D1984) et parle déjà de ses 'prétendues œuvres' (Best.D1985). L'édition qu'il n'a pas encore vue ne peut être que très fautive. Pressentiment, coquetterie (Best.D2040)? Les volumes vus, examinés, le drame éclate. Le 21 juillet 1739 Voltaire offre immédiatement au libraire Prault son 'travail et de l'argent' pour une édition qui elle, donnera satisfaction (Best.D2049). Les erreurs fourmillent dans les volumes d'Amsterdam et le malheureux auteur entreprend de corriger à la main les exemplaires qu'il veut offrir à ses amis (Best.D2412, D2426). Le ton ne fera que croître et embellir tout au long de la publication des volumes suivants: tome vi défiguré (Best.D3068), édition 'punissable' (Best.D3462), 'la honte de la librairie' (Best.D3528, cf.D3795, D3994). Quand Arkstée et Merkus donneront de 1743 à 1745 leurs 6 volumes à Amsterdam en reprenant les tomes i-v de Ledet et Desbordes, leur produit subira le même jugement. Bref, cette première édition fut une immense déception accrue sans aucun doute par la mésaventure des *Eléments de la philosophie de Newton*.

Voltaire tirera les leçons de cet échec et comprendra qu'il faut un éditeur à portée de la main pour surveiller lui-même l'impression des feuilles, corriger les épreuves s'il veut obtenir une édition qui lui donne entière satisfaction. Désormais, la Hollande, Marc-Michel Rey mis à part, ne comptera plus.

Nous ne pouvons encore établir la participation exacte de Voltaire dans l'édition parue en 1742 sous la marque genevoise de Bousquet. Il la recommande vivement à Missy comme étant 'la moins fautive et la plus complette que j'aye encore vu' (Best.D2648) mais cinq ans plus tard il déconseille à Conrad Walther de fonder sa propre édition sur elle (Best. D3528). Pourquoi ce revirement? En tant que typographe Walther pouvait-il mieux qu'un autre juger des défauts et des qualités? Au vu du produit de Ledet et Desbordes en 1739 Voltaire avait promis son entier concours à Prault. Cette promesse ne fut exécutée qu'avec cinq ans de retard (Best.D2999). Mais croyant tenir le bon bout, le libraire lance une édition[6] qui suscite immédiatement la colère de l'écrivain trompé dans sa bonne foi: 'je me flattais que cette même édition, corrigée selon mes vues, serait celle dont je serais le plus content'. Il songe même à des mesures judiciaires (Best.D3008) et sollicitera en effet l'intervention du lieutenant de police (Best.D3038). Quand il aura vu les volumes les critiques reprendront de plus belle: elle est 'infâme' (Best.D2999) et 'si mauvaise, si infidèle, et si pleine de fautes' (Best.D3669) elle ne peut évidemment recueillir son approbation.

Voltaire ne se décourage pas pour autant. Georges Conrad Walther de Dresde est élu nouvel imprimeur.[7] L'édition qu'il prépare avec l'auteur paraîtra en 1748 et atteindra 10 volumes en 1754, une seconde édition ayant été lancée en 1752. La collaboration de Voltaire fut entière et l'on ne finirait pas de citer les innombrables lettres concernant le contenu, les illustrations, les cartons, le lancement, les concurrences. Bref, après les ouvertures par l'intermédiaire d'Algarotti (Best.D3483, D3528), Voltaire traite la question comme un homme d'affaires et non plus tellement comme un écrivain. Les lettres sont aimables, polies, mais on sent derrière ces formules une vigilance et une fermeté qui ne se démentent pas un instant. De toutes ces lettres,[8] retenons celle du 10 février 1748 (Best.D3623):

je ferai imprimer partout un programme qui décréditera toutes les malheureuses éditions, dans les quelles on m'a défiguré, et qui assurera le débit de la vôtre. Je vous rendrai tous les services qui dépendront de moi, mais il faut me croire et suivre mes intentions qui ne vont qu'à votre avantage.

Tout semble donc destiné, une fois encore, à engendrer la meilleure des éditions possibles. Lorsque les premiers volumes lui parviendront, ce ne

---

[6] l'identification de l'édition Prault est malaisée. Voltaire dit qu'elle est imprimée à Trévoux et qu'on en débite 5 volumes à Lyon, l'*Histoire de Charles XII* étant on ne peut plus fautive. Il s'agit du tome vi de l'édition en 6 volumes qui sera imprimée sous la fausse marque de Londres, Jean Nourse, 1746. Il existe des exemplaires du tome vi datés de 1742 et contenant l'*Histoire*. On peut supposer un tirage supplémentaire de Prault.

[7] voir M. Fontius, *Voltaire in Berlin* (Berlin, R.D.A. 1966).

[8] Best.D3602, D3605, D3623, D3625, D3631, D3653, D3762, D3769, D3795, D3809, D3834, D3862, D3878.

sera pas la déception ordinaire, mais non plus l'enchantement espéré. Parlant des imprimeurs allemands il constate: 'ils impriment bien incorrectement; toutes ces éditions là ne sont bonnes qu'à jeter au feu.' C'est ce qu'il se gardera bien de faire après cette plainte à Darget (Best.D3855). A demi satisfait, il prend le parti de revoir cette édition (Best.D3795, D3914, D4213) mais il ne recueille pas d'écho immédiat (Best.D4273) et les envois ne commenceront qu'en 1751. C'est peut-être ce délai qui engage Voltaire à tenter une infidélité de son côté, en proposant le 1er septembre 1750 (Best.D4208) une 'jolie petite édition complette et correcte' à Michel Lambert. Les flatteries ne manquent pas: 'je vous aiderai de tout mon pouvoir', 'je serais charmé que vous eussiez la préférence'. L'affaire est conclue rondement mais dès janvier 1751 Voltaire s'en mord les doigts. Il suffit de lire ses lettres au libraire, (Best.D4369, cf.D4365), se disant 'très étonné et très fâché de la manière dont on s'y est pris pour faire cette malheureuse édition'. Il la désavouera franchement en février (Best.D4381) et son regret sera d'autant plus amer qu'il a fait 'tenir les changements, additions et corrections qui peuvent enrichir votre édition, et luy donner une supériorité reconnue sur toutes les autres'. Il ne désespère pourtant pas puisque les envois se poursuivront au moment où les négociations avec Walther en vue d'une seconde édition prennent un tour décisif (Best.D4381, D4432).

Somme toute, l'incartade parisienne n'avait pas donné les résultats escomptés. A moitié satisfait de Dresde, à moitié déçu de Paris, ou vice-versa, Voltaire continuera ce double jeu, en le portant bientôt à une troisième dimension, celle des Cramer.

Mais revenons de quelques pas en arrière. Le 16 février 1751 Voltaire autorisera Walther à annoncer la seconde édition (Best.D4385), et fournit même la pancarte qui proclame cette édition 'plus correcte et plus ample que touttes les précédentes' selon la vieille formule humaniste de l'*auctior correctiorque*. Les envois de textes, de corrections, de commentaires et d'instructions mêlés de flatteries, de protestations d'amitié, d'encouragements reprennent et durent jusqu'au début de l'année 1752.[9] Mais il faudra bien déchanter une nouvelle fois. La seconde édition Walther n'est pas plus satisfaisante que la première: 'autant de fautes que de mots' écrit Voltaire à Formey le 1er juillet 1752 (Best.D4934, cf.D4946, D5422). Nonobstant ces critiques, la seconde édition Walther servira cependant de base à la 'Lambert 2' et à la 'Cramer 1' (Best.D6758). Deux fruits singulièrement différents nés d'un même rameau.

[9] Best.D4430, D4441, D4459, D4481, D4551, D4763, D4773.

A peine les premiers volumes de l'édition Lambert avaient-ils vu le jour, que dépité, Voltaire proposait au libraire parisien une seconde édition. Reproches et projets se mêlent en vue d'une 'édition qui contiendra plus de choses meilleures dans un ordre plus agréable' (Best. D4484, cf.D4381, D4432). Mais Lambert traîne, Voltaire le relancera deux ans durant, et déclare que si son édition est 'la plus passable, il y a pourtant bien des fautes' (Best.D4867). Les lettres se multiplient à nouveau.[10] Puisque sa nièce est à Paris elle jouera tout naturellement les intermédiaires de confiance.[11] L'année 1754 sera celle de la préparation, travail 'long et pénible' (Best.D5618). Après avoir mis Lambert au pied du mur (Best.D5679), il lui annonce l'envoi de volumes qui constitueront une 'édition qui sera unique' (Best.D5696, D5741, D5927). Lambert traînant encore (Best.D5755, D5762, D6056, D6062), Voltaire transmet les offres des Cramer, insiste (Best.D5921, D6506, D6546) sans obtenir l'association projetée. On conçoit que les Cramer exigent l'exclusivité. La situation est donc nette: Lambert n'a guère satisfait Voltaire pour un premier essai et se fait tirer l'oreille; les Cramer eux, sont à portée de main. Désormais, Voltaire ne jurera plus que par ses nouveaux et aimables voisins. La lecture des centaines de lettres qu'il leur adressera pendant plus de vingt ans n'éclaire pas seulement la genèse typographique d'innombrables écrits, elle révèle la naissance et la vie d'une amitié de bon aloi, qui née de la typographie embrassera également les idées, la philosophie, la politique, les lettres, le quotidien. Genève l'emporte donc définitivement, et Lambert que Voltaire accablera de reproches attendra encore jusqu'à octobre 1755 avant de commencer sa seconde édition en se conformant à la première des Cramer.[12] Voltaire se plaindra de ce procédé tout comme les Genevois qu'il soutient désormais à fond.[13] Il se désintéressera de cette publication qui atteindra 22 volumes, se bornant à réclamer l'envoi d'exemplaires promis (Best. D7605). Ce silence entérina en même temps l'échec complet de la seconde édition Lambert sur laquelle il avait pourtant fondé au départ de si grandes espérances. Il aura vraiment tout fait pour éviter cette issue.

La première édition que les Cramer publient en 1756 (et 1757) s'intitule *Collection complette des œuvres de mr. de Voltaire* et tiendra en

[10] Best.D4788, D5613, D5679, D5834; cf. D5621, D5762, D5766, D5833, D5838, D5908.

[11] Best.D5621, D5744, D5753, D5755, D5766, D5795, D5827.

[12] Best.D6506, D6524, D6528, D6534, D6549; cf.D6511, D6546, D6549.

[13] Best.D6542, D6550, D6644, D6736, D6810, D6795, D6800, D6824, D6903, D6906, D6908, D7000, D7027, D7343.

17 volumes. Ce furent les imprimeurs qui firent les premiers pas dès 1754 (Best.D5775, D5818). La préparation, qui fut intensive, dura un an et demi. Instructions, corrections, cartons, précisions de toute sorte reprennent leur ronde plus longue que jamais.[14] Retenons cette confidence à Walther le 5 novembre 1755 (Best.D6565):

je ne puis m'empêcher de corriger dans celle des frères Crammers toutes les pièces dont je suis mécontent. C'est un ouvrage au quel je ne puis travailler qu'à mesure qu'on imprime. Il y a à chaque page des corrections, et des additions si considérables que tout cela fait en quelque façon un nouvel ouvrage.

Point de promesses ou d'espoirs enthousiastes cette fois, mais aussi point de déceptions. Pour la première fois, Voltaire a soixante-deux ans, une édition satisfaisante voit le jour. Elle est prête au printemps de 1756.[15] L'auteur distribue largement des exemplaires sans formuler de critiques.[16] Il est vrai qu'à Thieriot (Best.D6940 cf.D6922) il répondra: 'Il y a bien des fautes. Je suis aussi mauvais correcteur d'imprimerie que mauvais autheur.' Sens des responsabilités ou plutôt coquetterie car en dépit de quelques difficultés au départ,[17] elle est vendue en trois semaines, et les éditeurs réalisent un beau profit (Best.D9000, D9722). Cette première opération Cramer s'achevait donc à la satisfaction générale.

Mais espérer de là un ciel désormais sans nuages, c'était afficher trop d'optimisme. La longue publication des *Nouveaux mélanges* amorcée dès 1759 et achevée seulement en 1775 avec un dix-neuvième volume, illustre bien cette réserve. Jusqu'en 1768 approximativement (volume vii), il n'y a rien à ajouter au schéma désormais familier. Surveillance attentive, quasi quotidienne,[18] satisfaction évidente (Best.D9664, D14134), distribution de volumes.[19] Une ombre en septembre 1765: Cramer ne consulte pas (assez) Voltaire: 'je vous gronde comme éditeur, et je vous demande pardon comme à mon ami' (Best.D12884, cf.D13001, D13231). En juillet 1768 Voltaire conseille d'arrêter l'impression de volumes 'aussi dangereux qu'ennuieux' (Best.D15111, D15145) quoi-

[14] Best. D6664, D6702, D6712, D6732, D6758, D6810, D6861, D6864.
[15] Best.D6768, D6779, D6736, D6824, D6837, D6858.
[16] Best.D6908, D7103, D7117, D7439, D7455, D8361.
[17] Best.D6640, D6641, D6651, D6855, D6867, D6896.
[18] Best.D9546, D9557, D9683, D9691, D12830, D12831, D12907, D12924, D13076, D13215, D13223, D13230, D13239, D13246, D13256, D13306, D13339, D13357, D14177, D14278, D14483, D14513.
[19] Best.D9683, D9691, D13001, D13059, D13778.

qu'il y travaille comme par le passé (Best.D15401). Il éclate l'année suivante (Best.D15491): Cramer 'se conduit aussi mal en amitié qu'en Tipographie'. Confirmation en écho d'une lettre ostensible adressée au libraire le 3 novembre 1768 (Best.D15289). Le différend porte sur l'ordre du contenu des volumes (Best.D15716, cf.D15929). Le même incident se répétera en 1770-1771 et en 1773: collaboration et commandes (Best. D16294, D16573, D16983), plaintes à propos de ces 'bêtises de typographie, tours de libraire, mensonges imprimés', propos ironiques sans aucun doute (mais à quel point?) puisqu'ils sont destinés à d'Alembert (Best. D17634). Voltaire se plaindra des tomes xiii-xiv quoiqu'ils aient été composés sous son contrôle.[20] Il ne faut sans doute point exagérer la portée de ces escarmouches. Un mouvement d'humeur chez l'écrivain, quelque hâte inconsidérée chez l'imprimeur n'étaient pas de taille à engendrer de graves différends, voire des ruptures comme ce fut le cas pour toutes les éditions antérieures. Les faits eux-mêmes démentent cette possibilité, car pendant que paraît l'interminable suite des *Nouveaux mélanges* qui prennent des allures d'annuaire voltairien, une deuxième édition Cramer, la fameuse édition in-quarto était déjà bien lancée. De cette énorme collection en 45 volumes, les trente premiers sont de Cramer: les tomes i-vii parurent en 1768, les tomes viii-xii l'année suivante, les xiii-xviii en 1771, suivis des volumes xix-xxiv en 1774 et des xxv-xxx en 1777.[21] Cette édition va exiger du septuagénaire une nouvelle, minutieuse et longue attention. Il commence en 1765: il faudra presque quatre années de travail. Les lettres sont innombrables et suivent pas à pas toutes les étapes de la fabrication des volumes. Voltaire discute tout, textes, cartons, typographie, ponctuation, format, distribution. Un exemple entre cent: en décembre 1765 (Best.D13040) il écrit: 'Vôtre compositeur suisse met partout *refuter* au lieu de *réfuter, repéter* au lieu de *répéter, repeter* c'est peter deux fois, et *répéter,* est le *repetere* des latins.'[22]

Quand les premiers volumes paraissent, Voltaire approuve: 'Je ne puis pas dire que j'en trouve tout beau,' écrit-il en parodiant Chapelle, 'Papier, dorure, images, caractère, car je n'ai point encore vu les images; mais je suis très satisfait de l'exactitude et de la perfection de cette

[20] Best.D18263, D18293, D18309, D18689.
[21] on sait que Jean-François Bastien donnera les tomes xxxi-xlv en 1796.
[22] cf. Best.D12026, D12600, D12630, D12666, D12831, D12982, D12933, D13040, D13146, D13330, D13331, D13354, D13376, D14251, D14370, D15110, D15342, D15343, D15433, D15560, D15589, D15650, D15716, D15751, D15788, D15908, D15986, D16470, D17247, D17294, D17318.

édition', propos du 1er juin 1768 à Panckoucke (Best.D15052). Bien qu'il fasse des réserves sur les prix ('Les filles qui viennent se présenter sont mal payées; celles qui sont difficiles font fortune; c'est l'a, b, c, de la profession: imitez les filles; soyez modeste pour être riche').[23] Mais comme pour les *Nouveaux mélanges* il y a quelque malentendu sur le contenu de cette *Collection complette des œuvres de m. de Voltaire*. En bon français, il s'agit donc de ramasser en vue de leur réunion *tous* les écrits d'un auteur. C'est ce que fait Cramer et désapprouve Voltaire.[24] Il renouvellera ses reproches de n'avoir pas été consulté assez. En 1768, le ton est relativement mesuré. Au Parisien Panckoucke Voltaire se plaint du Genevois qui a 'ramassé toutes mes sottises pour en faire une effroyable suite d'in 4°'.[25] C'est surtout la présence affichée de nombreux textes philosophiques que Voltaire contestera. Cramer est appelé plus d'une fois à en tenir compte, de septembre 1771 à l'année 1772, parfois d'une façon assez générale,[26] parfois d'une façon précise (Best.D17403) et sur un ton véhément:

Certainement on n'aurait point défiguré ainsi cette édition in quarto si vous y aviez seul présidé. Vous n'auriez pas souffert qu'on m'eût fait un tel outrage dont vous même vous êtes la victime. Vous m'auriez consulté, vous m'auriez envoié toutes les feuilles; j'aurais pris la peine de les corriger: vous auriez fait une édition véritable et avouée de moi.

Cette disculpation voilée tient de la parade assez ostensible, car on voit presque en même temps Voltaire demander des volumes (Best.D17085, D17088, D17089), envoyer des corrections et des textes pour les tomes à venir (Best.D16889, D17537, D18086, D18374) ce qui permet à

---

[23] Best.D15108; cf. D15144, D15280, D15929, D16388.

[24] à cette occasion Voltaire s'est expliqué par trois fois sur la notion d' 'œuvres complètes'. L'histoire, le temps nous jugeront dit-il à Cramer le 31 mars 1770 (Best.D16267); 'De même qu'il ne faut pas écrire toutes les actions des rois, mais seulement les faits dignes d'être écrits, il ne faut pas imprimer toutes les sottises des auteurs, mais le peu qui mérite d'être lu.' Même ton dans la lettre à Alembert du 2 mars 1772 (Best.D17634): 'Il a plu à Gabriel de débiter sans me consulter, tous les rogatons qu'il a trouvés sous mon nom dans les *Mercures* et dans les feuilles de Fréron. Il en a même farci son édition in-4°. Je l'ai grondé terriblement, et il n'en a fait que rire: il dit que cela se vend toujours, que cela s'achète par les sots pendant un certain temps, qu'ensuite cela se vend quatre sous et demi la livre aux épiciers, et qu'il y a peu à perdre pour lui. Je suis un pauvre agonisant qui voit vendre sa garde-robe avant d'avoir rendu le dernier soupir.' Notons encore ce bref aveu qui lui échappe dans une lettre du 6 janvier 1774 à Panckoucke (Best.D18739): 'je n'ai jamais eu et [. . .] je ne dois jamais avoir la moindre part aux éditions qui paraissent sous mon nom.' Et dans un souffle: 'Il faut que je meure tranquille.'

[25] Best.D15132; cf. D15040, D15144, D15518, D15540, D15574, D16256.

[26] Best.D17355, D17383, D17390, D17537, D18444; cf. D17634, D17790, D18466.

Cramer de dire à Panckoucke le 1er septembre 1772 (Best.D17897) combien il est aise de voir l'auteur suivre l'édition avec la plus grande attention.

Tout compte fait, cette question de principe mise à part, ou plutôt considérée dans une perspective plus large, l'édition in 4°, faite 'pour les bibliothèques' (Best.D14485), fut une réussite complète, non seulement au point de vue typographique (contenant) mais aussi sur le plan textologique (contenu). Tout en dépassant les précédentes elle ne répondait pas entièrement sans doute au vœu profond de ce vieillard qui à quatre-vingts ans sonnés se lancera dans une nouvelle aventure, celle de l'édition encadrée de 1775.

Celle-ci fut commencée au moment où l'édition in 4° était déjà bien lancée, Cramer ne se pressant nullement (Best.D18086, D18525). Ici encore on voit Voltaire collaborer étroitement à tous les niveaux avec l'imprimeur.[27] Il semble toutefois que le premier tirage n'ait guère satisfait le philosophe. Un billet du 12 juin 1775 à Cramer (Best.D19506) en fait foi: Voltaire a 'travaillé nuit et jour' pour corriger les feuilles non seulement sur le plan textuel, mais aussi sur le plan typographique. L'édition a largement été cartonnée[28] et nous avons pu montrer l'importance considérable de cette opération. La lettre à Cramer paraît critique au premier abord mais on y voit revenir la constante de l'auteur-qui-n'a-pas-été-consulté. L'image du mobilier vendu à l'insu d'un agonisant utilisée à propos de l'édition in 4° revient aussi dans une lettre à Lekain (Best.D19709) et elle entraîne une troisième constante, celle des textes répréhensibles. Ici encore Voltaire pratique la subtile dialectique des deux vérités.[29] Une telle ampleur, un tel registre, une telle mise en scène rendent perplexe. L'habile manœuvre publicitaire n'exclut pas en même temps le déploiement d'un écran de fumée protectrice et efficace. Les reproches sont invariables dans leur contenu, seul le mode change. De critique véritable, on ne retiendra sans doute que la lettre si tardive du 12 janvier 1778 (Best.D20980) adressée à Panckoucke. On y retrouve les mêmes formules touchant la typographie et la présence de certains textes. Comme reproches précis Voltaire énumère la disparition des millésimes et des titres marginaux dans les écrits historiques, la présence

---

[27] Best.D15752, D18376, D19271, D18951, D19831, D19472, D19270, D19344, D19507, D19079n.

[28] J. Vercruysse, *Les Editions encadrées des Œuvres de Voltaire de 1775*, Studies on Voltaire 168 (1977).

[29] Best.D19976, D19981, D19895, D19901, D19902, D19948, D19976, D19981, D19903, D19910, D19953, D19960, D19962, D19966, D19969, D19970, D20168.

éventuelle d'estampes. Cela suffit-il pour taxer cette édition de 'bonne qu'à allumer le feu de la st Jean'? ou 'si ridicule marchandise'? A vrai dire, Voltaire ne considérait pas l'édition encadrée comme mauvaise puisqu'il en fera la base d'un nouveau et ultime projet.

Il avait quatre-vingt-trois ans lorsqu'il promit son concours à Panckoucke qui se proposait de donner une meilleure édition. Voltaire le félicite le 19 octobre 1777 (Best.D20844) de son courage 'de faire une édition qui fasse tomber toutes les autres'. Et quelles promesses! (Best. D20910):

J'y passerai les jours et les nuits tant que la nature m'accordera des nuits et des jours [. . .] Je vous fournirai, à moins que je ne meure, de quoi faire une édition assez curieuse qui fera amande honorable pour toutes ces éditions Suisses, genevoises, hollandaises, dans lesquelles on m'a défiguré.

Décidemment il n'y avait de bon bec que de Paris pour ce vieux Parisien. Et lorsqu'il reçoit enfin les exemplaires interfoliés demandés pour commencer ses remaniements, il annonce fièrement à son éditeur le 12 janvier 1778 (Best.D20980) qu'il a déjà annoté 12 volumes de l'édition encadrée.[30] 'Quand il s'agira de travailler pour vous faire plaisir, rien ne me rebutera que la mort', ajoute-t-il, et notons ce dernier propos: 'si je suis en vie dans un an, je vous aiderai autant que je pourrai.' La mort l'emportait quatre mois plus tard sans avoir pu réaliser celle qui devait être la meilleure des éditions possibles. On sait comment Panckoucke céda finalement ses droits au consortium créé par Beaumarchais et qui donnera sept ans plus tard une édition – monument d'hommage national de la France philosophique – dont le contenu et les commentaires eussent à la fois inquiété et réjoui secrètement l'infatigable voyageur en Jermanie.

Il est temps de conclure. Cet examen interne de l'histoire des œuvres complètes de Voltaire soulève des questions certes, mais révèle également ment quelques données dont l'importance sur le plan de notre acquis voltairien ne saurait être contestée.

Le fond du problème est celui des rapports entre Voltaire et ses éditeurs successifs. Il ressent, il vit avec intensité tous les degrés des marches qui relient l'acte physique de l'écriture à l'accueil du livre. Dans le rapport de forces sociales et économiques qui opposent l'auteur à

[30] S. S. B. Taylor, 'The definitive text of Voltaire's works', *Studies on Voltaire* (1974), cxxiv.7-132.

l'imprimeur, la situation du premier est la plus précaire, faute de droits et de conventions. L'arbitraire, voire l'anarchie, règnent en toute quiétude. On comprend donc ses réactions. Devant les éditions pirates, les contrefaçons qui se multiplient, Voltaire n'a d'autre ressource que de protester sur tous les tons et modes, d'agir ou de vouloir agir en justice. Minces satisfactions car l'irréparable est accompli. D'aucuns ont voulu voir dans cette attitude un bouquet de mensonges, de jeux et de singeries. L'ultime recours devant cet absurde est celui de la résignation, de l'indifférence qui viendront avec le temps, ou mieux celui d'un certain stoïcisme.

L'histoire des éditions authentiques enrichit également nos perspectives. De Ledet à Panckoucke on voit se dessiner malgré les déceptions et les échecs un irréversible progrès qualitatif. Pour parvenir au tout dernier état des textes connu, il aura fallu un demi-siècle d'efforts opiniâtres toujours recommencés. C'est Sisyphe au pays de Jermanie qui à quatre-vingt-trois ans ne cesse de voyager, de remonter la pente pour un ultime effort qui sans doute ne lui aurait pas donné satisfaction. L'immortalité elle-même n'eut pas suffi.

Des constantes apparaissent en ce demi-siècle. A chaque occasion Voltaire n'a pas négligé la peine pour préparer l'édition de ses œuvres. On le voit adresser aux libraires mille et une lettres qui toutes témoignent du soin méticuleux et intense qu'il accorde à tous les moments de la fabrication de ses livres. Il ne ménage ni les flatteries ni les politesses, ni les serments, toujours à prendre avec quelque grain de sel car même dans la position d'écrivain le plus célèbre de son temps, c'est-à-dire d'auteur le plus vulnérable, la fin ne justifie-t-elle pas quelques moyens, même ceux du jeu de la double vérité, de la concurrence simultanée? L'espoir, le désir, la volonté d'une bonne édition, de la meilleure des éditions possibles, ne fût-ce que par rapport à celles de l'industrie de la contrefaçon et de la piraterie, l'ont guidé à chaque pas. Ses rêves s'evanouirent toujours un peu, voire beaucoup, et ces échecs ne le découragèrent jamais. Il y a quelque chose d'admirable dans cette attitude opiniâtre, cette rigueur obstinée; d'admirable certes, d'absurde peut-être, d'exemplaire certainement. En cultivant de la sorte son jardin, Voltaire fait pousser des fruits qui ne seront jamais à son goût. Il incarne aussi la célèbre affirmation d'un grand prince qu'il admirait sincèrement et qui dit que *Point n'est besoin d'espérer pour entreprendre ni de réussir pour persévérer.* En cultivant le jardin de leurs intérêts, qui ne recoupaient pas nécessairement ceux de l'auteur, les éditeurs ne furent pas toujours à la hauteur voulue. De cette confrontation Voltaire n'a pas tiré la leçon de l'impérative présence sur les lieux mêmes, encore que cette solution, comme dans le cas de l'*Anti-Machiavel* par exemple, ne s'avère pas toujours la plus sûre.

Malgré lui, Voltaire a dû choisir le parti de l'insatisfaction continue, non pas morbide, mais créatrice. Les grandes éditions qui se succèdent depuis 1778, Kehl, Palissot, Beuchot, Moland, n'ont peut-être pas toujours bien compris ce message. Aujourd'hui, les temps sont peut-être venus, deux siècles après, où de Genève à Oxford (l'Angleterre et Voltaire, enfin) l'on produira si pas la meilleure des éditions possibles, du moins celle qui, toute modestie mise à part, occupera une place de choix dans les mondes du possible.

Voltaire and the English

⁘

CATALOGUE OF
AN EXHIBITION OF BOOKS
AND MANUSCRIPTS
SHOWN IN
THE DIVINITY SCHOOL
BODLEIAN LIBRARY
FROM 2 TO 27 MAY 1978

1717   *Turkish Spy for Mr Sare, Rhodes, Cooke &c Vol. III & IV*

Aug 6 reced of Mr Vincent Demy yf   50   1717   Books $ No

     Janẹ 16 To Mr Sare

     Febẹ 5 to Payne

     1718 Sept 5 to Mr Sare the Wash

1722   *Ditto*   8th Edit.

Jan 25 reced of Mr Vincent   68 03   1722   Books $ No

     Sept 4 to Mr Sare

     Oct 2 more

     3 more &c &Cox

     5 to Mr Cooke in full

1727   *Ditto*   9th Edit.

July 11 reced of Mr Hooke   68 15   1729

Aug 11 more   32 10   Feb 26 $ to Mr Williamson in full with Wells

1731   *Fienus de præcip Artis Chirurg Controvers for Mr*

Feb 16 Recd of Mr Brown Crown 18 at   No

     used for 23 Mr W 250   16 2   1733 Apr 18 $

     ren to pay for   1 18   1734 May 20 more with Weston

     18

     Rosalinda for Mr Davis   No

1735 Sept 27 Recd of Mr Jackson Demy 40   1735 Feb 10 $ to Mr Davis

Oct 8 of Mr Jackson   8   14   to Do

1 used for 23 Ku   46   45   16   to Do

Feb 14 of Mr Jackson for Extra   10   17   to Do

     Voltaire's portate Letters for Mr Davis

1733   Demy 80

Apr 16 recd of Mr Brown   1735

14 used for twice   200   July 31 $ to Mr Davis

to the   27 $ more

1738   164   74   Aug 2 more

Sept 15 returnd   5:10 3 18   more

used for & cancelled   2   80   more

     Do in French   14   more

1739 May 19 Recd of Mr Davis Crown   74   in French Printing

June 12 recd of Do   6   22 more

     48   1739

     28 Sent for

used for 16 Ku 1500   40   26 more to Davis

     30 Do

     30 Mr Lockman

Cyrus's Travells in French for Mr Charles Davis Demy 1727 Books 98 No 1000
1 Paper Recd
2 Recd from Mr Faure 10 R. 5ū Decr 26 Dd to Mr Davis 1000
3 ——— more of Ditto 1 R.

Bradley's Botannical Lectures for Do 1000
1 Recd of Mr Tonson Demy 26 1729 1000
12 Th Wt 1000 each 24 Mar 2d P. Mr Davis 50
used for Drake 2 more 25
  26 5 more 300
   6 more 300
   more 325

Mr Sharp's Sermons for Mr Davis Do 500
Recd of Mr Bett 7 1730 Do 500
6 Mo Wt 4 each up 6+3/4 May 22 Dd to Dr Bentley 2
   Mr Davis with Waste 500

Voltaire's Charles XII in French No 750
Recd of Mr Bett Demy 12 1730 Jan 13 Dd to Mr Davis 182
Recd of Do 24 5 Dr W. again after 2
volumd to Mr Bett 40:10 14 Mr Davis 218
12 Th to Wt 1000 English each up 24 10 yr 15 200
7 Th Wt French Wt 750 each up 11 5 18 Do with y Waste 14
returnd as above 4 14 1

——— in English 8vo 1730 No 1000
8 Paper y same with y French Edition Febr 08 Dd to Mr Davis 200
  to Do wy ye Waste 798
  to Mr W again 2
  1000

Do in English 2d Editn No 2000
Recd of Mr Tonson Demy 40 Mar 14 Dd to Mr Davis 5
12 Th Wt 2000 used it all 15 to Do 985
  18 to Do 300
Recd of Mr Tonson for 2 Sett 18 25 to Do 15
to Davis by 2d Edit 300 Apr 7 to Do 300
to Do 8 to Do 300
to Do 300 14 to Do full & waste 100
  2003
  1000

Do Ditto in French 2d Editn Crown No
Recd of Mr Tonson 20 1732 Mar 27 Dd to Mr Davis 300
more 1 to Do in full 700
used for 10 Setts 21 1000

Mons. De La Motraye's Lettr to Voltaire 1000
Recd of Mr Bett Demy 10 1732 Apr 24 Dd to Mr Warner 250
of Do 2 25 to Do more 250
used for 6 Th Wt 1000 12 May 1 to Mr Davis in full 500
  1000

——— In English 2d Editn No 2000
  1732 June 1 Dd to Do 500
  more Dd to Mr Davis 600
  17 more 300
  Aug 19 more 600

1. Ledger of William Bowyer (no. 15)

Voltaire and the English

GILES BARBER

꧁꧂

THE exhibition was supported by the Bodleian Library and the Taylor Institution and organised by Giles Barber and Andrew Brown with the assistance of David Gilson, Anne Hamerton and Anthony Turner. All copies shown came from the Bodleian (of which the shelfmarks are given) unless otherwise stated. The organisers are particularly grateful to the private collectors who lent items for the exhibition, as well as to Cambridge University Library and the Fitzwilliam Museum, Cambridge, for similar loans. They also owe a considerable debt to professor A.-M. Rousseau's *L'Angleterre et Voltaire*, published in the *Studies* in 1976.

1. THE REASONS FOR VOLTAIRE'S VISIT TO ENGLAND

Early in 1726 Voltaire had a row with the chevalier de Rohan-Chabot, the latter having sneered at Voltaire's change of name from Arouet. Voltaire was beaten up by Rohan's servants and when he proposed a duel the Rohan family had Voltaire thrown into the Bastille (17 April 1726). Finally the authorities accepted Voltaire's offer to leave for England.

In the letter exhibited here and dated 30 March 1726 (19 March o.s.) lord Bolingbroke, who had met Voltaire during his own recent exile in France, writes to madame de Feriol commenting on Voltaire's affair. Bolingbroke's estate at Dawley was to be one of Voltaire's first homes in England and he used his London address for his mail.

... j'ay receu les lettres de Voltaire, et je prens la liberté d'en joindre une pour luy à celle que j'ay l'honneur de vous ecrire. Je plains de tout mon cœur le malheur de ce pauvre garcon, et je le plains d'autant plus qu'il me revient que tres peu de gens le plaignent. Je ne comprens pas qu'il soit possible qu'il ait eu assez de tort pour justifier ceux qui ne sentent pas l'indignation que doit causer un assassinat, et qui ne plaignent pas celuy sur lequel il est tombe...

(MS French d.18, f.25)

2. LETTER FROM VOLTAIRE TO NICHOLAS CLAUDE THIERIOT

This plaintive note to Voltaire's old friend was written around 25 April 1726 during the author's second imprisonment in the Bastille. Ten days later he was at Calais, awaiting passage to England.

(Estate of Th. Besterman Best.D275, MS1)

3. NOTEBOOK USED BY VOLTAIRE DURING HIS STAY IN ENGLAND

This notebook was started by Voltaire in 1726 or 1727 and probably used, from both ends, over a number of years. It is not known whether the manuscript was among those items stolen by Guglielmo Libri but it featured in the collections of Joseph Barrois and lord Ashburnham. Over a dozen Voltaire notebooks are known and their text has been published by the late dr Besterman as volumes 81-82 of the new *Œuvres complètes*.

(Fitzwilliam Museum, Cambridge)

4. VOLTAIRE'S FIRST PUBLICATION IN ENGLAND

Having mastered the English language in a remarkably short time Voltaire settled at Wandsworth and took up the life of a man of letters, breaking off only to attend Newton's funeral and, in all probability, to meet Swift over from Dublin. The *Essays* appeared on 6 December 1727 when Voltaire was living at the White Perruque in Maiden Lane and was already engaged in promoting his revised edition of the *Henriade*. See illustration 2.

An Essay upon the civil wars of France ... And also upon the epick poetry of the European nations from Homer down to Milton. London 1727 (A.-M. Rousseau, *L'Angleterre et Voltaire*, bibliography no. 102).

(Toynbee 2704)

5. VOLTAIRE'S *ESSAY:* SECOND EDITION

Voltaire spent a considerable amount of time in the promotion of his publications and sent a copy of the *Essay* to Swift who wrote a preface to the Dublin reprint.

Essay upon the civil wars of France. . . The second edition, corrected and revis'd by the author. London 1728.

(G.A. Gen. top. 8° 1090)

A N
E S S A Y
UPON THE
CIVIL WARS
O F
FRANCE,

Extracted from curious MANUSCRIPTS.

AND ALSO UPON THE
EPICK POETRY
OF THE
EUROPEAN NATIONS

From *HOMER* down to *MILTON*.

By Mr. de VOLTAIRE.

LONDON:

Printed by SAMUEL JALLASSON,
in *Prujean's Court Old Baily*, and fold
by the Bookfellers of *London* and *Weft-
minfter.* M DCC XXVII.

6. AN UNAUTHORISED EDITION

This edition was issued by the bookseller N. Prevost, probably after the latter's row with Voltaire over the publication of the *Henriade* (see item 11).

Essay upon the civil wars of France ... Second edition, corrected by himself. London 1728 (Rousseau 103).

(Radcliffe e. 195)

7. AN ITALIAN'S REACTION TO VOLTAIRE ON THE EPIC

The Italian circle in London was particularly active in the world of the theatre and of music. Voltaire met Luigi Riccobini, the author of a *Dissertation sur la tragédie moderne*, in 1727. Paolo Rolli, for years the leading literary figure, here reproaches Voltaire for his scant treatment of Italian writers such as Ariosto and Tasso.

P. Rolli, *Remarks upon m. Voltaire's Essay on the epick poetry of the European nations*. London 1728.

(G.P. 1853/8)

8. THE FIRST FORM OF THE *HENRIADE*

Having started his literary career in the theatre Voltaire turned to the epic poem, a form with little precedence in France. Much of the early text was composed during periods in the Bastille and, after numerous private readings, was published secretly in the Hague, at once provoking opposition from the clerical party for its criticism of the Church.

La Ligue ou Henry le grand. A Genève, chez Jean Mokpap [really The Hague, Le Viers] 1723.

(G.P. 1322/3)

9. VOLTAIRE THE TALK OF THE TOWN

The British Journal, Saturday 28 January [o.s.] 1727.

Last Week M. Voltaire, the famous French Poet, who was banished from France, was introduced to his Majesty, who received him very graciously. They say he has received Notice from France, not to print his Poems of the League; a Prosecution still depending against him, by the Cardinal de Bissy, on the Account of the Praises bestow'd in that Book, on Queen Elizabeth's Behaviour in Matters of Religion, and a great many Strokes against the Abuse of Popery, and against Persecution in Matter of Faith.

(Nichols newspapers, vol. 63A, 1727)

10. *LA HENRIADE*

La Henriade was a much enlarged and improved version of Voltaire's epic, notable for its increased deism and anti-clericalism as well as its highly impertinent tone. Its author doubtless hoped for international fame and that the French authorities would thus yield and allow his return. Dedicated to queen Caroline, as princess of Wales already well disposed to him before the death of George I, it was supported by an impressive list of 343 subscribers. See illustration 5.

La Henriade. London 1728 (Rousseau 125).

(Vet. A. 4 d. 340; Taylorian, V4.H.1728)

11. *LA HENRIADE:* SECOND EDITION

In recognition of their assistance Voltaire allowed the bookseller James Woodman and the writer J. P. Coderc to publish octavo editions. Coderc's edition, produced by N. Prevost, reproduced an early proof state of the quarto which the publisher blatantly advertised as the only correct text. Voltaire published disclaimers in the *Daily Post*.

La Henriade. Seconde édition revûe, corrigée, & augmentée de remarques critiques sur cet ouvrage. London (Woodman & Lyon) 1728 (Rousseau 127).

(8° F. 241 Linc.)

12. A SPECIAL EDITION WITH MANUSCRIPT DEDICATION TO THE QUEEN OF FRANCE

This hitherto unknown 'edition' is a copy of the authorised Woodman and Lyon octavo, or second edition, with a new titlepage which appears to have been specially printed for presentation copies, Voltaire being already short of quartos for his subscribers. This copy bears a manuscript dedication to Maria Leszczinska who, shortly after her marriage, had accepted the dedication of Voltaire's *Hérode et Mariamne*, and was clearly a bid for pardon and permission to return to France. The carefully written dedication occurs however upside down on the last end leaves and it would appear that Voltaire wrote it there in error after which he presumably laid this volume aside and rewrote it on another copy, the whereabouts of which are unknown today. The text reads:

Madame,

Etant sujet de votre majesté par le cœur autant que par devoir, j'ose présenter aux pieds de votre majesté un ouvrage solide quoy que poétique, qui a pour fondement la relligion catholique, et la fidelité aux souverains; et qui est l'éloge d'un des plus grands rois qui aient possédé le trone que vous ornez.

J'ay attendu jusqu'à cette quatrième édition, afin qu'étant plus correcte et plus épurée elle fut moins indigne d'être présentée à votre majesté.

J'ay été le premier françois sur qui votre majesté ait daigné repandre ses bontez. Me seroit-il permis de me flatter que mes malheurs, et peutêtre mes ouvrages, qui n'ont pour objet que la vertu, puissent me faire prétendre à l'honneur de votre Royalle protection.

Je suis auec un très profond respect, de votre Majesté, le très humble, très soumis, et très fidèlle serviteur,

Voltaire

à Londres ce 25 avril 1728

La Henriade. Quatrième édition. Revûe & corrigée par l'Auteur. A Londres: Avril, 1728.

(Private collection)

13. AN ENGLISH TRANSLATION

John Ozell, a translator of numerous French writers, started promptly on *La Henriade* but seems to have got no further than this first canto published as no. 1 of 'The Herculean Labour; or the Augean stable'.

The Henriade, canto 1 [London 1729] (Rousseau 130).

(G.P. 855/7)

14. CRITICISM OF *LA HENRIADE*

A literary criticism of *La Henriade* written by T. de Saint-Hyacinthe, a former French journalist and writer lately resident at Worcester, elected fellow of the Royal Society in 1728, and here expressing the attitude of the anti-Voltaire French group in London which included Desfontaines, Dutch Huguenots and certain freemasons.

[T. de Saint-Hyacinthe], *Lettres critiques sur la Henriade.* London 1728.

(G.P. 2098/2)

15. THE PRINTING OF THE *LETTERS CONCERNING THE ENGLISH NATION*

Voltaire felt it safer for this text to be produced out of Paris and arranged for editions to be published simultaneously in both Rouen and London. He therefore sent his friend Thieriot, in London, both his French text and the original English version. The English publishers seem to have preferred however for the English text to appear first, in 1733, and the French in 1734. Both were printed by William Bowyer, a leading London printer, whose ledgers are shown here. Bowyer originally entered on folio 27 his printing of both the French first edition of the *Histoire de Charles XII*, of 1731, together with the English translation. Then in 1733 he added the entry for the *Letters*. The paper for the English text was received on 16 April 1733 and printed copies delivered between 21 July and 22 August. Paper for the French text was ordered on 19 May 1733 but the copies were only delivered to Charles Davis & A. Lyon, the publishers, in March 1734. Other pages show the names of the compositors and pressmen involved and the payments made to them for the work.

The entry for the *Histoire de Charles XII* shows that 750 copies were printed of the first edition in French and 1,000 of the second, while the English translation was published in 1,000 copies for the first edition, 2,000 for the second and 2,000 for the third. See illustration 1.

(MS. Don. b. 4, f.26v and Grolier Club of New York ledger 2)

16. VOLTAIRE'S REPORT ON ENGLAND

Voltaire's report on his visit to England deals with ideas rather than with persons or places. He writes of religion, of the new philosophy (Locke) and the new physics (Newton), of the stage and literature, of government and trade, of inoculation and academies and, by implied comparison, criticises French institutions. His book has been described as 'the first bomb thrown at the ancien régime' (Lanson). See illustration 6.

Letters concerning the English nation. London 1733 (Rousseau 214).

(Taylorian, V8L4.E1733)

17. A CANCELLED PASSAGE

As the Bowyer ledgers show several pages were cancelled and new text substituted at a late stage. Here a new page 86 has been substituted (for reasons which remain unknown), being pasted in on the stub of the original page which is still just visible.

Letters concerning the English nation. London 1733 (Rousseau 214).

(Vet. A 4 e. 491)

18 A DUBLIN PIRACY

Letters concerning the English nation. Dublin 1733 (Rousseau 215).

(Vet. A 4 e. 1858)

19. VOLTAIRE'S TEXT, IN FRENCH, PRINTED IN LONDON

William Bowyer's ledgers give the details of this first edition of Voltaire's letters in French, later better known as the *Lettres philosophiques*. Further proof of the edition having been printed in England comes from the presence of 'press figures', a uniquely English method of marking sheets during printing for accounting purposes. These figures – to be seen here in the space below the text – are valuable as an indication that books otherwise ostensibly of French origin were really printed in England. English printers of the eighteenth century frequently copied continental originals and styles remarkably closely in order to add authenticity to their productions.

Lettres écrites de Londres sur les Anglois et autres sujets. Basle [really London] 1734 (Rousseau 212).

(Godw. 232)

20. AN AMSTERDAM REPRINT

Lettres écrites de Londres sur les Anglois et autres sujets. Suivant la copie imprimée à Londres. Se vend à Amsterdam chez Jaques Desbordes 1736.

(Don. f.75)

21. A FRENCH BIOGRAPHY OF A SWEDISH KING PRINTED IN LONDON

Charles XII, started in England, was Voltaire's first historical work and was one of his most popular books. As a work rejecting any idea of a divine plan in history and in its open criticism of monarchical authority it has been said to have introduced a new attitude in history. See illustration 7.

Histoire de Charles XII, roi de Suède. Basle [London] 1731 (Rousseau 133).

(Godw. 230)

22. AN INTERNATIONAL BESTSELLER

The first edition of Voltaire's biography of Charles XII bears Basle, Revis on the title page but was in fact printed at Rouen by Jore. Of the numerous reprints many also bore Basle but others put Amsterdam, Hamburg etc. This edition was printed on the continent but probably handled in London by a Dutch bookseller active there in the mid 1730s.

Histoire de Charles XII. Quatrième édition. Londres, Abraham Vandenhoeck 1732.

(Taylorian, V7.H2.1732)

23. A 'SOCIETY AMUSEMENT'

A verse and prose satire in literary and art criticism.

The Temple of taste. London 1734 (Rousseau 375).

(Vet. A. 4 e. 1220)

24. VOLTAIRE ADAPTED FOR THE ENGLISH STAGE

Voltaire's *Brutus*, based on Lucius Junius Brutus, consul in 509 B.C., and the conflict of democracy and external tyranny, was completed in 1729 and dedicated to Lord Bolingbroke. Duncombe admits in his preface that his play is 'form'd on the model of Mr. De Voltaire's excellent tragedy'.

Junius Brutus, a tragedy. By mr William Duncombe. London 1735 (Rousseau 43).

(8° W 62 (4) Art.)

25. A LONDON REPRINT IN IMITATION OF THE FRENCH ORIGINAL

Press figures again prove that this edition was really printed in London (see illustration 3). Voltaire enjoyed *Julius Caesar* despite its 'barbarous irregularities' but his is an essentially different play more in the French tradition and concentrating on Brutus' reaction and position when he discovers, before the assassination, that he is Caesar's son. The copy shown belonged formerly to Lytton Strachey. See illustration 8.

La Mort de César, tragédie. Paris [London] 1736.

(Taylorian, V3.M7.1736)

26. AN ANGLO-FRENCH EDITION?

This book poses a problem and, despite the imprint, seems to have been printed in Paris.

CASSIUS.

Que veux-tu donc qu'on faffe en un tel defefpoir?

BRUTUS.

Montrant le Billet.

Voilà ce qu'on m'écrit, voilà notre devoir.

CASSIUS.

On m'en écrit autant, j'ai reçu ce reproche.

BRUTUS.

C'eft trop le mériter.

CIMBER.

L'heure fatale aproche.

Dans une heure un Tiran détruit le nom Romain.

BRUTUS.

Dans un heure à Céfar il faut percer le fein.

CASSIUS.

Ah! je te reconnois à cette noble audace.

DECIMUS.

Ennemi des Tirans, & digne de ta race,
Voilà les fentimens que j'avois dans mon cœur.

CASSIUS.

Tu me rends à moi-même, & je t'en dois l'honneur.
C'eft-là ce qu'attendoient ma haine & ma colere
De la mâle vertu qui fait ton caractère.
C'eft Rome qui t'infpire en des deffeins fi grands;
Ton nom feul eft l'Arreft de la mort des Tirans.

3. Press figure from *La Mort de César* (no. 25)

La Mort de César. Nouvelle édition. Imprimée à Londres chez Innis et se vend à Paris chez J. B. C. Bauche 1736.

(Taylorian, V3.M7.1736)

27. ANOTHER LONDON IMITATION

Alzire deals with the relations of an occupying power and a subject people, and, one of the author's most popular plays, it is also the earliest surviving French play set in America (Peru). It may have been stimulated by Dryden's *Indian emperor*. Press figures (see above) again prove this ostensibly French edition to have been printed in London, where in fact William Bowyer printed part of the text. See illustration 9.

Alzire, ou les Américains. Paris [London] 1736 (Rousseau 19).

(G.P. 4/4)

28. THE GENUINE PARIS EDITION

Alzire was first acted, at Paris, on 27 January 1736 and the *approbation* of the first French edition is of 28 March 1736. See illustration 10.

Alzire, ou les Américains. Paris, J. B. C. Bauche 1736.

(Taylorian, V3.A5.1736)

29. AN ENGLISH ADAPTATION REPRINTED IN IRELAND

Alzire was first produced in January 1736 and published in March. Aaron Hill, who had earlier adapted *Zaïre*, produced his English version in three weeks and it was first performed on 18 June 1736. Such speed remained typical of English reprinting and translating of French works throughout the eighteenth century. Voltaire's dedication to Madame du Châtelet was replaced by Hill with one to Frederick, prince of Wales. Arthur Murphy later attempted another adaptation under the title *Alzuma*.

Alzira [adapted by A. Hill]. Dublin 1736 (Rousseau 21).

(Vet. A 4 f.844)

30 VOLTAIRE AT THE AGE OF TWENTY-FOUR

Reproduction of the painting by Nicolas Largillière in the Institut et musée Voltaire, Geneva. Another version, the one given by Voltaire to mlle Livry, is in the Musée Carnavalet; and a third at Versailles. Contemporary copies were also made.

31. VOLTAIRE AND SCIENCE

Voltaire had become acquainted with Newtonian science in England and devoted considerable space to it in the *Letters concerning the English nation*. In retirement with mme Du Châtelet at Cirey in Lorraine he subsequently prepared this further popularisation, thereby bringing Newton's ideas before the general European public. The first edition, shown here, was published from his manuscript but in an unauthorised form. One of the copies shown was formerly Lytton Strachey's.

Elémens de la philosophie de Neuton. Amsterdam 1738.

(50 b. 3; Taylorian, V8.E3.1738)

32. A 'LONDON' REPRINT FROM THE CONTINENT

When dealing with an established continental author English book-sellers found it worthwhile to reprint his latest book rapidly in the original language even though an English translation was in hand. However in this case the evidence suggests that this edition, ostensibly from London, was really produced on the Continent.

Elémens de la philosophie de Neuton. Nouvelle édition. London 1738.

(Taylorian, V8.E3.1738)

33. 'NEWTON' IN ENGLISH

The translator, John Hanna, described as a teacher of mathematics, appears to have been relatively unknown and this translation did not attract much attention in England. In France on the other hand there was considerable interest and one review ran to thirty-three pages.

The Elements of sir Isaac Newton's philosophy. London 1738 (Rousseau 96).

(Vet. A. 4 e. 225)

34. THE MARQUISE DU CHÂTELET

Gabrielle Emilie Le Tonnelier de Breteuil, marquise Du Chatelet-Lomont (1706-49), a reproduction from the painting by Jean Marc Nattier in the Institut et musée Voltaire, Geneva.

35. TO A LEARNED LADY ON NEWTON

The *Epitre à madame Du Châtelet*, written in 1736 and published in the *Elémens de la philosophie de Neuton*, appears here in John Bancks' trans-

Dr. — le Rond d'Alembert, Reg. Sc. Acad. Parif. & Berolin. Sec.
Dr. J. N. S. Francifcus Algarotti, Venetus.
Dr. Carolus Allmand, Phil. Prof. Lugduno-Batav.
Dr. — Allioni, M. D.
Dr. Ant. Freyre de Andrade, M. D. Reg. Lufit. à Confil.
Dr. Ant. Jof. Defalier d'Argenville, Acad. Reg. Sc. Par. & Montp. Soc.
Dr. Petrus Aranna, M. D. Norveg.
Dr. — de Ballou, Eques Florentinus.
Dr. — Barthelemy, Reg. Infcr. & Ham. Lit. Acad. Par. Soc.
Dr. — Balter, M. D. Zelandus.
Dr. Jobus Bayardi, Romanus.
Dr. Octavius Antan.
Dr. H. Berenger de Beaufrain, Gallus.
Dr. Jac. Marth. Beccaria, M. D. Philofph. & Med. Prof. Bonon.
Dr. Johan. Beccaria, Philofph. Exper. Prof. Taurinenfis.
Dr. Bernhardus Belidor, Eq. St. Ludov.
Dr. Daniel Bernoulli, Reg. Sc. Acad. Parif. Soc.
Dr. Francifcus Xav. de Bon de S. Hilaire, Prof. Reg. Sc. Scient. Monfpel.
Dr. Carolus Bonetus, Genevenfis.
Dr. Ludovic. Frid. Bonetus, Senator Genevenfis.
Dr. Mathias Bofe, Phyficæ Prof. Wittemberg.
Dr. Georgius — de Beaguinville, Juri. Parifienfis.
Das Johannes de Briganza, à Regali Stirpe Lufitan.
Dr. Joseph. Laurent. Bruni, M. D. Anat. Prof. Taurinenfis.
Dr. — le Clerc de Buffon, Reg. Sc. Acad. Parif. Soc. & Hort. R. Prof.
Dr. Petrus Camper, M. D. Medic. Profeff. Franeker.

Dr. Petrus Andreas Capello, Nob. Venet.
Dr. Sebaftian Jofeph. de Carvalho e Mello, Reg. Lufit. à Confil. [Borral. Sat.
Dr. — Caftini de Thury, Reg. Scient. Acad. Parifienf. Secr.
Dr. Johannes Caftillioneus, J. C. Lanfave.
Dr. Claud. Nic. le de Caumont, M. D. Parifienfis.
Dr. Paulus Ctefta, Reipub. Genufis Leget.
Dr. Gafpar Cerutus, Prior Ord. S. Steph. & Bifat. Dato. Prov. Gen.
Dr. Johan. Chevalier, Ultrajeenfis.
Dr. Alexis Chanut, Reg. Scient. Acad. Par. Soc.
Dr. Francifc. Maria de la Condamine, Reg. Scient. Acad. Par. Soc. & Berolin.
Dr. Petrus Czrmichren, Comer Imp. Ruff. Ord. SS. Alexa. Eques.
Dr. — Daubenton, M. D. Acad. Reg. Scient. Par. & Berolin.
Dr. — Daviel, Parifienfis.
Dr. Vitaliano Donati, Botan. in Regia Taurifen. Acad.
Dr. Hen. Franc. le Dran, Reg. Academ. Chirurg. Parif. Sec.
Dr. Leonhardus Euler, Acad. Reg. Sc. Berolin. Director.
Dr. Joh. Baptift Fagoli, Genufis.
Dr. Joachim Jofeph Filefius, Ling. Or. Prof. Reg. & Ord. Acad. Aloinf.
Dr. Petrus Nicolaus Formey, Reg. Sc. Acad. Berol. Secr. perp.
D. P. Paulus Frik, Moinhannefis.
Dr. Petrus Gabrij, Hagæ Comes.
Dr. Rem. Jac. de Garengeot, Chirurg. Parifienf.
Dr. Chriftian Lud. Gerften, Prof. Maith Giefen.
Dr. Ludovicus Godin, Affron. Reg. Lefit. Sec.
Dr. Johan. Paulus Grand Jean de Fouchy, Reg. Sc. At. Par. Sec. perpet.
Dr. — de la Grive, Reg. Infer. & Ham. Litter. Acad. Parif. Soc.
Dr. Johan. Paulus de Gua, Reg. Sc. Acad. Parif. Soc.
Dr. Joseph. de Guadco, Abbas, Nob. Padonat.
Dr. Petrus de Guignes, Interp. Ling. Orient. Reg. Chriftianiff.
Dr. H. Ludovr. du Gutman, Dux Methymna-Sidon. Hifpan. Magnat.
Dr. Joh. Henric. Haller, M. D. Archiat. Reg.
Dr. — Hamel du Monceau, Reg. agen. R. S. à Per. S
Dr. Johannes Hardenberg, Hanov.
Dr. Helios, Reg. Scient. Acad. Parif. Sec.

Dr. — Herißant, M. D. Reg. Sc. Acad. Parif. Sec.
Dr. Sam. Chriftianus Holimannus, Philofoph. Prof. Gotting.
Dr. Jofephus Horonga, Acad. reg. Medic. Matrit. Soc.
Dr. Johan. Jacobus Huber, M. D.
Dr. Martin. Huber, Phil. Prof. Hafnienf.
Dr. J. Aug. Hugo, Med. Reg. Hanov.
Dr. Carolus Fredericus Hundertmark, M. D. Lipfienfis.
Dr. Francifcus Jacques, Ord. Min. Reran. Math. Prof.
Dr. Johannes Jaliabert, Philof. & Math. Pr. Genev.
Dr. — de Jaucourt, Parifienfis.
Dr. Jof. Nicolaus de l' Ifle, R. Scient. Ac. Parif. & Petropol. Sec.
Dr. Georgius Juan, Hifpanus, Ord. D. Joannis Mil. Eques.
Dr. Bernardus de Juffieu, M. D. Botan. Prof. Reg. & Sc. At. Parif.
Dr. Jac. Theodor. Klein, Reip. Gedan. à Secret.
Dr. Carolus Lecatauf, M. D. Med. Prof. Reg. Aqui. fextin.
Dr. Ferdinandus Princeps Linnæus, M. D. Reg. Sueciæ Archiat.
Dr. Petrus de Lokkowitz.
Dr. — Lyonet, Hagæ-Com.
Dr. Johannes Maloüin, M. D. Reg. Scient. Acad. Parif. Sec.
Dr. Xaverius Marcitz, Prof. Matel. & Bot. & Acad. Parent. Secr.
Dr. Johannes Martii, Prof. Mahan. Reg. Scient. Ac. Par. Sec.
Dr. Peter Ludov. de Maupertuis, Reg. Scient. Acad. Berol. Prof. Præf. &c.
Dr. Guilel. Mazes, Parifienfis.
Dr. Martinho de Mello è Caftro, Reg. Lufit. à Sec. & Confil.
Dr. Didacus de Mendoz, Corte Real, Reg. Ac. Lufit. Sec.
Dr. Petrus Paulus Molineli, M. D. Bononienfis.
Dr. Guilelmus le Monnier, M. D. Parif. Botan. Prof. Reg.
Dr. Petrus Carolus le Monnier, Reg. Scient. Acad. Parif. Sec.
Dr. — Secondat de Montefquieu, Burdegalenfis.
Dr. Salvator Morand, Reg. Sc. Ac. Par. & Petropol. & Infl. Bonon. Soc.
Un. — Morggan, M. D. Prof. Anat. Patav. R. S. Ac. Parif. Soc.
Un. Jo. Bapt. Müller, Prof. Hifl. & Acad. Petropolit. Secr.
Dr. Ger. Fred. Muffchenbrock, M. D. Prof. Math & Affr. Lugd.Bat.
Dr. Petrus Van Neuze, Reg. Infeript. & Hum. Lit. Ac. Parif. Sec.
Dr. Antonius Marchio Nicolinus, à Florentinus.
Dr. Joh. Antonius Nollet, Reg. Scient. & Parif. Exper. Curator.
Dr. — Oforio Salasdar, Eq. Sanfti Lazari.

Dr. Camillus Paderni, Romanus.
Dr. Guiseppe Maria Pancraufi, Cleric. regular. Theatin.
Dr. Joh. Andrea Peyffoniel, Medicus.
Dr. Johannes Picot, Reg. Scienfar. Acad. Parif. Sec.
Dr. Bened. de Moura Poleni, Reg. Acad. Sc. Parif. Soc. Eques.
Dr. Cyrillus Comes Portugal. Nob. Lufitan. & Eq. Aurat.
Dr. Fulcao Marchio Quefnay, Reg. Acad. Scient. Parif. Scient.
Dr. Paulus Antonius Reynal, Parifienf.
Dr. Adrianus van Radomowski, Rafc. Min. Hetman. (& Imper. Acad.
Dr. Thomas le Rinnaccinus, Nob. Florentinus.
Dr. Nicholaus Rolli, Tudertinus. [Europ. Profefs.
Dr. Claudius Royen, M. D. Lugd. Bat.
Dr. Joann. Mendes St. George, Eq. S. Lud. Paralfinef.
Dr. Franciscus Boidier de Salier, Bibiorch. Reg. Parif. præfectus.
Dr. Matthæus Sanquet Barbotza, M. D. & Acad. Matrit. Sec.
Dr. Job. Albert Sauvages de la Croix, Reg. Med. & Bot. Monfp.
Dr. Johan. Schäffer, M. D. Ratifbonenfis.
Dr. Johan. Andreas de Schurulö.
Dr. Nicholaus Seguer, M. D. Prof. Math. Phyfic. & Med. Gotting.
Dr. Godofredus Selius, J. U. D. Prof. Halæ.
Dr. Thomas le Seur, Ord. Minim. Roman. Math. Prof.
Dr. Nicholaus Snoyck, Amfteld.
Dr. Gerard. Baro van Swieten, M. D. Cæf. Maj. Med. Prim.
Dr. Juftus Joannes Trembley, Genevenfis.
Dr. Abrahamus Trembley, Genevenfis.
Dr. — Comer de Trefian, Reg. Scient. Acad. Par. Sec.
Dr. Chriftoph. Jacobus Trew, M. D. Norinbergenfis.
Dr. Marßilius Venturi, Nob. Parmenfis, Reg. Hifpa .àConfil. & Med.)
Dr. Ridolfino de Venuti.
Dr. Antonius de Uyttij, Reg. Acad. Archiatl. Parif. Societ. [Cakenala.
Dr. Franciscus Amolet de Voltaire, Parifienfis.
Dr. Ricardus Walmefley, Reg. Hifloriæ à Confil. et Sorrvin.
Dr. Carolus Walandre, Parifienf.
Dr. Paulus Gottlieb Werlhof, M. D. Med. Reg. ad fam. Hanovera.
Dr. Johannes Henricus Winkler, Lipfienfis.
Dr. Franciscus Maria Zanotti, Secret. Acad. St. Inftituti Bonon.

Ten of the Fellows of the Society are to be chosen into the Council for the Year ensuing, on the 30th of November 1758, being St. Andrew's Day.

4. A List of the Royal Society (no. 36)

LA
HENRIADE.

DE

Mr. DE VOLTAIRE.

A LONDRES, MDCCXXVIII.

5. *La Henriade* (no. 10)

LETTERS

CONCERNING THE

ENGLISH
NATION.

BY

Mr. DE VOLTAIRE.

LONDON,
Printed for C. Davis in *Pater-Noster-Row,*
and A. Lyon in *Ruffel-Street, Covent-Garden.*
MDCCXXXIII.

HISTOIRE

DE

CHARLES XII.

ROI DE SUEDE.

Par Mr. DE V***

Seconde Edition, révûë & corrigée
par l'Auteur.

A BASLE.

Chez CHRISTOPHE REVIS.

M. D. CC. XXXII.

LA
MORT
DE
CESAR,
TRAGEDIE
PAR
M. DE VOLTAIRE.

Le prix est de vingt quatre Sols.

A PARIS, RUE S. JACQUES,
Chez Je. Fr. JOSSE, Libr. Impr. ordinaire de
S. M. C. la Reine d'Espagne IIe Douairiere
à la Fleur de Lys d'Or.

M. DCC. XXXVI.
AVEC APPROBATION ET PRIVILEGE DU ROY.

ALZIRE,

OU

LES AMERICAINS.

TRAGEDIE

de M. DE VOLTAIRE.

Repreſentée à Paris pour la premiere
fois le 27 Janvier, 1736.

Errer eſt d'un mortel, pardonner eſt divin.

Duren. trad. de Pope.

Le prix eſt de trente ſols.

A PARIS,

Chez JEAN-BAPTISTE-CLAUDE BAUCHE,
près les Auguſtins, à la deſcente du Pont-Neuf,
à S. Jean dans le Deſert. *a*

M. DCC. XXXVI.

AVEC PRIVILEGE DU ROI.

ALZIRE,

OU

LES AMERICAINS.

TRAGEDIE

de M. DE VOLTAIRE.

Repréſentée à Paris pour la premiere fois
le 27 Janvier 1736.

Errer eſt d'un mortel, pardonner eſt divin.
Duren. trad. de Pope.

Le prix eſt de trente ſols.

A PARIS,

Chez JEAN-BAPTISTE-CLAUDE BAUCHE,
près les Auguſtins, à la deſcente du Pont-Neuf,
à S. Jean dans le Deſert.

M. DCC. XXXVI.

AVEC PRIVILEGE DU ROY.

10. *Alzire, ou les Américains*: Paris edition (no. 28)

LE
SIECLE
DE
LOUIS XIV.

PUBLIÉ

Par M. DE FRANCHEVILLE
conseiller aulique da sa Majesté, & membre de l'académie roiale des sciences & belles lettres de prusse.

TOME PREMIER.

LA SECONDE EDITION.

A LONDRE,
Chez R. DODSLEY, a là Tête de Tully en Pall-mall.

M. DCC. LII.

anson redouble donc ses
entreprises et ses grandes esperances a ser la ffe d'un ....
d'un vaisseau nommé ... que le
mexique envoye tous les ans dans
les mers de la chine a l'ile de
manille l'une des philippines
ainsi nommées par ce qu'elles
furent decouvertes sous le regne de
philippe second,
    ce galion chargé d'argent et de
quelques effets, ne feroit point
party s'on avoit vu les anglois
sur les cotes, et il ne devoit mettre
a la voile que longtemps apres
leur depart. le commodore va
donc traverser ... l'ocean pacifique
sous les climats oposez a l'afrique,
entre le tropique et l'equateur,
et la varise devenia honorable que la
fatigue et le danger luy fait ... parcourir les globes
avec deux vaisseaux, le scorbut
poursuit encor l'equipage sur ces
mers, et l'un des deux vaisseaux
fusant eau de tous cotez on est
obligé de l'abandonner, de la bruler au milieu des mers d'apeur
ce qui reste de matelots et de soldats   que ses débris ne ... portez
sur ce vaisseau passe dans celuy   dans quelque ile espagnols
d'anson,   et ne leur devennent utiles
et le commodore n'a plus de   casques
son escadre que son seul vaisseau
nommé le centurion monté
de soixante canons, suivi de
deux especes de chalouppes,
le

12. Holograph fragment of the *Précis du siècle* (no. 48)

lation, a footnote to the page recording that news of mme Du Châtelet's death (on 10 September 1749) had just reached London.

*The London maga*ʒ*ine*. September 1749, pp.428-29.

(Hope adds. 404)

36. VOLTAIRE, F.R.S.

The list shown gives the names of the British and foreign members of the Royal Society in 1743, the year Voltaire was elected. An extract from a later list shows the form under which his name was given. His letter of thanks for election, a copy of which is shown (Best.D2890), is now in the archives of the Royal Society (MM.16.41). Voltaire was later also elected to the Royal Society of Edinburgh and a portrait of him, with the label F.R.S., was given to the British Museum at a very early date. See illustration 4.

A List of the Royal society. 1743 and 1758.

(G. A. Lond.a.5/1, 3)

37. ANOTHER PLAY TRANSLATED

Voltaire considered *Mahomet ou le Fanatisme* to be his best work and despite its anti-Christian attitude (substituting Mahomet for Jesus Christ as lord Chesterfield remarked) it was a considerable success. This English version, with a notable change of sub-title, by 'a gentleman of Wadham College' (the rev. James Miller) was completed after the latter's death. The play was later produced by Garrick and others during 24 theatrical seasons in the eighteenth century, and 13 English editions appeared.

Mahomet the imposter. London 1744 (Rousseau 229).

(8° V. 144 (2) Art)

38. VOLTAIRE'S VIEWS ON THE ENGLISH THEATRE

As a Frenchman Voltaire both admired Shakespeare and found much to criticise in him. He discussed him in the *Lettres philosophiques* and on numerous other occasions although amongst English dramatists he seems to have considered Addison to be the real model.

Questions sur l'Encyclopédie. [Geneva] 1770.

(Private collection)

39. VOLTAIRE'S ELECTION TO THE ACADEMIE FRANÇAISE

Voltaire was only elected to the Académie française on 25 April 1746. His inaugural speech on his reception on 9 May touched on the great French writers of the past and mentioned, among contemporaries, Montesquieu, Vauvenargues, the elder Crébillon, and Fontenelle. Despite the defeat of the Young Pretender at Culloden on 16 April and his subsequent flight Voltaire's speech was fully noticed by the English press.

London magazine. May 1746, p.275.

(Hope adds. 401)

40. LAST VIEW OF SHAKESPEARE

Written on 14 January 1778, shortly after the reading of *Irène* at the Comédie française, this is Voltaire's last letter to his disciple, Jean François de La Harpe. Towards the end we read 'Je vous avoue que la barbarie de Du Belloi et consors m'est presque aussi insuportable que la barbarie de Shakespear. Du Belloi est cent fois plus inexcusable, puisqu'il avait des modèles, et que le Gille anglais n'en avait pas'. Voltaire refers to Shakespeare as 'un Gille' (a clown) more than once and perhaps not entirely disrespectfully or without affection.

(Estate of Th. Besterman, Best.D20986, MS1)

41. VOLTAIRE AT THE AGE OF 50 (1744)

Photograph of the marble bust of Voltaire by Jean-Baptiste Lemoyne now in the Musée d'art et d'histoire, Geneva.

42. A VOLTAIRE DEDICATION – AND ROUSSEAU

This is an original manuscript of the dedication of Voltaire's play *Oreste* to Anne Louise de Bénédicte de Bourbon-Condé, duchesse Du Maine, and was sent to her in 1749 or early in 1750. On the last page she has written 'Lu. Quoy que je ne mérite point ces louanges, j'aprouve l'épistre'. The manuscript, in the hand of a secretary, bears several autograph corrections, which were probably made after the duchess's inspection.

At one of the early performances a certain Rousseau made himself objectionable to Voltaire. On hearing of this incident Jean-Jacques Rousseau wrote his second letter to Voltaire, to assure him he was not

the Rousseau in question. His signature to this letter includes, for the
first time, the famous formula, 'Citoyen de Genève'.

Oreste, tragédie. Paris 1750.

(Taylorian, V3.06.1750; Estate of Th. Besterman, MS1)

43. FREDERICK THE GREAT TO VOLTAIRE

Brought up by French tutors, Frederick the Great had ambitions as a
French poet and early sought the assistance of Voltaire whom he greatly
admired. Knowing Voltaire to be cold-shouldered by the French court
he pressed him, following the death of mme Du Châtelet, to come to
Potsdam which Voltaire did in 1750. Rows eventually followed and
Voltaire left in 1753, to settle ultimately in Geneva.

With the autograph letter of 4 December 1739 (exhibited) Frederick
sent Voltaire the first chapters of his *Anti-Machiavel* which Voltaire
revised and published for him in 1740, the year he came to the throne.

(Estate of Th. Besterman, Best.D2119, MS1)

44. AN EARLY DRAFT ON LOUIS XIV

John Lockman (1698-1771), Secretary to the British Herring Fisheries,
was concerned in the publication of the *Letters concerning the English
Nation* and became Voltaire's main authorised translator into English.
This work represents an early draft of the *Siècle de Louis XIV* and
precedes the author's correspondence with lord Hervey on the subject.

*An essay on the age of Lewis XIV by mr. de Voltaire, being his introduction
to the work.* London 1739 (Rousseau 357).

8° F. 110 Art)

45. VOLTAIRE'S WORKING NOTES

Many of Voltaire's working notes have survived, either in the form in
which they were first written, or in more ordered collections drawn up
by secretaries. This autograph leaf dates from around 1740 and most of
the information it records is duplicated in another manuscript now in the
Bibliothèque nationale which however does not contain the note on
England and the papacy, deleted near the top of the autograph, and it
is possible that this passage was transferred to another note-book dealing with English or religious history which is now lost.

(Estate of Th. Besterman, MS20)

46. A GLORIFICATION OF FRENCH CULTURE – PUBLISHED FROM EXILE

Begun in 1734, the *Siècle de Louis XIV* was based on Voltaire's personal acquaintance with eye witnesses of the period. It outlines well the problems and personalities of the day while showing also the march of civilisation (*sans* divine providence) and paying considerable attention to literature and the arts. Deprived of his post as *historiographe du roi* and in exile in Prussia, Voltaire published the work in 1751 from Berlin. Attempting a reform in typography he virtually abolished the use of upper case (capitals) in this work. This first London reprint copies the Berlin text in this respect but the change did not catch on and was later dropped even by Voltaire. See illustration 11.

Le siècle de Louis XIV, publié par m. de Francheville. Seconde édition. London 1752 (Rousseau 350).

(Taylorian, V7.S.1752)

47. VOLTAIRE ON HIS OWN TIMES

Written while he was *historiographe du roi* the *Précis du siècle de Louis XV* is not exempt from courtly flattery, in particular of Voltaire's protector, the duc de Richelieu, but also touches on many aspects of social and economic history and is a lively picture of the times. It naturally touches on a number of incidents in British history such as the battles of Dettingen and Fontenoi, the '45, Anson's tour of the world, and Anglo-French rivalry in both America and Canada, as well as in India.

Précis du siècle de Louis XV. Genève 1769.

(Taylorian, V7.P5.1769)

48. VOLTAIRE ON ANSON'S VOYAGE

Early unauthorised editions of the *Précis*, under the title *Histoire de la guerre de 1741*, began to appear in 1755 but the chapter on Anson's tour of the world (1740-1744) first appeared in 1768. References in the correspondence suggest Voltaire was working it out between 1752 and 1756 and the draft, in the two columns typical of Voltaire's working style, is exhibited. Anson's family later sent Voltaire 'une belle medaille d'or de l'amiral Anson en signe de reconnoissance du bien que j'ai dit de ce grand homme avec la vérité dont je suis assez partisan' (Best.D15735). See illustration 12.

(Estate of Th. Besterman, MS17)

49. CHESTERFIELD ON VOLTAIRE

Chesterfield gives high praise to Voltaire and to Bolingbroke whose *Letters on the study and use of history* appeared in 1752. This letter of 13 April 1752 o.s. also comments on the affairs of the parlement de Paris which Voltaire was later to record in his history of that body (1769).

... Voltaire sent me from Berlin his History *du Siécle de Louis XIV*. It came at a very proper time; Lord Bolingbroke had just taught me how History should be read; Voltaire shows me how it should be written. I am sensible, that it will meet with almost as many critics as readers. Voltaire must be criticised: besides, every man's favourite is attacked; for every prejudice is exposed, and our prejudices are our mistresses; reason is at best our wife, very often heard indeed, but seldom minded. It is the history of the human understanding, written by a man of parts, for the use of men of parts. Weak minds will not like it, even though they do not understand it; which is commonly the measure of their admiration. Dull ones will want those minute, and uninteresting détails, with which most other histories are incumbered'. He tells me all I want to know, and nothing more. His reflections are short, just, and produce others in his readers. Free from religious, philosophical, political, and national prejudices, beyond any historian I ever met with, he relates all those matters as truly and as impartially, as certain regards, which must always be to some degree observed, will allow him: for one sees plainly, that he often says much less than he would say, if he might ...

P. D. Stanhope, earl of Chesterfield, *Letters written to his son*. London 1774, ii.233-34.

(GG 99 Art. Subt)

50. 'POUR ENCOURAGER LES AUTRES'

During the Seven Years War sir John Byng led his fleet before Minorca irresolutely and withdrew it rather ignominiously. On his return home he was court-martialled and, though acquitted of cowardice and disaffection, was condemned to death for neglect of duty. Voltaire had known him in England and now wrote to the duc de Richelieu asking him to intervene on Byng's behalf. Byng was nevertheless executed on 14 March 1757. Voltaire was horrified and refers to this event in *Candide* (ch. 23) saying that in England 'Il est bon de tuer de tems en tems un Amiral pour encourager les autres'. The text exhibited is a contemporary English copy of Voltaire's letter to Byng forwarding Richelieu's statement that the Englishman had fought well (Best.D7109 of 2 January 1757).

(MS. Eng. misc. d. 641, f.31)

51. THE CREATION OF THE 'CONTE'

In a letter of congratulation to Marc Pierre Voyer, comte d'Argenson and minister for war, on the French victory at Lauffeldt on 2 July 1747, the opening line contains the first reference in the correspondence to Voltaire's creation of the 'conte philosophique'. *Memnon, histoire orientale*, later to become *Zadig*, was first published in 1747.

(Estate of Th. Besterman, Best.D3550, MS1)

52. THE PUBLICATION OF *CANDIDE*

Reflecting Voltaire's disillusionment with optimism and divine providence, a process aided by the 1755 Lisbon earthquake, the Seven Years War, Byng's execution etc., *Candide* was printed under Voltaire's eye in Geneva in January 1759. A month later the authorities uncovered it in Paris and in Geneva itself. Copies had been despatched to other parts of Europe, its success being immediate and widespread. At least seventeen printings, all of 1759, are known, apart from translations, and many look remarkably alike. A copy of the original Geneva edition is exhibited.

(Taylorian, Arch. 12°F.1759. 299G)

53. LONDON EDITIONS OF *CANDIDE*

Among the numerous reprints the closest and the most interesting are the two London ones, possibly produced for John Nourse, a bookseller born in Oxford where a brother was the first surgeon of the Radcliffe Infirmary. The first London edition contains notably a passage not found in the Geneva text but known from manuscript drafts and would seem to suggest some special relationship between London and Geneva. The paragraph defends Milton and attacks the German poets, which could be taken to include Frederick the Great.

The copy of the second London edition is one of the only two known in the original wrappers, the lining paper of which is made from waste sheets of the 1759 edition of *The Life of Edward, Earl of Clarendon*, printed in the Clarendon Building in Oxford by the University Press. The presence of these sheets is of exceptional interest in view of the close connections of the possible London publisher with his native town of Oxford. See illustration 13.

(Taylorian Arch. 12° F.1759. 299L (Rousseau 47) and Arch. 12°F. 1759. 299La)

54. PARIS EDITIONS OF *CANDIDE*

Several Parisian editions are known to have been put in hand as soon
as the text reached Paris in February 1759. One at least was a page by
page reprint and is shown here. Other reprints economised and by
changing type size and increasing the number of lines to the page
produced editions in a smaller number of pages. Copies of each sort
are shown.

(Taylorian, Arch. 12° F. 1759. 299P and 237)

55. *CANDIDE* IN GERMANY

Reprint editions also appeared within weeks in both the Low Countries,
then a great centre of the reprint and clandestine trade, and in Germany.
The example shown is German and uses ornaments similar to
those in the first edition. This copy was formerly in the library of the
5th earl of Rosebery at The Durdans, Epsom.

(Taylorian, Arch. 12° F. 1759. 301)

56. *CANDIDE* IN ITALY

The typography of this edition is akin to that of an early Italian translation and, together with the binding and locations of known copies,
suggests that it was printed in Italy, possibly in Venice.

(Taylorian, Arch. 12° F. 1759. 190)

57. ENGLISH TRANSLATIONS OF *CANDIDE*

Published in Geneva in January 1759, the French text was certainly
available in London by late April when a translation was announced.
In fact two appeared almost simultaneously, one by W. Rider, M.A.
of Jesus College, Oxford, on 15 May (proclaiming it was 'authenticated
under the Author's hand') and another, published by John Nourse, on
22 May. English translations ran to six editions in 1759.

Candidus: or, the optimist, translated by W. Rider. London 1759 (Rousseau 50); *Candid: or, All for the best.* London 1759 (Rousseau 48).

(Vet. A. 5 f. 575; G.P. 110/2)

58. VOLTAIRE'S WORKS IN ENGLISH

A number of Voltaire's works had been translated into English in the
middle 1730s but it was from the early '50s that real interest was evinced

183

and in 1761 Tobias Smollett, who had translated *Micromégas* in 1752, and others began a 36 volume edition, which was largely published by 1765. Among those who turned their hands to translating Voltaire were mrs. Thrale and the young Jeremy Bentham.

The Works of m. de Voltaire. London 1764, volume xxiv (Rousseau 1).

(Taylorian V1.E.1761)

59. VOLTAIRE IN SCOTLAND

Between 1750 and 1800 at least 41 editions or translations of works by Voltaire appeared in Scotland. Many of these were published by Robert Urie of Glasgow who had himself travelled on the continent.

Critical essays on dramatic poetry. Glasgow 1761 (Rousseau 9).

(Taylorian V2.E.1761)

60. THE CALAS CASE

The torture and execution of the Protestant Jean Calas, found guilty at Toulouse of the murder of his son because, it was alleged, he suspected him of seeking conversion to Roman Catholicism, appalled Voltaire who devoted much time to influencing public opinion in the western world in favour of a revision of the case. A subscription list opened in England for the family was headed by the king and the archbishop of Canterbury. Calas was executed in 1762 and his innocence established in 1765. A year later mme Calas writes to Voltaire with new year wishes for 1767.

(Estate of Th. Besterman, Best D13773, MS1)

61. TOLERATION

The *Traité sur la tolérance* was written in 1762 but so as not to interfere with the Calas proceedings was only published in 1764. Stemming from that case it broadens out into a comprehensive examination of intolerance through the ages. Although it influenced later editions of Adam Smith's *Theory of moral sentiments* it was not as influential as Voltaire's commentary on Beccaria in establishing his image as the 'great master, philosopher, friend of mankind' (*Gentleman's magazine*, 1771).

Traité sur la tolérance. [Geneva] 1763; *A treatise on religious toleration . . .* by the translator of Eloisa, Emilius [W. Kenrick] (Rousseau 379).

(8° Godw. 228(2); Vet. A. 5 e. 4057)

" believed if the Sickneſs ſhould continue" (as it was like enough to do, there appearing yet very little Decreaſe), "his Majeſty might think that his Preſence "might be as neceſſary there as it had been." The Chancellor replied, "that his Majeſty had foreſeen "that Contingency; and had already reſolved that if "that fell out to be the Caſe, He ſhould rather deſire "his Reſidence ſhould be where it had been (though He was much troubled to expoſe him to ſo much Hazard) than in any other Place: But that his Majeſty's Confidence in the Mercy of God, that He vould take off this heavy Viſitation before the End of Vinter, had ſuggeſted the other Deſignation of him the Service of the Fleet, upon the good Conduct whereof his own and the Kingdom's Happineſs ſo much depended."

THE General quickly replied, "that for that Matter He was ſo willing to engage himſelf, that if the King pleaſed He would moſt readily ſerve under the Command of Prince *Rupert*:" To which the other nſwered as readily, "that the King would never conſent to that." And ſo They reſolved preſently to go) the King, that his Majeſty and the Duke, might now what would pleaſe them ſo much. And as hey were going, the General ſaid ſmiling, "that "He would tell him now what the true Cauſe was, "hat had made that Pauſe in him upon the firſt Diſourſe of the Buſineſs; and that it would be neceſ-"ſary for him, after all Things ſhould be adjuſted "with the King and Duke and Prince *Rupert*, that "what concerned him ſhould ſtill remain a Secret, and "Prince *Rupert* be underſtood to have that Command "a ne. For if his Wife ſhould come to know it, be-"fore He had by Degrees prepared her for it, She "would break out into ſuch Paſſions as would be very "uneaſy to him: But He would in a ſhort Time diſ-"poſe her well enough; and in the mean Time No-

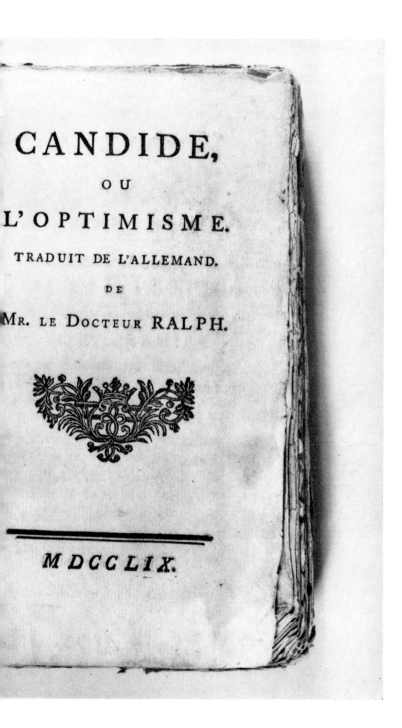

CANDIDE,

OU

L'OPTIMISME.

TRADUIT DE L'ALLEMAND.

DE

MR. LE DOCTEUR RALPH.

MDCCLIX.

13. *Candide*: second London edition (no.53)

62. HOUDON EVOKES VOLTAIRE

Houdon had never met Voltaire before his final visit to Paris in 1778 during which the sculptor made numerous busts and studies, working at incredible speed. The statue now in the Comédie française was commissioned by Voltaire's niece, mme Denis, and is one of the most famous pieces of portrait sculpture in history. The modern philosopher is shown in a vaguely ancient style armchair swathed in an ample robe based on that in which he greeted guests. His enigmatic expression, neither smiling nor scowling, is one of a moment of transition and imbues the whole figure with an intense sense of an inner life. He becomes in sculptural terms the personification of a century and the image of the age of Enlightenment.

63. VOLTAIRE TO IVAN IVANOVICH SHUVALOV

A collection of 62 letters, mostly to Shuvalov, the favourite of Catherine the Great. Much of the correspondence concerned the composition of the *Histoire de l'empire de Russie*, which involved Voltaire in striking a delicate (and not entirely successful) balance between the wishes of the Russian court and the interests of his readers. In the letter of 29 May 1759 he attempts to dissuade Shuvalov from insisting upon a rigorous transliteration of Russian proper names (Best.D8323).

(Estate of Th. Besterman, Th.D.N.B. Strogonov, ff.31-32)

64. VOLTAIRE TO JEAN FRANÇOIS MARMONTEL

Writing on 19 June 1763 to Marmontel, a secondary dramatist and writer who however contributed most of the literary articles to the *Encyclopédie*, Voltaire complains of the seizure of a book and a letter sent through the post, and attributes the action of the authorities to the publication of Jean-Jacques Rousseau's *Lettre à Christophe de Beaumont*: 'Voilà encor une fois ce que nous a valu Jean Jacques, avec sa lettre à Christophe. Ce polisson insolent gâte le métier'.

(Estate of Th. Besterman, Best.D11271, MS1)

65. VOLTAIRE TO JEAN LE ROND D'ALEMBERT

Voltaire's prodigious correspondence has always been considered a major literary monument and source. This is his first surviving letter to d'Alembert, joint editor with Diderot, on the subject of the *Encyclo-pédie*, 'un ouvrage qui sera la gloire de la France', and of which the first volume had come out a year earlier in 1751. He collaborated actively in the work but largely on non-controversial subjects.

(Estate of Th. Besterman, Best.D5005, MS1)

66. ENGLISH BOOKS IN VOLTAIRE'S LIBRARY

After Voltaire's death Catherine the Great bought the whole of his library and these books are now mostly in the Saltykov Schedrin State Public Library in Leningrad. Among these are a fair number of English works. Other copies of various items owned by Voltaire are exhibited here. Some of these books may have been acquired by Voltaire when he was in England, others were clearly bought later. This small selection of the Bodleian copies of the same editions deliberately includes a wide variety of literary forms and in particular underlines Voltaire's links with contemporary British historians.

D. Hume, *The History of Great Britain*. 1754 (DD 31 Jur.). With manuscript notes by C. Godwyn.

A. Pope, *Literary correspondence for 30 years*. 1735 (2695 e. 175).

W. Robertson, *The history of the reign of the emperor Charles V*. 1769 (DD 42 Jur.).

W. Shakespeare, *The Works*. 1714, vol. vi (Vet. A. 4 f.298).

L. Sterne, *The Life and opinions of Tristram Shandy*. 1760 (Godw. Subt. III).

J. Toland, *The Miscellaneous works*. 1747, vol. ii (8° Rawl. 44).

[J. Wilkes], *The North Briton*. 1763 (Vet. A. 5 f.1240).

H. Walpole, *The Castle of Otranto*. 1766, 3rd ed. (256 e. 15288).

67. THE PERNICIOUS INFLUENCE OF VOLTAIRE AT OXFORD

Clara Reeve tells the story of a young man at Oxford, perverted by Bolingbroke, Hume and Voltaire and becoming 'a professed advocate for infidelity' before being converted.

From thence he was sent to Oxford, where he made acquaintance with some young men of an enthusiastic turn, who at that time distinguished themselves and made a kind of schism in that university. . . . From one extreme point he flew to the other; he read the works of Bolingbroke, Hume, and Voltaire, and fancied himself convinced by their doctrine: he renounced the tenets of Christianity, and became a professed advocate for Infidelity.

C. Reeve, *The Two mentors, a modern story*. London 1783.

(12 θ 1379)

68. VOLTAIRE IN OLD AGE

Jean Huber, the Genevan painter, saw much of Voltaire during the last years of his life and made numerous sketches and pictures of him which were frequently reproduced. This sheet of studies appears to include sketches from the 1760s and 70s. The sheet with the figure seated in the bottom right hand corner has sometimes been attributed to Vivant Denon (1747-1825).

(Photograph, Taylorian)

69. ENGLISH VISITORS

Voltaire's establishment outside Geneva placed him within easy reach for the numerous English travellers on the continent and over 120 such visitors have been recorded in the years 1754-1778. They included Oliver Goldsmith, Edward Gibbon, John Wilkes, Allan Ramsay, Adam Smith, Charles James Fox, Charles Burney, and William Beckford (see sir Gavin de Beer and A.-M. Rousseau, *Voltaire's British visitors*, Studies on Voltaire 1967).

Even after Voltaire's death his house at Ferney remained a tourist attraction. Sir Thomas Phillipps visited it on 25 August 1825 and made this sketch of the house, noting at the same time that the six goldfish put into the pond just before the Revolution were then said to number 2,500. See illustration 14.

(Taylorian)

70. GIBBON'S RECOLLECTIONS

In 1753 Edward Gibbon moved from an unsatisfactory time at Oxford to Lausanne where he returned to the Protestant faith, learnt French admirably, and, in 1757, saw Voltaire act in the theatre at Monrepos, 'l'homme le plus extraordinaire de son siècle, poète, historien et philosophe'. Gibbon later revised his opinion of Voltaire but was influenced by him and quotes regularly from him in the *Decline and fall*, of which only the first volume appeared before Voltaire's death.

E. Gibbon, *Miscellaneous works*. London 1796, i.72 (*Memoirs of my life*).

(HH 159 Art. Subt)

71. VOLTAIRE IN ENGLISH LIBRARIES

An analysis of the catalogues of 218 private libraries of the later eighteenth century shows the considerable popularity of the whole range of Voltaire's works in England, although the historical works are particularly in evidence. Among local owners were Benjamin West, Regius Professor of Divinity and a Canon of Christ Church (ten items) and Charles Godwyn, Fellow of Balliol, whose collection, given on his death in 1770, most interestingly forms the basis of the Bodleian collection of Voltaire.

R. S. Crane, 'The diffusion of Voltaire's writings in England 1750-1800', *Modern philology* (1923), xx.261-74.

72. VOLTAIRE TO HIS GERMAN PRINTER

Georg Conrad Walther of Dresden, 'libraire du roi', produced two editions of Voltaire's complete works with the authorisation and (distant) co-operation of the author. The first – perhaps the earliest serious attempt at a collected edition – in eight volumes appeared in 1748 and the second, a revised and corrected version, in 1752.

The particular correction called for in this letter was carried out by the printer but when a new edition was undertaken by the Parisian printer Lambert three years later Voltaire supplied the latter with 32 pages of notes on the Walther edition, and bombarded him with letters and memoranda on the corrections and additions to be made.

(Estate of Th. Besterman, Best.D4018a, MSI)

73. 'CARO GABRIELE', VOLTAIRE'S FINAL PRINTER

In 1754 the brothers Cramer invited Voltaire to Geneva offering to print his collected works under his personal supervision. This proposal resulted in his settling there for over twenty years and in the firm's publishing his books throughout this time. Gabriel Cramer became a close personal friend and Voltaire's letters to him tell us much of their business relations. The Cramers published a 17 volume collected works in 1756, a 30 volume one between 1768 and 1777 and outstandingly the last authorised edition in 1775. This letter of 1775 calls for last minute changes to the *Lettres sur Œdipe* in volume 2 and is typical of many exchanges.

(Estate of Th. Besterman, Best. D19537, MSI)

74. THE LAST AUTHORISED EDITION OF THE WORKS, THE 'EDITION ENCADRÉE'

Taking its name from the ornamental typographic frame to each page this 40 volume edition, the last to be fully prepared for the press by Voltaire, ever a reviser of his works, was published in 1775 and represents the most definitive final printed form of his text.

The existence of a variant piracy has recently been shown by professor J. Vercruysse who identifies it by the more realistic flower in the corner of the frame to each page (*Studies on Voltaire* (1977), clxvii).

(Taylorian V1.1775)

75. BEAUMARCHAIS, BASKERVILLE & VOLTAIRE: THE POSTHUMOUS KEHL EDITION

After Voltaire's death a consortium, headed by Beaumarchais, was set up to publish a new edition of the works, to incorporate the author's final manuscript revisions and as much of his correspondence as possible. Baskerville's punches, thought to provide the finest type, were bought and a special press set up at Kehl (near Strasburg) outside French jurisdiction. The 70 volume octavo edition appeared between 1785 and 1789. Considerable publicity was arranged and subscriptions were sought on a wide basis, the prospectus even being translated specially into English.

(Cambridge University Library, LO.29.3¹)

76. THE OCTAVO KEHL

The Kehl edition, with 51 volumes of text, 15 of correspondence, and a Life by Condorcet, was available on five different sorts of paper. Despite some success the scale of this undertaking (28,000 copies were said to have been printed) was such as to prove a financial disaster for Beaumarchais, in whose house volumes were still stacked when the Paris crowd invaded it in 1792. The text, which includes Voltaire's last manuscript notes, was heavily edited by the publishers but formed the basis of all the great nineteenth-century editions.

(Taylorian V1.1785)

77. BEAUMARCHAIS ATTEMPTS TO UNDERCUT THE PIRATES

In a largely successful attempt to prevent cheap piracies of the fine paper octavo Kehl edition Beaumarchais had to print a cheaper duodecimo edition in 92 volumes.

(Taylorian V1.1785)

78. VOLTAIRE FROM BUCKINGHAMSHIRE?

The Kehl press produced a few works apart from the great Voltaire edition, including this version of *La Pucelle d'Orléans* with a false typographic address.

La Pucelle. Buckingham [Kehl *c.* 1785].

(Vet. D. 5 e. 158)

79. THE DEATH OF VOLTAIRE

Voltaire caught a fever on 11 May and died on 30 May 1778. He was buried in haste outside Paris and only later in 1791 were his remains transferred with much classical ceremony to the newly completed Panthéon. The course of his last hours was subsequently the subject of much discussion.

80. THE RETURN TO PARIS AND APOTHEOSIS

On 5 February 1778 Voltaire left Ferney for Paris, arriving there amid acclamations on the 19th. The Académie française and the Théâtre français sent him deputations, and among many other callers were Benjamin Franklin and the British ambassador, viscount Stormont. On 30 March he attended the Académie française, and later in his presence at the end of the sixth performance of his latest play, *Irène*, his bust was crowned on the stage with laurel wreaths.

Jean Pierre de Claris de Florian was present and, next day, described the scene to his sister:

Hier, il est venu a la Comédie, l'on donnoit son Iréne. Je ne peus pas vous donner une idée des transports du public, on s'est levé, on a applaudy, des pieds, des mains, on a crié, on a pleuré, ah les Français, c'est un peuple charmant, bien sensible et bien aimable. Sa tragédie a été reçue avec transport, après la piece, la toile est tombée pour un moment et s'est relevée pour offrir au public, la buste du grand homme [by Houdon], sur un autel, entouré de toute la troupe des Comédiens, les transports du public ont redoublé, on a jetté au père de Mérope et d'Alzire une Couronne de lauriers, et on l'a forcé de la porter sur sa tête. Mr d'Alembert l'a posée luy même sur ce vieux front, qui semblait rayonner dans cet instant. Melle Vestris s'est avancée vers luy, et luy adressant la parolle elle luy a dit les vers que je joins icy, le public les interrompait par des cris et des élans de joye et d'enthousiasme, aussitôt que les vers ont été lus, tous les acteurs ont accablé le buste de couronnes de laurier, le public a fait répéter les vers deux fois, et la toile est retombée, vous pourés juger de la joye, du délire ou etoit mr de Voltaire. Moy je voulais le regarder, mais le tumulte étoit si grand que ma lorgnette a été brisée par un flot. Jamais on n'a vu ce qui s'est passé hier a la Comédie...

(Estate of Th. Besterman, Best.D21134, MSI)

81. BRITISH BIOGRAPHIES

Voltaire has attracted a number of British biographers from Frank Hall Standish (1821), through John Morley (1872) and Richard Aldington (1925) to Theodore Besterman (1969).

Theodore Besterman (1904-1976) devoted much of his life and his considerable gifts and energies to the study of Voltaire. Founder and director of the Institut et musée Voltaire in the writer's old home in Geneva, he edited *Voltaire's correspondence* (107 volumes) and promoted both the new edition of his complete works and the series *Studies on Voltaire and the eighteenth century* (over 170 volumes to date). In 1974 he assisted the establishment of a Voltaire Room in the Taylor Institution, for the further study of Voltaire and all aspects of the Enlightenment, and on his death in November 1976 the University of Oxford became responsible for the publications of the Voltaire Foundation.

82. VOLTAIRE AND ENGLAND

The study of Voltaire's visit to England and of the interaction between England, English writers, English society and Voltaire have also attracted a number of authors. Among others have been Archibald Ballantyne, John Churton Collins, Charles Dédéyan, Desmond Flower and, most recently, André-Michel Rousseau, whose *L'Angleterre et Voltaire* was published by the Voltaire Foundation in the *Studies* in 1976 (vols. 145-147).

83. THE PHILOSOPHERS AT DINNER

Jean Huber is credited with having painted a fictitious scene showing the main *philosophes* at table. Voltaire is shown with his hand raised and the others are d'Holbach, Helvétius, d'Alembert, Raynal, La Harpe, Diderot, and père Adam. Several contemporary engraved versions are known. The origins and date of the painting exhibited are uncertain but it was bought, probably in the early 1920s, by Lytton Strachey and for long hung over his desk.

(Private collection)

14. Sketch of Ferney by sir Thomas Phillipps (no. 69)

Voltaire et Newton[*]

W. H. BARBER

Nous sommes réunis pour commémorer le bicentenaire de la mort de Voltaire et de Rousseau; ce bicentenaire a été précédé, l'année dernière, par un autre anniversaire: celui de la mort, il y a deux cent cinquante ans, de sir Isaac Newton, survenue le 20 mars 1727. Rapprochement chronologique qui nous fournit, peut-être, un prétexte disons . . . astrologique pour parler aujourd'hui des rapports entre Newton et Voltaire. Leurs étoiles restent, sans doute, en conjonction; mais j'ai réuni leurs deux noms pour des raisons plus probantes. Notons d'abord l'admiration que Voltaire a sentie pour Newton, sa conscience de l'importance des découvertes de ce dernier, ses efforts pour les rendre familières au public cultivé français; autant de facteurs bien connus qui contribuent au développement des rapports intellectuels entre l'Angleterre et la France au dix-huitième siècle. Ces facteurs contribuent aussi à un grand mouvement de la pensée européenne qui trouve sa source chez certains esprits éclairés du dix-septième siècle et s'est pleinement épanoui au dix-neuvième siècle et au nôtre: je veux dire le divorce entre sciences naturelles d'une part, philosophie et théologie de l'autre; plus précisément, l'établissement d'une méthodologie dans l'étude des phénomènes naturels qui fait appel exclusivement à l'observation et aux expériences pour confirmer ses hypothèses.

Puis sa rencontre avec Newton constitue un des événements-clés de la vie de Voltaire: elle joue un rôle important dans la transformation du poète de cour, du dramaturge à la mode, devenu l'intellectuel de marque, l'adversaire implacable de tout fanatisme, de toute cruauté, de toute intolérance, qui s'est fait reconnaître depuis par toute l'Europe.

Si c'est surtout grâce à Voltaire que le grand public français a pris connaissance de la pensée de Newton après 1738, ce dernier n'a pas attendu cette date pour se présenter au monde savant français. Ses

---

[*] communication faite au colloque Voltaire/Rousseau tenu à l'Institut français de Londres, le 6-7 mai 1978, à l'occasion du bicentenaire.

premiers travaux sur la lumière blanche et le spectre solaire ne reçurent d'abord qu'un accueil hésitant en France, mais il est nommé membre correspondant de l'Académie royale des sciences en 1699, et, semble-t-il, après la parution des *Opticks* en 1704, traduit en latin dès 1706, ses découvertes dans ce domaine sont largement reconnues dans les milieux scientifiques français. La réussite de la traduction française de Coste, publiée à Amsterdam en 1720 et à Paris deux ans plus tard, semble témoigner d'un certain intérêt de la part d'un public plus large à cette époque. Comment la théorie newtonienne de la gravitation universelle a pénétré en France, voilà une histoire bien moins paisible. La philosophie cartésienne, à peine assurée de la victoire dans ses luttes contre l'ortho-doxie scolastique quand parurent les *Principia* de Newton en 1687, s'est sentie menacée par une théorie qui, par sa conception d'une force gravitationnelle opérant à distance dans le vide, semblait contredire les principes essentiels de Descartes et ressusciter les 'qualités occultes' si chères à cette philosophie médiévale que les cartésiens voulaient justement enterrer. Par ailleurs en 1713, dans une deuxième édition de son ouvrage, Newton apporte des preuves spécifiques pour démontrer que la théorie cartésienne des tourbillons est incompatible avec les faits observés du mouvement des corps célestes. Cela provoque de vives réactions, et quelques efforts pour accommoder les doctrines de la physique cartésienne aux nouvelles données astronomiques établies par Newton. Il est cependant évident que la distinction essentielle n'était guère appréciée entre d'une part la philosophie cartésienne, système *a priori* qui prétendait assimiler les phénomènes physiques déjà acquis, en leur assignant une niche dans une structure intellectuelle lucide, cohérente, établie sur un petit nombre de concepts jugés axiomatiques et incontrovertibles: et d'autre part l'œuvre de Newton, qui offrait non pas un nouveau 'système' métaphysique, mais plutôt l'analyse de faits observés, une série de propositions quantifiantes, ordonnatrices, qui démontrent l'uniformité, la régularité des phénomènes observés, et rendent possible la prédiction des phénomènes futurs, sans cependant quitter le domaine de l'observable pour avancer une explication philosophique quelconque de leur nature ultime. L'influence de Descartes, et de la tradition scolastique de la pensée *a priori* qu'il prolongeait, a longtemps constitué un obstacle à l'acceptation sans réserve des théories newtoniennes en France pendant la première moitié du dix-huitième siècle: certains esprits scientifiques des plus distingués, tels Fontenelle et Dortous de Mairan, sont toujours restés hésitants.

D'autre part, il est évident qu'avant 1730 il s'était constitué une petite bande d'adhérents de Newton dans les milieux scientifiques français. Il faut attendre la décennie suivante pour trouver les premiers ouvrages qui essaient de présenter les idées newtoniennes à un public moins savant et plus élargi.

Tout le monde sait que Fontenelle est l'auteur du premier chef-d'œuvre de la vulgarisation scientifique en France. Mais il faut noter que les *Entretiens sur la pluralité des mondes habités* parurent un an avant les *Principia* de Newton. Si la cosmologie cartésienne se laisse bien expliquer à une marquise dans une série de conversations élégantes, les fondements de la science de Newton, plus complexes, solidement basés sur des calculs, des observations précises, demandent une application plus sérieuse de la part du lecteur et ne se prêtent guère à l'exposition sans l'aide d'une terminologie géométrique, d'une description systématique d'expériences et de faits observés. Un premier effort dans ce genre s'est fait en anglais en 1728 par un ami et disciple de Newton, Henry Pemberton, intitulé *A View of sir Isaac Newton's philosophy*. Le premier ouvrage français, publié quatre ans plus tard, est le *Discours sur les différentes figures des astres*, de Maupertuis. Mais malgré la distinction intellectuelle de son auteur, récemment converti à la vérité newtonienne, et destiné cinq ans plus tard à y ajouter de nouvelles preuves par sa célèbre expédition en Laponie, le livre a suscité très peu d'intérêt auprès des lecteurs: moins de deux cents exemplaires se sont vendus,[1] sans doute parce que Maupertuis s'est limité à offrir un exposé incolore du contentieux entre cartésiens et newtoniens dans le domaine de l'attraction universelle. C'est en fait Voltaire qui a présenté Newton au grand public français.

L'œuvre de Newton s'intègre bien dans la structure intellectuelle des *Lettres philosophiques*. Dans un livre dont le but principal est de faire réfléchir le lecteur français sur les multiples avantages qui dérivent de la liberté anglaise, politique, religieuse, intellectuelle, Newton se présente comme l'héritier triomphant d'une tradition empiriste nationale, remontant à Francis Bacon, qui fleurit dans une société qui, par contraste avec la France, s'est émancipée en grande mesure des idées politiques, religieuses et philosophiques du moyen âge; une société orientée vers l'avenir, et qui sait bien encourager, et récompenser par des honneurs publics, les hommes de génie dont les découvertes la rendent elle-même illustre. Le roturier Isaac Newton est promu chevalier, nomme Maître de

---

[1] selon Voltaire, dans une lettre à Formont de juin 1733, Best.D617.

la Monnaie royale; à sa mort il reçoit des obsèques officielles d'une rare splendeur à Westminster Abbey (obsèques auxquelles Voltaire a peut-être lui-même assisté). Dans cette perspective, Descartes fait figure de retardataire. Ses découvertes en optique et en géométrie, importantes à leur temps, sont maintenant dépassées; ses attitudes intellectuelles, ses préoccupations métaphysiques, son dévouement à l'*a priori*, ne font que prolonger Aristote et la pensée médiévale.

Des vingt-cinq *Lettres philosophiques*, quatre sont consacrées à Newton – autant qu'à la secte des Quakers, et à la littérature anglaise entière – et dans ces quatre lettres, Voltaire nous fait un exposé des principales découvertes de Newton – exposé d'une lucidité remarquable, animé d'autre part par l'esprit polémique qui domine tout le livre. Les dialogues élégants de Fontenelle sont ici transformés en un dialogue entre Descartes et Newton qui symbolise, dans le domaine intellectuel, le contraste entre leurs deux pays qui constitue le thème central de l'ouvrage.

Nous n'avons pas à raconter l'histoire de la publication des *Lettres philosophiques* ni des réactions qu'elle provoqua. Il suffit d'observer que le scandale eut sans doute l'effet de mettre le livre entre les mains de nombreux lecteurs qui en d'autres circonstances n'auraient eu aucune occasion de prendre connaissance des théories newtoniennes. Mais Voltaire ne se contentait pas de cette réussite publicitaire. Pendant les années suivantes, il se remit à l'étude de la physique, et en 1738 parut un exposé beaucoup plus détaillé, et plus savant, de la science newtonienne, les *Eléments de la philosophie de Newton*. Cet ouvrage s'adresse à des lecteurs qui s'intéressent activement aux sciences naturelles, et l'analyse des découvertes newtoniennes est pour cette raison d'aspect systématique et même technique: mais le ton polémique, anti-cartésien, n'a pas entièrement disparu. Voltaire veut libérer son lecteur des préjugés cartésiens, l'étonner en lui révélant les découvertes, surtout en astronomie, que la nouvelle méthode empirique a rendu possibles – la vélocité de la lumière, la distance de certaines étoiles par rapport à la terre, la vaste échelle chronologique de la précession des équinoxes. Voltaire veut surtout lui expliquer la nature, le fonctionnement de cette méthode, établir la distinction entre connaissances scientifiques et systèmes métaphysiques spéculatifs.

Cela ne veut pas dire, cependant, que Voltaire lui-même ait tourné le dos aux problèmes métaphysiques; loin de là. Les deux éditions des *Eléments* publiées en 1738 ne dépassent pas le domaine des sciences naturelles; mais en 1740 il publie *La Métaphysique de Newton,* qui devient, dans l'édition de 1741 et les suivantes, la première section des *Eléments.* *La Métaphysique de Newton* traite de problèmes classiques tels que l'existence de Dieu, la nature de l'espace, du temps et de la matière, la liberté divine et humaine, dans le contexte, non seulement des opinions newtoniennes, mais aussi de la célèbre controverse épistolaire sur certaines de ces matières entre Leibniz et Samuel Clarke, le fidèle disciple et porte-parole de Newton. C'est dire que l'ouvrage marque aussi une étape dans l'évolution de la polémique antileibnizienne de Voltaire, polémique qui produit *Candide* près de vingt ans après. Il semble d'ailleurs que l'enthousiasme voltairien pour les études scientifiques, presqu'obsessif à certains moments du séjour de Cirey, n'a pas longtemps survécu à la parution des *Eléments,* tandis que les problèmes de la métaphysique n'ont pas cessé de le hanter jusqu'à ses dernières années. A quel moment, dans quel détail, Voltaire est-il venu à connaître l'œuvre de Newton? Quelle est la nature de l'attrait que cette œuvre a exercé sur lui? Quel rôle a-t-elle joué dans son développement intellectuel?

Pour commencer par le plus facile, les faits biographiques sont assez bien connus. C'est très probablement lord Bolingbroke qui a d'abord attiré l'attention de Voltaire sur Newton, comme il l'a certainement fait dans le cas de John Locke, vers 1724 ou même un peu avant. Au moment de son exil en 1726, Voltaire choisit l'Angleterre, et ce choix est motivé autant peut-être par l'intérêt qu'il sent déjà pour la vie intellectuelle anglaise, que par d'autres considérations. A Londres, Voltaire n'a pas pu connaître Newton personnellement, celui-ci meurt quelques mois après son arrivée; mais Voltaire a fait la connaissance de la nièce du grand homme, qui lui a communiqué la célèbre anecdote de la pomme tombant de l'arbre dans le verger de la maison natale de Newton à Woolsthorpe; et Voltaire a pris contact avec les deux disciples de Newton les plus actifs et les mieux informés: Henry Pemberton, dont l'introduction à la philosophie de Newton sera publiée à Londres avant le départ de Voltaire, et Samuel Clarke, porte-parole de Newton dans sa controverse avec Leibniz, et théologien rationaliste qui trouvait dans les découvertes newtoniennes une confirmation rassurante de ses propres croyances. Mais on peut douter si Voltaire, pendant les multiples distractions de son séjour anglais, a trouvé l'occasion de s'initier sérieusement à cette nouvelle science, bien qu'il fût persuadé de son importance. Ce n'est que pendant l'automne de l'an 1732, quand il prépare la première édition des

Lettres philosophiques, qu'il se met de bon cœur à l'étude de l'œuvre newtonienne: dans une série de lettres, il consulte son ami Maupertuis sur plusieurs aspects de la théorie de la gravitation universelle, et finit par se déclarer convaincu en tous points.

Ce n'est cependant que trois ans plus tard que commence la période la plus active des études newtoniennes de Voltaire. Vivant avec madame Du Châtelet, dans la paix rurale de son château de Cirey en Champagne, il poursuit avec elle dès 1735 un programme commun d'études en mathématiques et en sciences naturelles, et ils reçoivent la visite de plusieurs amis qui cultivent des intérêts pareils, tels Maupertuis et un jeune Vénitien, le comte Algarotti, qui prépare une introduction italienne à l'optique de Newton, en dialogues, suivant le modèle de Fontenelle: *Il Neutonianismo per le dame.* Voltaire a donc conçu et écrit ses *Eléments de la philosophie de Newton* dans une ambiance d'enthousiasme et d'études partagées; pendant ces mêmes années, madame Du Châtelet travaillait à ses *Institutions de physique,* publiées en 1741, et aussi à ce qu'elle considérait comme son chef-d'œuvre, la traduction française des *Principia* de Newton, destinée à ne voir le jour qu'en 1759, dix ans après sa mort. D'ailleurs Voltaire n'a rien épargné pour s'assurer que son exposé des théories newtoniennes fût exact; lors d'un voyage en Hollande en 1736 pour mettre en main la publication de son ouvrage, il a longuement consulté un des plus éminents des savants hollandais, 's Gravesande de l'université de Leyde, lui-même auteur d'une introduction latine à l'œuvre de Newton. Et les efforts de Voltaire étaient justifiés puisque parmi ses contemporains aucun disciple de Newton, à ma connaissance, n'a mis en question l'exactitude de l'interprétation voltairienne des idées du maître.

Il ne faut quand même pas oublier que les années de Cirey n'étaient pas exclusivement consacrées à la science: loin de là. Entre 1734 et 1740, Voltaire s'occupait aussi de la composition ou de la révision de deux épopées, de cinq tragédies, quatre comédies, deux opéras, *Le Siècle de Louis XIV,* la *Vie de Molière,* et de quantité d'ouvrages mineurs, en vers et en prose; en même temps il préparait ses futurs chefs-d'œuvre historiques et critiques par des lectures intensives, surtout en histoire civile et religieuse. L'enthousiasme scientifique a donc eu à lutter contre d'autres préoccupations – lutte parfois pénible, comme le témoignent plusieurs lettres de Voltaire[2] – mais cet enthousiasme a persisté assez

[2] voir W. H. Barber, 'Voltaire at Cirey: art and thought', *Studies in eighteenth-century French literature presented to Robert Niklaus* (Exeter 1975), pp.1-13.

longtemps pour permettre l'achèvement des *Eléments*.

Il nous reste le problème de comprendre la nature de cet enthousiasme newtonien chez Voltaire, d'essayer d'en expliquer les origines profondes. Evidemment, sa découverte personnelle de l'œuvre de Newton a directement inspiré en lui le désir de la faire connaître à ses compatriotes et, dans ce but, de l'étudier à fond lui-même. Tout cela entre dans les besoins du programme de propagande qu'il poursuit dès les *Lettres philosophiques*. Mais là nous ne sommes peut-être qu'à la surface des choses. Voltaire se moque souvent des critiques français qui tiennent pour acquis que Newton n'est qu'un 'faiseur de systèmes' comme les autres, comme Descartes, Malebranche ou Leibniz, que la physique newtonienne n'est qu'une série de spéculations qu'il faut juger dans la perspective de la métaphysique. Lui-même cependant subit quelquefois une tentation pareille. Dans sa correspondance de 1732 avec Maupertuis, il parle de la science newtonienne comme d'une religion dont il vient de devenir le prosélyte. Il écrit (Best.D537):

Pardon monsieur. Mes tentations sont allées au diable d'où elles venoient. Votre première lettre m'a batisé dans la relligion neutonienne, votre seconde m'a donné la confirmation. En vous remerciant de vos sacrements. Brûlez je vous prie mes ridicules objections, elles sont d'un infidèle. Je garderay à jamais vos lettres, elles sont d'un grand apôtre de Neuton, lumen ad revelationem gentium.

Sous ce badinage on discerne peut-être l'indice d'une véritable expérience affective, d'une révélation qui déchaîna l'enthousiasme, l'énergie qui devaient animer les études, les écrits scientifiques de Voltaire des années suivantes. Si le newtonianisme n'a pas littéralement été une religion pour Voltaire, il a sûrement renforcé les convictions religieuses qui étaient déjà les siennes: convictions du déisme rationaliste.

En matière de religion, Newton et Voltaire étaient loin de se trouver en accord. Newton semble avoir été un anglican sincère, malgré ses doutes secrets au sujet de la doctrine orthodoxe de la Trinité. Mais s'il attribue une importance quelque peu diminuée à la personne du Christ, cela semble dériver du fait que sa conception de Dieu le Père doit beaucoup à celle de l'Ancien Testament, comme l'a démontré un critique récent.[3] Dieu n'est pas seulement le Créateur, la Raison Suprême qui gouverne l'univers dont Newton s'occupe de révéler la régularité ordonnée: Dieu est aussi le Seigneur, le Maître de l'humanité, dont la

---

[3] F. E. Manuel, *The Religion of Isaac Newton* (Oxford 1974).

Volonté, exprimée dans ses commandements, doit être obéie par l'homme; dont les intentions pour l'avenir trouvent leur expression, voilée dans une décente obscurité, dans les livres prophétiques de la Bible, à l'interprétation desquels Newton a consacré tant d'années et tant d'énergie. Il n'est pas sans signification que l'archive principale des nombreux manuscrits religieux de Newton se trouve aujourd'hui à l'Université de Jérusalem. Cette insistance sur la conception d'un Dieu patriarcal, qui exige l'obéissance de ses serviteurs, s'explique peut-être, dans une certaine mesure, du fait que Newton a perdu son père même avant sa naissance et par conséquent a souffert dans sa vie affective de l'absence d'un rapport immédiat avec une figure paternelle.

Le contraste avec Voltaire ne saurait guère être plus frappant. Voltaire dans son enfance a perdu non son père mais sa mère, et il semble avoir cordialement détesté toute l'ambiance paternelle; et cela à tel point qu'à l'âge de 24 ans il abandonna son nom de famille pour celui, inventé, de Voltaire, et que dans son âge mûr il aimait laisser entendre que son père véritable avait été, non le notaire Arouet, mais un certain chevalier de Rochebrune, poète, bel esprit et gentilhomme. Dans cette perspective freudienne, il semble presque trop beau que la première tragédie voltairienne soit intitulée *Œdipe*. Le Dieu patriarcal de Newton, le père juste mais sévère qui ne s'attendrit guère sur ses fils en faute, trouvait *grosso modo* son parallèle français chez les jansénistes, qui comptaient le frère aîné de Voltaire, Armand Arouet, parmi leurs adhérents dévoués. L'horreur de Voltaire pour une telle conception de la divinité se laisse déjà voir dans son *Œdipe :* non seulement sa Jocaste se méfie-t-elle des prêtres, comme son créateur; elle dénonce l'injuste sévérité des dieux qui ont infligé à Œdipe et à elle des souffrances non méritées. A l'opposé de Newton, le jeune Voltaire ne pouvait pas admettre que Dieu puisse se préoccuper de la conduite des hommes, ni qu'aucune responsabilité des malheurs humains lui incombe. Dans son *Traité de métaphysique* il déclare que la moralité, la justice, sont des conceptions se rapportant exclusivement à l'ordre social, et n'ont rien à faire avec la religion; que Dieu n'a prescrit aucune loi pour la conduite humaine, et que dire de Dieu qu'il est juste ou injuste envers l'homme, est aussi absurde que de dire qu'il est bleu ou carré. Voltaire n'a pas réussi à conserver cette attitude pendant tout son âge mûr – le problème du mal revenait toujours pour le tourmenter – mais je crois qu'elle nous indique la force de son besoin d'échapper à la surveillance paternelle, humaine ou divine, et son désir de vivre selon ses propres idées: autrement dit, d'être lui-même.

Voltaire et Newton

Le vœu d'être soi-même peut condamner à la solitude, comme le cas d'Alceste nous le confirme. Pendant toute sa vie, Voltaire s'est créé sans difficulté des ennemis sans nombre, ecclésiastiques, politiques et littéraires; mais il a aussi gardé des amis fidèles, et il est hors de doute que les années passées à Cirey avec madame Du Châtelet, à partir de 1734, furent les plus heureuses de sa vie. Je voudrais cependant suggérer que le bonheur, la prodigieuse créativité de cette période doit quelque chose à la découverte voltairienne de Newton. Voltaire était trop intellectuel pour se contenter des satisfactions de la vie affective, si riche qu'elle fût à cette date. Sa rationalité obsessive, son besoin de mettre tout en question, l'amena non seulement à rejeter la théologie dogmatique et l'historicité de l'Ancien Testament, mais aussi à percer les illusions, les confusions dues à toute espèce d'obscurantisme et de préjugés, et à les transformer en matière satirique. Mais cette rationalité avait elle-même besoin d'un appui: l'assurance que non seulement l'esprit de Voltaire, mais l'univers entier, se gouvernait selon la raison. Les structures rationnelles créées par les philosophes, depuis celles de l'antiquité jusqu'aux grands systèmes métaphysiques du siècle passé, cartésien, spinoziste, leibnizien, lui semblaient insuffisantes, parce que purement spéculatives, abstraites. Il faut cependant remarquer que parmi ces systèmes Voltaire préfère ceux qui postulent un être surnaturel qui est en quelque manière antérieur à l'univers matériel et séparé de lui, un créateur, une première cause; plutôt que ces systèmes qui envisagent l'univers comme étant lui-même éternel et autonome – ceux, par exemple, d'Epicure ou de Spinoza.

Dans plusieurs de ses premiers ouvrages, Voltaire justifie ce penchant pour le déisme en faisant appel aux preuves philosophiques traditionnelles de l'existence de Dieu; mais c'est la preuve cosmologique qu'il semble préférer, sans doute parce qu'elle seule est susceptible en quelque mesure d'une vérification empirique. Or il est évident que les découvertes newtoniennes, surtout celle de la gravitation universelle, fournissent des preuves idéales – fondées sur des observations méticuleuses, exprimées en termes mathématiques précis, mais valables pour l'univers entier – pour persuader Voltaire que son déisme était quelque chose de plus qu'une hypothèse; pour lui permettre de se concevoir, et l'humanité avec lui, comme faisant partie d'un ordre cosmique rationnel établi par Dieu, dans lequel il avait son rôle à jouer.

D'ailleurs, l'univers newtonien se trouvait imprégné de forces dynamiques, peuplé d'astres en mouvement qui exerçaient leur puissance l'un sur l'autre. Quel univers plus sympathique pourrait-on imaginer à l'usage de Voltaire, pour qui l'activité est de l'essence de l'homme, lui qui n'a écrit, comme il l'a souvent dit, que pour agir? Newton, il est vrai, avait deux voies d'accès à la pensée divine, le livre de la nature et la sainte écriture; à Voltaire il ne restait que le premier. C'est peut-être pour cette raison qu'une fois ses recherches scientifiques terminées et sa foi déiste établie sur des fondements qu'il jugeait solides, il avait ensuite à confronter les dilemmes moraux, les problèmes de l'origine du mal, de la liberté, des fondements de la morale, qui n'ont cessé de le hanter même quand il est devenu universellement célèbre comme champion inlassable de l'humanité opprimée.

Newton a attribué ses grandes découvertes, les horizons lointains qu'il a révélés aux hommes, au fait qu'il lui était permis de monter sur les épaules des géants qui furent ses prédécesseurs. L'énergie abondante de Voltaire, l'espoir qui ne l'a jamais quitté malgré toutes ses déceptions, doit beaucoup, j'en suis sûr, à la chance qu'il a eue, lui aussi, de monter sur les épaules d'un géant.

The Rainbow, the White Peruke, and the Bedford Head: Voltaire's London haunts

NORMA PERRY

a&b&w&c&c&c

Doctor Hyde Clarke stated firmly in 1878 that 'No one here is likely to get up a commemoration of Voltaire or Rousseau in London, but in the centenary year it is worth noting that both were in England';[1] he would be startled were he able to see how much attention has been paid to Voltaire in 1978, the year of the bicentenary of his death. Associated with the various colloquia and publications has been the proposal to place a commemorative plaque on a building known to have been lived in by Voltaire during the English visit of 1726-1728. The difficulty about this proposal was that virtually every place in which Voltaire trod has by now been torn down to make way for successive rebuilding; and the most obvious choice for a plaque, his friend Everard Fawkener's agreeable country-house at Wandsworth, has not only disappeared but has disappeared without trace, so that not even the site can be identified. It is clear from the correspondence, however, that apart from the houses Voltaire undoubtedly visited, the one area in which he lived in rooms of his own was that small section of London bounded by St Martin's-in-the-Fields on the west and the city on the east, the river on the south and the present Leicester square area on the north. He was there from the autumn of 1727 until April 1728, when he returned to Wandsworth, and his reason for living in what is now the heart of London was of course to supervise the publication of first the *Essays* on epic poetry and the civil wars in France, and then the *Henriade*. His lodging for a large part of the time was at an establishment called the White Peruke, he is known to have frequented another called the Rainbow,[2] and he is said to have been

---

[1] *Notes and queries*, series v, vol. 10 (London 1878), p.224.
[2] see *Correspondence and related documents*, definitive edition by Th. Besterman, *Complete works of Voltaire*, vol. 85 (Geneva 1968), Best.D323, D324, D334.

'a frequent visitor' at the Bedford Head. He may also have lodged in the City, with the merchants Pierre Simond and Etienne Bénézet in Nicholas Lane off Lombard Street, or theirs may have been an accommodation address – although he certainly told Thieriot to address his letters there (Best.D333).

Thus Maiden Lane with its White Peruke and Bedford Head, and Charing Cross with its Rainbow, were worth investigating as prospective sites for the plaque.

A curious confusion at the end of the last century had long situated the Rainbow coffee-house in Marylebone,[3] despite Lucien Foulet's correction in 1913 in his *Correspondance de Voltaire 1726-1729* (p.150), doubtless because many of the intellectuals among the French refugees did at one time or another live out in the pretty rural retreat of Marylebone. Foulet, having discovered a letter from another correspondent addressed more fully to Pierre Desmaiseaux at the Rainbow, where Voltaire mentions having talked with him, correctly identified the coffee-house as being 'in Charing Cross, the corner over against Northumberland House',[4] but this did not solve the problem of where to find the site in present-day London. Northumberland House no longer exists, and Charing Cross is altered out of all recognition. There were moreover at least nineteen buildings sporting the sign of the Rainbow in the recorded history of London coffee-houses and other establishments,[5] and precise details of their sites are often lacking. Fortunately, Voltaire's Rainbow, because it was very well-known, is well documented. It was in existence from 1702 until 1755, and is referred to variously over those years as 'in St Martin's Lane, near Charing Cross' (1707), 'at the corner of St Martin's Lane, near Charing Cross' (1722), 'near Charing Cross' (1734), 'in Lancaster Court by St Martin's Church' (1742), 'near St Martin's Church' (1744), and 'in Lancaster Court in the Strand' (1746).[6]

Lancaster Court has disappeared but its site can be identified, since it figures on John Rocque's map of London (published in 1746), running from the Strand back to St Martin's-in-the-Fields. At the time Rocque drew his map, and earlier when Voltaire lived in London, the topography

[3] see P.-A. Sayous, *Le Dix-huitième siècle à l'étranger* (Paris 1871), i.14, 21, who also calls it a *taverne*, not a coffee-house, and in addition confuses Nicolas Prévost, the bookseller with whom Voltaire quarrelled concerning the *Henriade*, with the abbé Prévost.

[4] British library, Add. 4288, f.93*v*.

[5] see Bryant Lillywhite, *London coffee houses* (London 1963), entry 1042, p.466, and his *London signs* (London 1977), entry 1051, p.433.

[6] *London signs*, entry 1051, pp.474-75.

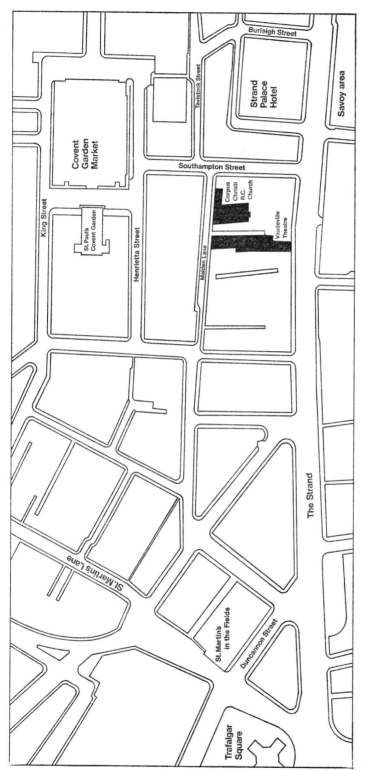

A. The Strand and Maiden Lane area today (from the Ordnance Survey maps of London).

of the area was, however, quite different (see fig. B). Charing Cross was then 'a mixture of Court and city',[7] for the shift of the aristocracy and gentry westwards from the area on and behind the Strand had begun before the Hanoverian succession, and the district was in 1727 as much inhabited by tradesmen and the less wealthy as it was by the rich and fashionable. The Strand itself stretched a short way farther west than it does today, with St Martin's Lane coming down southwards to join it, for the area was cleared only when the Charing Cross Act of 1826 was passed in order to make way for the widening of the Strand and later still the formation of Trafalgar Square. St Martin's Lane itself was 'a very long Street, which butteth on *Northumberland House* in the Strand [. . .] a very great Through-fare both for Foot and Horse, and well inhabited, having good built Houses especially on the Western Side',[8] and the present elegant church of St Martin's-in-the-Fields, designed by James Gibbs, had but recently been completed, in December 1724, to replace the old St Martin's which was beyond repair. The land the new church stood on was partly old St Martin's Churchyard and partly ground bought from the dean and chapter of Westminster in Lancaster Court.[9] The Rainbow still at that time stood in Lancaster Court, so it must have been near the exit into the Strand since the upper, northern, part was now church ground. To the west of St Martin's Lane, where now lies the major part of Trafalgar Square, lay at that time the Royal Mews, once, as the name implies, a falconry, but since 1534 the stabling for the King's horses, an extensive but old and not overly attractive range of buildings round a courtyard, capable of having housed over 4,000 royalist prisoners after the battle of Naseby in 1645.[10] Opposite the exit from Lancaster Court into the Strand, extending from Whitehall east as far as Northumberland Street, was the large and ancient pile of Northumberland House, owned by the duke of Somerset and not to be demolished until 1874 to make way for the formation of Northumberland Avenue.[11]

[7] Daniel Defoe, *A Tour through the whole island of Great Britain* (London 1966), i.365; first ed. 1724-1726.

[8] John Stow, *A Survey of the cities of London and Westminster* [. . .] *brought down from the year 1633* [. . .] *to the present time by J. Strype* [. . .] *in six books* (London 1720), vol. ii, bk 6, p.68.

[9] *Survey of London*, vol. xx, *Trafalgar Square and neighbourhood (the parish of St Martin-in-the-Fields*, part III) (London 1940), pp.24-25 and 56.

[10] C. L. Kingsford, *The Early history of Piccadilly, Leicester Square, Soho and their neighbourhood* (London 1925), pp.49-50.

[11] see Defoe, *A Tour*, p.366, and *Survey of London*, vol. xviii, *The Strand (the parish of St Martin-in-the-Fields*, part I) (London 1937), pp.15 and 20.

Lancaster Court itself was a fairly narrow lane, part of a network of alleys and courts which had formed south of St Martin's and which were clearly in an area for eating and drinking since, besides the Rainbow, the King's Head, the Three Tobacco Pipes, the Bear and Ragged Staff, and the Swan (later the Star), were all sited on this small plot.[12]

By comparing Rocque's excellent map with a modern plan of London, one can clearly visualise the site of the Rainbow: Lancaster Court ran northwards from the Strand in the middle of the triangular island site now formed by Trafalgar Square, Duncannon Street and the Strand; the Rainbow itself was almost certainly on the land at present occupied by the Midland Bank and the Army Recruiting Centre (see fig. A). As a position for the erection of a plaque, this façade has the advantage of fronting one of the most frequented spots in London, but the narrowness of the footpath and the unprepossessing nature of this end of the Strand do not make it an attractive proposition.

Besides, the Rainbow is merely a coffee-house where Voltaire is known to have sat and discussed, among other things no doubt, his woes concerning the sales of the *Henriade*; how often he went there is conjectural, frequented though it was by the French émigré intelligentsia. Maiden Lane has a much more substantial connexion with Voltaire, for he actually lived there for several months, at the sign of the White Peruke.

What his lodgings were like, one can only deduce from knowledge of the nature of the street at the time. Maiden Lane was in an area once very grand, but in the 1720s somewhat on the decline: the area known as Covent Garden. This section of London had been handsomely built up in the seventeenth century. The earl of Bedford had in 1630 acquired from Charles 1 licence to build on the long rectangle of land behind his house and gardens on the north side of the Strand (more or less opposite the present Savoy hotel and theatre and covering the site of Southampton Street). Here Inigo Jones designed for him a large and delightful Palladian square with probably eighteen houses on the north and east sides shaded on the front by arcades 'which by colloquial stupidity came to be called the "piazzas", the name belonging by right to the layout as a whole'.[13] On the south side was the garden of Bedford House and, on the west, St Paul's Church, built by Inigo Jones (1631-1632), in the former convent garden, and flanked by two houses. The houses in the

[12] *Survey of London*, xviii, 129.
[13] sir John Summerson, *Georgian London* (London 1962), p.31; first ed. 1945.

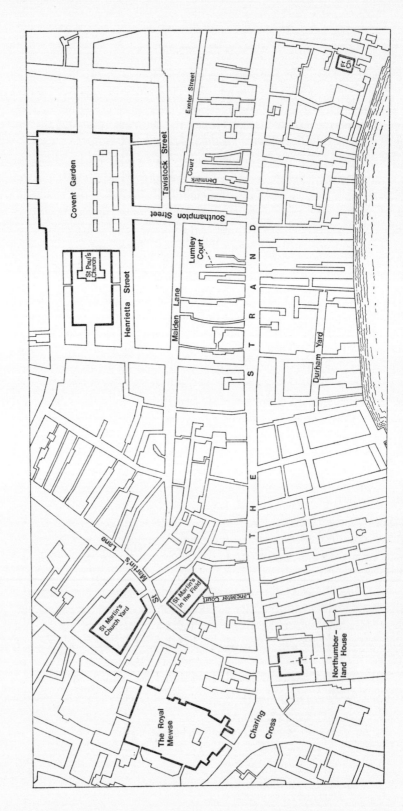

B. The Strand and Maiden Lane area in Voltaire's time (from John Rocque's map of London, 1746).

Piazza were rendered with lime mortar, but this was a practice of Inigo Jones, which lapsed after him, so that the streets later built up round about were of exposed brown brick.[14] In 1700 the then owner of Bedford Ground, the second duke of Bedford, gave up his residence. It was demolished and Southampton Street and others were built on the site. These new streets, built from 1706 to 1714, were handsome, since the Bedford estate controlled the planning, but gradually, because of the move westward by the wealthy, beginning after the great fire of 1666, the area declined. By the time Voltaire arrived in these parts the titled rate-payers were fast leaving Covent Garden. The last to remain there were probably lord Chedworth and lord Archer, who lived close to each other in King Street until 1759. About a dozen members of parliament had addresses there up to 1733 and even 1743, but they lived mostly in lodgings; after 1730 most of the houses in the Piazza itself were transformed into coffee-houses, taverns, and hotels.[15]

In this heterogenous quarter, however, Maiden Lane itself was something of a blemish and had never at any time been a fashionable address, although just round the corner in Southampton Street lady Wyndham, for instance, had lived since 1720 in number 26, a pretty four-storeyed, four-windows-broad house still standing next to the equally old premises at number 27, now occupied by Samuel French the publishers. Voltaire's street was in origin almost one hundred years old in 1727, for it had been marked out on the original development plan of the Bedford estate in 1631. It was about twenty-five feet wide (eight feet narrower than it became after widening in 1872-1893) and almost certainly occupies the site of part of an ancient track running from Drury Lane through the old convent garden to St Martin's Lane. The south side of the street probably marks the line of the old mud wall of the convent garden, which after *c.* 1610 became the line of the boundary wall built by the third earl of Bedford along the northern edge of his estate. Maiden Lane was laid out in 1631 between this brick wall on the south and the rear premises of leasehold sites in Henrietta Street on the north, its eastern end being blocked by Bedford House.[16]

The name, Maiden Lane, was first used in 1636, but the street was only gradually built up. The wall on the south side had been pulled down, and

---

[14] Summerson, *Georgian London*, p.129.

[15] *Survey of London*, vol. xxxvi, *Parish of St Paul Covent Garden* (London 1970), pp.9-11.

[16] for the references in this paragraph, see *Survey of London*, xxxvi 210, 27 and 239.

the ground so exposed let as gardens, but by 1635 stables, coach-houses and haylofts were built thereon. During this and the following year, most of the land was granted away in fee farm by the fourth earl; this accounts for the comparatively poor subsequent quality of the building on it, for it was thus no longer under the control of the Bedford estate. Several new brick houses were put up on the south side at this time and several alleys were cut through into the Strand. By 1666 all the south side between the modern numbers 6 and 25 inclusive, except for the site of number 20, had been granted away in fee farm, and the difference between the houses built on these sites and the handsomer ones built by the estate was eye-catchingly clear. Building on the south side was completed by 1670 and much more slowly on the north side where number 37 filled up the last gap in 1728 on the site of stables and a kitchen at the back of number 7 Henrietta Street, which is parallel to Maiden Lane and north of it. In the meantime, in 1706-1707, the street had become a thoroughfare, for Bedford House was demolished, Southampton Street built to join the Strand to the Piazza, and a narrow foot-passage called Southampton Court, which existed until about 1800, cut to give an exit from Maiden Lane into Southampton Street[17] (see fig. B).

Since Strype, early in the century, describes Maiden Lane as 'well-built', the houses Voltaire knew were undoubtedly superior to 'the present rather dreary buildings [which mainly] date from the latter part of the nineteenth century',[18] but they were never fashionable residences, and were probably a hotch-potch of houses put up by individual and not invariably skilful builders (one of the dwellings had collapsed in 1678 because of defective workmanship, not a rare occurrence in those days). Most of those on the side on which Voltaire lived were at least over fifty years old; possibly the most handsome of them was the laboratory of Ambrose Godfrey (or Hancknitz) who had come over from Germany before 1680 to assist Robert Boyle with his chemical experiments. In 1706, years after Boyle's death, Godfrey leased two plots of land on Bedford Ground, one on the west side of Southampton Street, just south of the corner with Southampton Court, a property which extended west parallel to Maiden Lane until it reached the next to last plot on the south side in Southampton Court, the second plot which Godfrey bought. He

[17] for the references in this paragraph, see *Survey of London*, xxxvi.240 and 210.
[18] Stow, *A Survey of the cities of London and Westminster*, vol. ii, bk 6, p.93, and *Survey of London*, xxxvi.240.

built himself a house in Southampton Street and a fine laboratory in the Court. An attractive and famous place, this was visited by many, including the traveller Zacharias Conrad von Uffenbach in 1710; as Godfrey continued to live and work there until he died in 1741, and in the meantime was elected Fellow of the Royal Society in 1730, it is inconceivable that Voltaire should have lived so close to him without improving the dawningly scientific turn of his mind by a visit or visits.[19]

Indeed, Voltaire lived only a very few houses away, at the White Peruke, on the south side of Maiden Lane. It has been an understandable error to think that this establishment was an inn,[20] but in fact it was a wigmaker's establishment or possibly a barber's shop, at least at the front. Bryant Lillywhite (*London signs*, p.652) notes that the 'White Peruke' was an eighteenth-century sign and that to his knowledge it served to advertise variously a corn-cutter off St Martin's Lane, a firm of blacking-makers in Moorfields, as 'La Perruque Blanche', a Huguenot wig-maker in Cecil Court, off Maiden Lane, and, as 'La Perruque', a Huguenot wig-maker in St Giles and a Huguenot clock-maker in Soho. His entry 16473 gives the White Peruke in Maiden Lane as the sign of a barber in the 1720s. Voltaire, writing from there in December and January 1727/1728 refers to it both as the White Perruke, and the White Wigg.[21] Why he should do this is at first sight puzzling, unless it was actually known by the two appellations, for surely he would wish to give the correct name to his correspondents. One surmises that in fact the painted sign displayed only a head wearing a white wig or peruke, and no name in writing, hence the double nomenclature.

As to the site, the *Survey of London* (xxxvi.241), is cautious, putting the White Wig 'on an unidentified site on the south side'; but nineteenth-century accounts of Maiden Lane and a study of the ratebook for the area make identification possible. The first point of reference is the house of mr James Shaw, mentioned in all the accounts of Covent Garden because Andrew Marvell lived in it in 1677. Shaw's house the *Survey of London* (xxxvi.241), identifies as having been on the site of the present

---

[19] for these details of Godfrey's property, see *Survey of London*, xxxvi.6, 217, 215 and 217.

[20] Th. Besterman, *Voltaire* (London 1969), p.327; N. Perry, 'Voltaire in England: a quarrel with some Huguenot connexions', *Proceedings of the Huguenot society of London*, vol. xxii, no. 1 (London 1971), pp.12-23; L. Foulet, *Correspondance de Voltaire 1726-1729* (Paris 1913), p.109 and A.-M. Rousseau, *L'Angleterre et Voltaire*, Studies on Voltaire 145-147 (1976), i.83 do not categorise the White Peruke in any way.

[21] Best.D323, D324 and D325.

number 9 (three doors west of the R. C. Church of Corpus Christi which was built on the site of Ambrose Godfrey's laboratory after demolition of this in 1872). Edward Walford, the extremely knowledgeable Victorian historian of London, puts the White Peruke 'two doors off' from Marvell's lodging which in its turn, he says, was next door to the Bedford Tavern. Walford seems reliable, for he pinpoints accurately the period when Voltaire lived at 'an old French perruquier's, at the sign of the "White Peruke"' as 'when [he was] busy publishing the *Henriade*'.[22]

The present numbering of Maiden Lane is confusing and not an entirely accurate reflexion of the original sequence. The site on the south corner of Maiden Lane and Southampton Street was number 30 Southampton Street, then Southampton Court went west with numbers 1 to 4, and the sequence continued west as numbers 5 to 25 Maiden Lane. The numbering ran back from west to east on the north side from 26, to 44 at the eastern end of Southampton Court. The unattractive Lumley Court ran north from the Strand up to the backs of numbers 5 and 6 and did not have an exit into Maiden Lane as it does now.[23] Today, the first site on the southern side of Maiden Lane, after the corner site with Southampton Street, is occupied by the broad frontage of the R.C. Church of Corpus Christi, then come number 1 (clearly a comparatively recent numbering), numbers 6 and 7, the narrow passage called Lumley Court, one building numbered 9/10 (the back of the Vaudeville theatre), and next to it another single building numbered 11/12. Thus the present buildings as far as number 12 occupy *in toto* the original sites of 1 to 4 Southampton Court and 5 to 12 Maiden Lane, but are clearly not all built house for house on the original individual plots (compare figs A, B and C). Since number 9 is the site of mr Shaw's house (Marvell's lodging), then the Bedford Head, if we follow Walford, was either number 7 or number 10 (there is now no number 8); Walford does not say whether the tavern was west or east of Shaw's house. The White Peruke must have been number 6 or number 11. Here the 1727 ratebook for Maiden Lane (including Southampton Court) is of help. The only French name on the south side of Maiden Lane is the seventh name, going east to west, Peter Pellon. His house is identified as having been roughly on the site of the present number 10,[24] and one can reasonably suppose that it was with a Frenchman that Voltaire lodged. Thus one concludes that mr Shaw's

[22] *Old and new London* (London 1873-1878), iii.267.
[23] see Horwood's map of 1819, reproduced in *Survey of London*, vol. xxxvi, plate 8.
[24] ratebooks for Maiden Lane, City of Westminster archives, Victoria library.

house, the Bedford Head, and the White Peruke stood in that order, mainly on the sites of the present number 9/10 and part of the present 11/12.

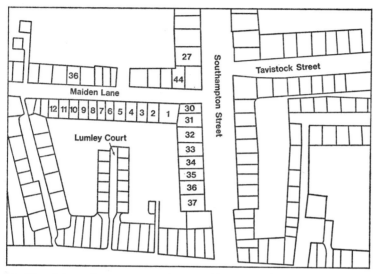

C. The eighteenth-century numbering of Maiden Lane (from Horwood's map of London, 1819).

Pellon is a Huguenot name. The *Bulletin de la Société de l'histoire du protestantisme français* (Paris 1906) mentions a family called Pellon who fled France and settled in Bienne, Switzerland (vol. 55, p.544), and a 'Pierre Pelon, bourgeois', among other Pelons who were members of the Reformed Church at Avèze, in the Cevennes, in the late eighteenth century when toleration returned, is mentioned in vol. 83 (1934, pp.444-61). In England, a Samuel Pellon was godfather at the christening of the infant Daniel Guion on 6 June 1703.[25] Samuel is likely to have been the father or brother of Peter (Pierre) Pellon of Maiden Lane.

Peter Pellon of Maiden Lane was, however, a dyer, and one surmises that he occupied the rear or upper floors of the premises in Maiden Lane and rented out part of his house to the barber or perruquier who put up his sign on the façade, as well as letting a room or rooms to single gentlemen who included Voltaire. The presence of a French ratepayer on the spot which suits the site of a French perruquier's establishment is too coincidental otherwise. Pellon's dyeing-works could certainly have been

[25] *Registers of the French church of Threadneedle Street*, volume 3, *Publications of the Huguenot society of London*, vol. xvi (London 1906), p.283d.

at the rear of the premises but might well have been elsewhere, and the house his private dwelling. The second possibility seems the more likely as the dyer was prosperous.

Peter Pilon (*sic*), bound to one Jos. Whiston, had been made a freeman of the Company of Dyers by apprenticeship on 2 June 1708.[26] As apprenticeships were usually for seven years, and in the dyeing trade youths were generally bound at the age of fourteen or fifteen,[27] this would place his date of birth as *c.* 1686 or 1687. A year before he came out of his apprenticeship he married Ann Mace, of the parish of St Clement Danes, at St John's church, Hackney, he himself being of the parish of St Giles-in-the-Fields.[28] He had three daughters, all called Anne (the first two of whom died as infants), in 1716, 1717 and 1724.[29] He was rated in Maiden Lane from 1715 to 1751 and was followed there by John Pellon, clearly a close relation, if not a son.[30] His marriage at St John's, Hackney, and the christenings and burials of his children at St Paul's Covent Garden, show him to have been an assimilated Huguenot, who had joined the Anglican communion and was not an active member of the French community. Given his date of birth, however, his first language must have been French, and if he followed the pattern of first or second generation Huguenots, he was bilingual. He was prominent in the affairs of his parish church, St Paul's, a stone's-throw from his house in Maiden Lane, and his involvement indicates that he was a substantial and respected citizen. He rented two places in the church in May 1717, and was granted a whole pew in 1730; from 1723 to 1724 he was overseer of the poor and from 1729 to 1730 churchwarden.[31] St Paul's had three churchwardens, one chosen by the duke of Bedford, one by the rector, and one by the parishioners: Peter Pellon was the parishioners' choice. He and his wife died comparatively young, Anne in September 1749 and Peter in August 1751. Both were buried at St Paul's Covent Garden.[32]

26 Guildhall library, ms 8167/2 (unfoliated).

27 see R. Campbell, *The London tradesman* (London 1747; reprinted Newton Abbot 1969), p.261.

28 8 May 1707. See Guildhall library, ms 479, f. 57v.

29 *Harleian society register section*, vol. 36, *Registers of St Paul's church, Covent Garden, London, burials 1653-1752* (London 1908), p.241; vol. 33, *Registers of St Paul's church Covent Garden, London, christenings 1653-1752* (London 1906), p.171, vol. 36, p.246; and vol. 33, p.202.

30 Ratebooks for Maiden Lane, City of Westminster archives, Victoria library.

31 Parish registers of St Paul, Covent Garden, City of Westminster archives, for the appropriate years.

32 *Harleian society register section*, vol. 36, pp.443 and 456.

As has been suggested, it seems likely that Peter Pellon did not have his dye-works in Maiden Lane, but that he let part of his house as lodgings, and part to the barber or perruquier who hung up the sign which has identified the house. Wigmakers and barbers, of whom there seem to have been an enormous number in early eighteenth-century London, belonged to the Company of Barbers and Surgeons, as did by then citizens who followed other trades. The records of the Company for the appropriate years show only two names which may have been French, Noah Raoul and Lewis Sechehay, but neither of these men lived in Maiden Lane. However, two English barbers had their shops in Maiden Lane from at least 1721 to 1730, Arthur Maples and Henry Mills; but neither name appears in the ratebooks for the south side of the street, and in any case the tradition is that Voltaire's lodging was at the sign of a *French* perruquier. Despite the plethora of barbers in London at the time, one can reasonably deduce that, given the accredited presence of two barbers, both liverymen of their Company and therefore reasonably prosperous,[33] it is unlikely that there was a third at the White Peruke. It may be assumed that he was indeed a wigmaker, *pace* Lillywhite.

It will be obvious to anyone who goes to see the site of Voltaire's lodging, at the back of the Vaudeville theatre (see fig. A), that the frontages of the houses in 1727 could not have been impressive; one must however remember that in the 1720s only eight houses in all seem to have occupied the space from the corner of Southampton Street to the present number 11/12 Maiden Lane, which now includes the church of Corpus Christi. That the properties were nevertheless neither particularly handsome nor especially commodious one can deduce from the rates paid: they ranged on the south side of Maiden Lane from 1s 6d to 7s 6d, and Peter Pellon's house was of the middling sort at 3s 9d. It probably had comparatively few rooms, but it was a matter of course at the time for a tradesman or well-to-do artisan to occupy only one or two rooms himself and let the rest. (Moreover, it looks as though the Pellon family consisted of only two adults and one small daughter, so there would be space to spare.) Even the comfortably-off lived in cramped conditions, as is clear from the popular practice of concealing beds in articles of furniture which masqueraded in the daytime as tables, bureaux, cupboards, even bookcases. 'All classes lived so much in coffee-houses,

[33] Barber-Surgeons Company quarterage books for 1721-1722 and 1729-30, Guildhall library, mss 9815/3 and 4 (the books for 1723-1728 are missing); Barber and Surgeons Company freedom register for 1707-1732, ms 5265/4, pp.82 and 95.

ale-houses or clubs that house-room was a secondary consideration.'[34] There is nothing to indicate just how many rooms Voltaire rented or how much he paid for them, but his rent would not have been high in such a street as Maiden Lane. Dean Swift rented a room in Chelsea at about this date for 6s a week, and in 1725 Benjamin Franklin (only a journeyman printer at that time, it is true) lodged in Duke Street, in the City, with a widow, daughter of a clergyman, who charged him 3s 6d to begin with and 1s 6d later, when he was in straits, in order not to lose a good tenant.[35] Voltaire's style of life there, however, must have formed something of a contrast with the manner in which he lived when in Everard Fawkener's house in Wandsworth, and indeed with the surroundings he had been accustomed to from 1723-1726 when he had rented an apartment from the président de Bernières at a (favourable) rent of 600 *livres* a year, and furnished it luxuriously. Yet, even then he had also rented furnished lodgings in a quieter quarter in order to finish the *Henriade* in peace,[36] so he was perhaps not ill at ease in Maiden Lane, especially since he apparently had the Bedford Head tavern next door in which to entertain or be entertained.

The Bedford Head's location is virtually certain, but confusingly documented. Because the quarter was built on Bedford ground, the land of the earls and then the dukes of Bedford, there existed several establishments with the name of Duke of Bedford's Head, simplified to Bedford Head. They have not yet been satisfactorily sorted out, even by such an expert as Bryant Lillywhite,[37] so that conclusions about them must be provisional. The evidence is that there were three Bedford Heads of importance: a coffee-house in the north-east corner of the old Covent Garden Piazza; a tavern or eating-house on the corner of Southampton Street and Tavistock Street (the site of the present Tower House), with its back door opening on to Denmark Court (which no longer exists but then ran parallel to the Strand east of Southampton Street and into Exeter Street); and the Bedford Head tavern in Maiden Lane, on the site

[34] M. Dorothy George, *London life in the eighteenth century* (London 1925), p.95.

[35] George Rudé, *Hanoverian London 1714-1808* (London 1971), p.62 and George, *London life*, p.93.

[36] Jacques Donvez, *De quoi vivait Voltaire?* (Paris 1949), p.25.

[37] Bryant Lillywhite, unpublished ms in 19 quarto vols, Guildhall library, entry 1590: 'More information is needed on the Bedford, or Bedford Head Taverns in the region of Covent Garden; and more research into the comment in print.'

of the present number 9/10.[38] The Bedford Head in the corner of the Covent Garden Piazza is well-documented, although the *Survey of London* (xxxvi.83) says that it was established at number 14 the Great Piazza in 1726, whereas Lillywhite lists it only from 1730. However, the names of its star frequenters – Garrick, Quinn, Foote, Churchill, Fielding, Pope, Sheridan, Goldsmith and Horace Walpole – indicate the middle years of the century rather than the 1720s for its importance.[39] Accounts are far more confused where the establishments in Maiden Lane and on the corner of Southampton Street are concerned. The chief source of difficulty is that the first recorded mentions of the former are in 1740 or 1741, whereas the latter is said to have been in existence from 1716, according to Lillywhite, and from *c.* 1708 according to the *Survey of London*.[40] However, Lillywhite has not been able to disentangle the Bedford Heads of Southampton Street corner and Maiden Lane, giving an identical anecdote for both at his entry 1590 in his manuscript, and indicating his uncertainty; furthermore Walford in his *Old and new London* (vol. iii, pp.119-20 and 267) also confused the two establishments. Both seem moderately clear that it was the Southampton Street Bedford Head which was famous for its food and thus lauded by Alexander Pope in his *Satires* and his *Sober advice,* but uncertain where exactly the eating-house stood: one has the impression that they both see it on the corner of Southampton Street and Maiden Lane (whereas it was on the opposite side of Southampton Street on the corner with Tavistock Row) and are therefore not quite sure whether a separate establishment existed in Maiden Lane itself or not.

But the generally reputable nineteenth-century account of Walford is quite firm that there *was* a Bedford Head tavern hard by the White Peruke and Andrew Marvell's lodging and that it was frequented by Voltaire.[41] There is the further complication that the tavern eventually moved to the other side of the street and that the date of its removal is unclear. The excellent *Survey of London* (xxxvi.241) says that it removed

---

[38] Lillywhite, *London coffee houses*, entry 99, p.114; *London signs*, entry 1590, p.30; *London coffee houses*, entry 102, p.116 and entry 1677, p.684, and *London signs*, entry 102, p.29.

[39] see Lillywhite, *London coffee houses*, entry 99, p.114, for dates and details. See also A Genius (pseud.), *Memoirs of the Bedford coffee house* (London 1763), *passim.*

[40] *London coffee houses*, entry 102, p.116 and *Survey of London*, xxxvi.241; *London signs*, entry 1590, p.30; *Survey of London*, xxxvi.208.

[41] *Old and new London*, iii.267. See also Cuthbert Bede on actors' taverns, *Notes and queries*, series iv, vol. 9 (London 1872), p.381.

in 1747 to its second site at number 41, opposite Corpus Christi church, where an establishment still exists called Henri's Bedford Head. Lillywhite says that a Bedford Head was kept at number 41 in 1799 on the same site as the former Wildman's coffee house; but the knowledge-able Walford, writing in the early 1870s, states – and he certainly cannot here be wrong – that the old Bedford Head, next to Andrew Marvell's lodging, was replaced by a tavern called the Old Welch Ale-House which was pulled down in its turn and replaced by a 'new' Bedford Tavern. Since Walford clearly knew that both Andrew Marvell's lodging, mr Shaw's house, and the White Peruke were on the south side, and since a Bedford Head stood next door to what had been Shaw's house in Walford's own lifetime, it is reasonable to believe that this Bedford Head was indeed Voltaire's tavern; and Walford adds that '[Voltaire] was a constant visitor to the "Bedford" where his bust still adorns a room'.[42] The final, contemporary detail seems conclusive. While it is disappointing not to have fuller documentation of the tavern Voltaire frequented, it is perhaps more surprising, given the difficulties of topographical investigation in a city like London which has changed so radically in parts since the eighteenth century, to have been able to pinpoint the site of Voltaire's lodging than to have found that the jigsaw puzzle lacks one or two pieces.[43]

Voltaire, then, lived for several months in an unpretentious house near the Southampton Street end of Maiden Lane, next door to a tavern where he could eat, drink and talk with friends and acquaintances. The house had a garden going down towards the Strand but this would not have added much to the amenities of Voltaire's stay since he was there during the autumn and winter of 1727 and 1728. Of more interest would be the busy if dirty and ill-lit streets of the Covent Garden area, with their fashionable shops and many Coffee-houses and taverns. The Covent Garden Piazza was still fine, and the market had not yet taken over as it was to do later. The Drury Lane theatre was only five minutes' walk away and even closer was the Savoy, on the south side of the Strand opposite Southampton Street and what is now the Strand Palace Hotel.

The Savoy, once a great palace, was now crumbling and shabby, but it had long been the traditional area for printers to have their establish-

[42] *Old and new London*, iii.267.

[43] I am indebted for their kind assistance in the hunt to mr Peter Bezodis of the *Survey of London* team, mr M. Jahn of University College (London) library, mr C. F. A. Marmoy of the Huguenot Society of London, the librarians of Guildhall library, miss M. J. Swarbrick of the City of Westminster libraries, mr Bryant Lillywhite and miss M. P. McLaughlin.

ments, especially since the king's printing-press had been set up there in 1699.[44] Huguenots and other Protestant dissenters, many of them prosperous, others poor, had their churches there. One of the extremely prosperous Huguenot families was that of the by now deceased François Vaillant, who had his bookshop at the sign of The Ship or *Le Navire* on the south side of the Strand and opposite Southampton Street. Under François Vaillant, and after his death in 1721 under his sons, Paul and Isaac, and son-in-law Nicolas Prévost, who had married Suzanne Vaillant in 1696, the bookshop became the rendezvous of literary men and one of the most reputable establishments of its sort in Europe. Voltaire had no more than a few minutes' walk to this bookshop where he negotiated with Nicolas Prévost for the publication of his *Essays*. The actual printer of the book was Samuel Jallasson, another Huguenot and elder of the church of La Patente in Soho; his printing-shop was in Prujean's Court, Old Bailey, and to get there on foot Voltaire would have had to have stouter legs than one imagines him to possess. He would have walked east the length of the Strand, along Fleet Street and up Ludgate Hill, turning off to the left: not a very long walk, but probably too long for an eighteenth-century valetudinarian who would undoubtedly have hired a horse or a carriage. Even farther would he have had to go to visit his London agents for the *Henriade*, Pierre Simond and Etienne Bénézet, in their premises in Nicholas Lane, off Lombard Street: up Ludgate Hill to St Paul's, and along Cheapside and past the Royal Exchange (which, of course, he also visited). The house of the banker, Jean Cavalier of Billiter Square, whom he either stayed with temporarily or simply collected his letters from, lay another five minutes' walk eastward, if he was already in that area.[45]

Other, closer, visits, however, would surely have been made on foot: to Prévost's partner Jean-Pierre Coderc, in Little Newport Street, at the sign of Pliny's Head, Leicesterfields, possibly to Jallasson's house somewhere in Soho, to the Rainbow at the west end of the Strand, where Voltaire was to complain to Desmaiseaux about the alleged misconduct and financial double-dealing of those respected Huguenots who had published his *Essays* and the *Henriade*. Between Southampton Street

---

[44] Robert Somerville, *The Savoy* (Duchy of Lancaster 1960), p.66.

[45] for documentation and details, see N. Perry, 'Voltaire in England: a quarrel with some Huguenot connexions', *Proceedings of the Huguenot society of London*, vol. xxii, no. 1 (London 1971), pp.12-23 and 'Voltaire's London agents for the *Henriade*: Simond and Bénézet, Huguenot merchants', *Studies on Voltaire* (1973), cii. 265-99.

and the Rainbow he may have turned, on the southern side of the Strand, into Old Durham Yard where lived John Brinsden, lord Bolingbroke's man-of-business, with whom Voltaire was on friendly terms and whose wife is said to have nursed him when ill.

Other visits he must have paid that winter to his more noble acquaintances in their town-houses; but their dwellings lay west of the Strand and are therefore outside the scope of the present investigation.

The noisy, busy neighbourhood he lived in must have become well-known to Voltaire during the six months he spent there. One wishes that he had written to Thieriot or others describing what he saw; his comments would have made a valuable addition to our impressions of eighteenth-century London. Making a literary pilgrimage there today, it takes a considerable effort of the imagination to reconstruct in some measure the Covent Garden he knew. However, the area, including that unattractive enough thoroughfare Maiden Lane, is likely to develop agreeably and possibly to recapture some of its former charms. Since the translation of Covent Garden market to its new site at Nine Elms Lane in the southern suburbs, the streets are gradually being taken over by more fashionable establishments such as art-galleries and boutiques. In the next years, the neighbourhood may well become the haunt of British and foreign tourists, some of whom, it is hoped, will look with interest at 9/10 Maiden Lane, particularly if a commemorative plaque is placed on its narrow frontage. It is the only site in London identifiable as that of a lodging of Voltaire in the country which was so important to him.[46]

[46] I am grateful to mr A. Wakelam and mr J. Gould of the Teaching Services Centre, University of Exeter, for kindly preparing the maps and plan in figures A, B and C.

15. Theodore Besterman at Les Délices

Theodore Besterman

W. H. BARBER

THEODORE Besterman died on the tenth of November 1976, aged 71, after a long illness, borne with great fortitude, which he did not allow to interrupt his work until the final weeks.

Besterman is known to all eighteenth-century scholars as the creator of the Institut et musée Voltaire at Les Délices, Geneva, and of the Voltaire Foundation at Banbury and Oxford, the editor of Voltaire's correspondence and the publisher of his works, the editor of the *Studies on Voltaire and the eighteenth century*, and the publisher of Rousseau's correspondence. These remarkable activities, however, represent only the brilliant last stage of a career of astonishing variety. He began as a historian and critic of occultism and parapsychology. His first book, published when he was nineteen, is on the subject of crystal-gazing; his earliest bibliographical study deals with the writings of the celebrated theosophist Annie Besant, and he later wrote a life of her. Over the years 1927-1933 he worked for the Society for Psychical Research, at first as their librarian and then as an investigator; and his interests spread into the fields of folklore and anthropology, on which he published several works, including a bibliography of the publications of sir James Frazer.

With the 1930s, however, his bent towards bibliographical studies became progressively stronger. He began lecturing in the School of Librarianship at University College London in 1931, and in 1935 he became the editor of the important series *Oxford books on bibliography*: in this latter year, he launched his project of a universal bibliographical bibliography, *The World bibliography of bibliographies*. This work, since re-issued several times with supplementary material and now an indispensable reference book in every learned library, was assembled by Besterman alone, working unaided from the resources of the British Museum, and was published by him at his own expense in two volumes in 1939-1940. During the war, among other activities, including a period of military service, he found time to conceive and inaugurate the important British Union Catalogue of Periodicals (BUCOP). When peace returned, he joined UNESCO as head of the department for the exchange of information (1946-1949). Here his energy, imagination and enlightened devotion to scholarship again revealed themselves, in a highly ambitious project: no less than the creation of a union catalogue of all European libraries. This proposal came to nothing, for financial and practical reasons, but it gave him the opportunity of taking some very interesting preliminary soundings. These are described in his published lecture *Fifty years a bookman* (1974), and confirm that such a catalogue would be of the greatest value for bibliographical research.

Familiar as he is to us today as an eighteenth-century scholar and a Voltairean, Besterman appeared as such before the public for the first time only in 1952, with the publication of the first edition of Voltaire's *Notebooks* – the first work to appear with the imprint of the Institut et musée Voltaire, founded in that year at Les Délices. The following year saw the publication of the first volume of Voltaire's *Correspondence*: the rest of the 107 volumes followed regularly, at a rate of some nine a year, until 1965. This monumental edition, which has transformed Voltaire studies, represents an effort which can only be described as heroic in the most literal sense of the word. But it is the fruit of labours, and of a passion for everything concerning Voltaire, which began long before 1952. Besterman has told us that he started collecting manuscript letters by Voltaire at the age of thirteen. We do not know what other influences were at work in later years to attract him to Voltaire and his age – no doubt the bibliographical complexity of Voltaire's *œuvre* was an important factor – but the project of a critical edition of the correspondence must have been conceived at the latest immediately after the end of the war, and perhaps even earlier. The gathering of the necessary material was already well advanced when the *Notebooks* were published and Besterman took up residence at Les Délices.

The years at Geneva witnessed the full flowering of this enthusiasm for the age of the Enlightenment. In 1955 appeared the first volume of the *Studies on Voltaire and the eighteenth century*, which pursued from the start its present policy of publishing, in either English or in French, critical monographs and articles, documents and editions of texts. As editor and publisher of this series Besterman came into contact with eighteenth-century scholars all over the world, and the rich resources with which he endowed the Institut et musée Voltaire attracted many more. What more natural, then, than to think of offering the far-flung members of this learned community the opportunity of meeting and talking to each other? The first International Congress on the Enlightenment, held at Geneva and Coppet in 1963, has left a deep impression on the memory of all who took part, by reason not only of the high quality of the papers that were read (and subsequently published in the *Studies*), but also of the charm of the setting and the sumptuous profusion of concerts, receptions, dinners and excursions which were provided by its chairman and organiser. The International Society for Eighteenth-century Studies was founded at the congress, and assumed responsibility for further congresses on the Enlightenment, which take place every four years; Besterman presided over those held at St Andrews in 1967 and Nancy in 1971.

It can be said without hesitation that the renaissance in Voltaire studies which has occurred since 1950 owes more to Besterman than to any other single individual, thanks to his remarkable benefactions and innovations, to his unfailingly warm encouragement of young scholars, whose theses and articles he published in the *Studies*, and to the monumental contribution to the subject which his edition of the *Correspondance* represents. Yet he did not neglect other aspects of the age of the Enlightenment: in 1965 he began to publish R. A. Leigh's critical edition of Rousseau's correspondence, and the *Studies* contain fundamental work on Diderot, on the *Encyclopédie*, and on many secondary writers. The climax of Besterman's efforts on Voltaire's behalf was certainly reached, however, at the St Andrews conference in 1967, when he took the decision to launch a critical edition of his hero's *Complete works*. The inadequacy of the Moland edition had long been apparent, and O. R. Taylor and the present writer had conceived the possibility of a new edition which would offer the reader a reliable text, but which, for practical and financial reasons, would not aim to provide an extensive critical apparatus. After this relatively modest proposal had been rejected as excessively ambitious by several publishers, it was put to Besterman at the St Andrews conference. He took it up with enthusiasm, but at the same time transformed it: he agreed immediately to publish a fully critical edition of Voltaire's complete works, which would include a second, 'definitive' edition of his *Correspondence*, to replace the edition completed only eighteen months before. The Executive Committee for the project was set up. Besterman went to work immediately and within a few weeks produced a complete table of contents for an edition in 146 volumes, together with a document prescribing the critical principles and typographical conventions to be followed, and a preliminary list of Voltaire specialists whose help might be invited. The first two volumes of the *Complete works*, a second edition of the *Notebooks* prepared by Besterman himself, appeared in the following year, and 59 volumes in all have now been published.

Those who had the privilege of working with Besterman admire his devotion to Voltaire's text, his insistence upon the utmost precision in bibliographical description and the presentation of variants: he often complained that far too few scholars knew how to describe a title page according to the rules of scientific bibliography. One of his ambitions, which he had to leave unrealised, was to rewrite Bengesco on modern bibliographical principles – a task which will become feasible in the light of the researches being undertaken by the scholars who are collaborating in the new edition: material for the purpose is already beginning to be assembled in the Voltaire Room of the Taylor Institution, Oxford, under the guidance of the Librarian, mr Giles Barber. Where Voltaire is concerned, however, Besterman was far more than a bibliographer and an editor. His admiration for Voltaire was bounded only by his own critical sense and his scrupulous respect for fact. He even in some degree identified himself with him. During his years at Les Délices he wrote of Voltaire: 'I have been his lifelong admirer this side idolatry, I have spent many years in close and critical study of his life and works, I live in his house, work in his library, sleep in his bedroom.' And the Voltaire he admired, who inspired him, was not only the literary genius, the man of wit, the charming letter-writer; but above all the advocate of practical reason, the fervent apostle of justice and humanity. This admiration is everywhere apparent in his substantial book on Voltaire (London 1969; third edition, Oxford 1976), a discursive biography which also brings together several critical studies originally written on other occasions, and constitutes a fitting epitome of its author's enthusiasm for Voltaire.

Theodore Besterman is among us no longer, but he has left a monument. In 1971 he took up residence in his Fereny, a charming country house at Thorpe Mandeville, near Banbury, Oxfordshire. He subsequently equipped Oxford University's Taylor Institution with a Voltaire Room, which houses both the numerous books and manuscripts presented by him and also the extensive material relating to

Voltaire and his age already in the possession of the Taylorian library. And in his will Besterman has offered Oxford University the financial resources which will make it possible permanently to maintain the publishing activities of the Voltaire Foundation which he established, and even to support further projects in the field of Voltaire studies. It is entirely characteristic of him to have shown such magnanimity.[1]

[1] this tribute first appeared in French in *Dix-huitième siècle* 10 (1978), pp.5-9, and is published here with the kind consent of the editor, m. Roland Desné.